iBT対応 TOEFL®テスト完全攻略シリーズ
TOEFL®テスト完全攻略リーディング

TOEFL is a registered trademark of Educational Testing Service (ETS). This publication is not endorsed or approved by ETS.

Paul Wadden
Robert A. Hilke
霜村和久　共著

はじめに

　iBT 受験まで時間がある方もない方も、その準備はリーディングセクションから始めるのが最もいいでしょう。というのも、日本人の受験者は、これまで受けてきた教育や語学学習面での強みを考えれば、スピーキング、リスニング、ライティングに比べ、リーディングの能力のほうが早く伸びる可能性が高いからです。ですから、リーディングを重視すれば TOEFL のスコアも短期間で飛躍的にアップします。さらに、最初にリーディングパッセージの構造を理解し、アカデミックな文章で使われている基本語彙を習得することで、リスニング、スピーキング、ライティングの能力を伸ばす下地にもなります。

　ご存じだと思いますが、リーディングパッセージは、リーディングセクションだけではなく、iBT の4セクションのうち、3セクション（スピーキング、ライティング、そして、もちろんリーディング）に登場します。そして、おそらくご存じないと思いますが、リスニングセクションの長いレクチャーには、（話し言葉なので多少は簡略化されているという点を除けば）リーディングパッセージの構造や内容が明らかに反映されていますので、この構造を理解しておくことによって、リスニングパッセージの構造も理解しやすくなります。つまり、TOEFL 対策の初期段階でリーディング学習に焦点を当てることで、ほかのセクションにも波及効果をもたらす可能性が大いに高まります。

　本書では以下の点について学習します。
● さっと読んで、トピック、構造、文章のタイプを知る
● スキミング（流し読み）やスキャニング（拾い読み）をして、支持する事実や詳細を見つける
● 理論的思考に沿って文章を読み、修辞目的を理解する
● 注意深く、丁寧に読み、文章のつながりや文脈を理解する

　上記以外に、以下の内容も含まれています。
● TOEFL に出るアカデミック語彙必須 975 語（北米およびイギリスで使われている大学レベルの語彙に関して最も権威ある研究を基に選出）
● iBT リーディングテスト2セット分（1セット目は、段階を踏んでアドバイスを与えながら練習問題を解き、6章までに学んだリーディングのスキルや戦略の応用方法を学び、2セット目は実際の TOEFL と同形式のテストを行う）

本書でスキルや戦略を集中して学ぶことで、「リーディングのスコアが急激に上がる」「リスニング、スピーキング、ライティングのスコアアップにつながる」「実際の留学に備えて英文を読む力をつける」という3つの効果を得ることができます。

　私たちは、これまで20年にわたり、60冊を超える書籍を出版し、日本、韓国、中国でTOEFL、TOEIC、留学に関して読者の学習を支えてきました。今あなたが手にしている本は、こうした私たちの経験がすべて反映されたものです。その中には私たち自身がiBTを受験した経験も含まれています。本書は特に、日本人学習者の長所を伸ばし、短所を克服し、可能な限り最高の対策教材を提供するものです。

　皆さんが短期間で高スコアを獲得し、実りある留学という長年の夢を実現していただきたいと願っています。

2009年1月
Dr. Paul Wadden
Robert A. Hilke

目次 CONTENTS

はじめに …………………………………………………… 3
本書の使い方 ……………………………………………… 6

1部　学習を始める前に ……………………… 7
- 1章　TOEFL テストとリーディングセクションの特徴 … 8

2部　リーディングセクション攻略法 … 21
- 2章　戦略的速読 ………………………………… 22
- 3章　スキミングとスキャニング ……… 46
- 4章　精読 ………………………………………… 80
- 5章　行間を読む ……………………………… 114
- 6章　戦略的リーディング再学習 …… 158

3部　必修アカデミック語彙リスト … 201
- 7章　アカデミック語彙力を伸ばす …… 202

4部　実践練習 ………………………………… 239
- 8章　練習問題 ………………………………… 240
- 9章　模擬テスト ……………………………… 294
　　　解答と解説 ……………………………… 317

- 長文の訳例 ……………………………………… 330

本書の使い方

● TOEFL iBTのリーディング対策を効果的に行うために、本書は、第1章から順に読み、練習するようにしてください。

● 本番のテストは時間との戦いです。本書で行う練習も、必ず時間を意識して行うようにしましょう。

● TOEFLのリーディングセクションは翻訳のテストではありません。練習問題は、必ず英語のまま理解するようにしましょう。巻末に長文パッセージの訳例を掲載していますが、意味の確認程度にとどめ、問題を解く際には読まないようにしてください。訳を読んで練習問題を解いてもTOEFLのスコアは上がりません。

● 本番のテストはコンピューターを使用して受けるため、問題文の近くにメモを取ることはできません。9章の模擬試験を受ける際はもちろん、練習問題を解くに当たっても、なるべく本番の条件に近づけるため、メモは別に用意した紙に取るようにしましょう。

● パラグラフを指定している問題には①②③……とパラグラフの先頭に番号を示してあります。

● 8章の練習問題には1問ごとに解答と解説がついていますが、制限時間を意識して練習したい場合は、問題をすべて解いてから解説を読む方法で学習を進めてください。

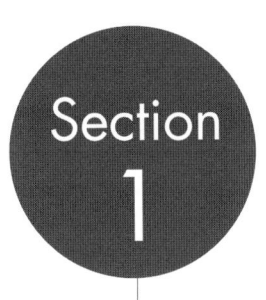

Preparation
学習を始める前に

- 1章　TOEFLテストと
  リーディングセクションの
  特徴

Chapter 1

Introduction
TOEFL テストとリスニングセクションの特徴

TOEFL テストの概要

　TOEFL（Test of English as a Foreign Language）テストとは、その名称が示すように、外国語としての英語力判定テストです。アメリカの非営利教育団体 Educational Testing Service（ETS）により開発・運営されている TOEFL テストは、主にアメリカやカナダの大学院、大学、短大で、留学志願者の英語力が授業についていくのに必要な基準に達しているかどうかを測るための目安として使われてきました。最近では、アメリカ、カナダのみならずイギリス、オーストラリア、ニュージーランドを含む英語圏各国において、約 8,500 の大学、短大が、英語が母語でない留学生に対して、必要な英語力の基準を TOEFL テストのスコアで提示し、入学要件のひとつとしています（TOEFL テストとともにほかの英語力判定テストのスコアを採用している大学もあります）。

　アメリカでは、2005 年 9 月から、Internet-Based Test（以下 iBT）と呼ばれるインターネットを利用して行われる新しい TOEFL テストが実施され、2006 年 7 月に、日本でも iBT が導入されました。従来の Paper-Based Test（PBT）は限定的に開催されるのみで、Computer-Based Test（CBT）はすでに中止されています。なお、教育機関などでは、ITP（Institutional Testing Program）と呼ばれるペーパー試験を受けることが可能です。

熟練したリーディング術と高スコアへのステップ

　iBT リーディングセクションに関しては、皆さんにとっていい情報と悪い情報があります。その後にはさらに、いい情報が続きます。

　ひとつ目のいい情報とは、リーディングセクションは TOEFL の中で「最も簡単」で、わかりやすいセクションです。それは、リーディング問題の答えのほとんどは受験者の目の前にあるからです。必要なのは、パッセージの中からその答えを探し出すことだけ。スピーキングセクションやライティングセクションでは、自分なりの答えを作り出さなくてはなりませんし、リスニングセクションでは講義や会話は 1 回しか聞けず、重要な情報を聞き逃すと正答できませんが、それとは対照的に、リーディングセクションはパッセージや設問が明確でわかりやすく、そして、皆さんの目の前にあるのです。パッセージを何度か読むことも、事前に設問を見ておくことも、さらには、パッセージと設問を照らし合わせながら答えを見直すことさえできるのです。

　悪い情報とは、それでもリーディングセクションは非常に難しいということです。パッセージは意図的に長く書かれており、コンピューターの画面上では（スクロールしなくては

ならないため）読みにくくなっています。また、パッセージの後には多くの設問（通常14問）が続き、パッセージの重要な部分を理解して設問に答えるのは難しく、そして、時間がかかります。実はTOEFLは、じっくりと時間をかけて読んでいると、時間が足りなくなり、その結果、高スコアを取れないような仕組みになっているのです。慎重に、一語一語、詳細に注意を払いながら読み進める能力にたけている日本人TOEFL受験者にとっては非常に不利です。多くの日本人にとって、自らの長所が短所になってしまうというのが実情です。

　しかし、いい情報はほかにもあります。私たちは、「皆さんの長所を利用」して、「弱点を克服する」ための戦略を身につけるお手伝いができるのです。本書で説明するテクニックを応用することで、TOEFLで高スコアが取れるだけではなく、将来の留学生活で役立つリーディング力が身につきます。

　今お読みの第1章には、リーディング力を段階的に伸ばすために本書で学習する内容が書かれています。また、iBTの詳細、構成、採点方法、登録手続き、そして、問題点についても説明します。リーディングセクション全体を通して利用すべき戦略も紹介します。

　第2章では、「枠組みをとらえるために素早く読む」という私たちのアプローチの核である、「戦略的リーディング」を紹介します。TOEFLに出題されるアカデミックな内容のリーディング素材には、極めて特徴的な構造があります。それは、「論点には支持内容が続く」というもの。高スコアを取るためにはこの構造を把握することが不可欠です。設問を読む前に、パッセージの概要を素早くかつ戦略的につかみ、全体の構造、文章のタイプ、テーマの扱い方を理解する必要があります。戦略的なリーディングを素早く行うことで、理解度が高まり、パッセージ全体を広い視点から把握することができるので、より注意深く設問に取り組めるようになります。この章では特に、「パラグラフ構成」「要約」に関する設問の対策を行います。また、こうした設問については、第6章でさらに詳しく学習します。

　第3章では、パラグラフについて重点的に取り組みます。第2章で取り上げたアカデミックな文章の構造を踏まえ、各パラグラフのトピックセンテンスから基本概念を見つけ、その内容を支持する詳細情報をスキミングやスキャニングする方法を学びます。最初に学んだ、構造、文章のタイプ、テーマを読み取るための戦略的リーディングに、こうしたスキミングやスキャニングの技術を組み合わせることが、高スコア獲得への「鍵」となります。これによって、目の前のコンピューター画面にあるパッセージから設問の答えを見つける方法がわかり、時間内に解答し終えることができます。この章では、「各パラグラフの主題」「内容一致」「内容不一致」に関する設問の解法に焦点を当てていきます。

　第4章では、センテンスの理解力により深く切り込んでいきます。というのも、TOEFLのリーディングセクションは、センテンス内、または、センテンス間における言語理解能力を評価するテストでもあるからです。つまり、文脈の中で語彙が理解できるか（辞書にある一般的な意味ではなく、そのセンテンスにおける正確な意味がわかるか）どうか、代名詞の指すものがわかるかどうか、あるセンテンス全体を理解した上で、その言い換えとして最も適切なものを選べるかどうか（その内容を簡単にまとめた4つのセンテンスからひとつを選ぶ）といった問題が出るのです。この章では、どの時点でじっくり慎重に読むべき

かを理解した上で、このような「語彙」「指示語」「センテンス言い換え」の設問に対する戦略を学び、その練習をします。

第5章では、戦略的に「行間を読める」ように指導していきます。リーディングの問題にはテーマに対する筆者の姿勢を読み取るなど、パッセージに書かれた記述や情報から推測しなければ答えることができないものがありますが、そうした設問の答え方を学びます。同様に、構造に関する設問やセンテンス挿入問題では、センテンスの集まりであるパラグラフのテーマや構造を理解し、「なぜ」そこでその例が提示されているのか、なぜその記述があるのか、新たなセンテンスを挿入するとすればそれはパラグラフのどこなのかについて推測することが求められます。この章では、また、センテンス同士の関係やその関係を示す遷移語の使われ方を理解し、推測、トーン、修辞目的、センテンス挿入に関する設問に備えます。

第6章では第2章で扱った広い視点からのリーディング学習に立ち返りますが、素早い戦略的リーディングとスキミングおよびスキャニング技術を組み合わせることで、配点が2点以上の設問（「要約」と「分類」に関する設問）に焦点を絞り、効果的に解答する力を養います。この章は、第2章から第5章までで段階的に身につけてきた技能を実行に移す機会であり、幅広い種類の設問に対して、皆さんが学んだ戦略を応用することができます。

第7章の目的は、975語のTOEFL必須アカデミック語彙一覧を使って、語彙を増やし、その理解を深めることです。ほとんどのTOEFL対策本には、著者の判断で選ばれた語彙リストが掲載されていますが、ここでは、英語のアカデミックな語彙に関して最も権威ある研究によって選定された、本当の意味で重要な語句を紹介しています。この一覧は、私たち著者の好みや教師としての判断ではなく、研究によって実証され、数千点ものアカデミックな文章を基にして作成されたものです。皆さんがここで学ぶのは、天文学から美術史、経済学、そして、生態学に至るまで、すべての主要学問分野で最もよく使われている語彙です。このTOEFL必須語彙を学習すれば、全セクションでのスコアが上がり、留学への本格的な準備ができます。

第8章では、リーディングセクション1セット分を通して、第2章から第7章までで学んだ戦略と技術のすべてを「統合する」練習を行います。本番直前の舞台げいこ、試合前の実践練習のように、「通しで練習」をします。ほとんどのTOEFL対策本には、学習者が試合に備えて練習している時に、このようにコーチが指導する形の練習問題がありません。こうした実践に則した練習が効果的であると私たちは考えています。

最後の第9章は模擬テストで、本番前に丸々1セット分を解いてもらうためのものです。この段階では、既に皆さんはここまでの章を通して、系統立って学習し、戦略を学び、新たに身につけた技能を応用する体験もしてきていますので、もう準備は万端です。

この本に掲載されている素材や戦略は、もちろん、リーディングセクションを念頭に置いて作成されたものですが、スピーキングやライティングのセクション（この2セクションにあるリーディングパッセージも同じ構造で、同じ内容が題材となっています）にも役立ちます。

本書のアプローチをまとめると、以下のようになります。

- リーディングパッセージの典型的な構成、構造、内容を知り、ひと目見ただけでどれに当てはまるかを素早く判断する（第1〜2章）
- 設問のタイプを認識し、効果的なリーディング戦略を適用して設問に答える（第3〜6章）
- TOEFLに不可欠な語句を学び、アカデミックな語彙力を増強する（第7章）
- 身につけた技能と戦略を駆使して数多くの練習をこなす（第8〜9章）

　ここからおわかりいただけるように、本書は極めて順序立てて、戦略的に学習が進められるように構成されています。皆さんがiBTで最大限の力を発揮し、できるだけ高いスコアを取れるよう、技能や知識を段階的に伸ばしていきます。そのひとつの方法として、リーディングパッセージの長さは比較的短いものから始め、ページが進むにつれ、次第に長くしています。マラソンや重量上げの練習で、段階的に走る距離を長くしたり、ウエートの重さを重くしたりするのと同様、本書で学習すれば、実際のiBTで読むことになるリーディングパッセージに少しずつ「順応して」いけるように指導します。

iBT リーディングセクションに関する基本情報

　リーディングセクションはiBTの最初のセクションです。リーディングパッセージは3〜5本あり、それぞれの長さは650〜750語です。パッセージ1本を単独で解く場合、制限時間は20分（コンピューター画面上部に残り時間が表示されます。画面イメージはp. 241参照）、2本を1セットとして解く場合、制限時間は40分となります。一度解答すると前には戻れないリスニングセクションと違って、同一パッセージ内では前の設問に戻ることができますし、2本のパッセージを1セットとして解く場合であれば、前のパッセージに戻って解答することもできます。ただし、それ以上前のパッセージには戻れませんので、気をつけましょう。1本のパッセージをおよそ20分のペースで解き進め、残った時間で、「戦略的に」後に残しておいたり、確信が持てなかったり、再度チェックしたいと思ったりした設問に戻るといいでしょう。

- 1本のパッセージにつき、通常、設問は13〜14問です（12問の場合もあります）。
- 1本のパッセージに与えられた時間は20分です（2本のパッセージを1セットとして解く場合は40分を自由に配分して使えます）。

　出題の形態は、次のうちどちらかの組み合わせになっています。

- ふたつに区切られており、合計3本のパッセージが入っている。
- 3つに区切られており、合計5本のパッセージが入っている。

パッセージの画面が出てきた時に、上部に表示される時間をさっと見て、いくつのパッセージを解くのか、そして、どのように解き進めていくべきかを把握しましょう。時計はパッセージのセットごとの制限時間（2本で40分、1本で20分）を表示しています。

iBT の問題形式について

個々の問題形式に関する詳しい説明や練習などは、後の章に譲り、ここでは、標準的なパッセージにおける設問のタイプとその概要を説明しておきます。

(1) 内容一致問題（1パッセージにつき、3〜6問）：パッセージに書かれた詳細な内容を選ぶ問題
(2) 内容不一致問題（1パッセージにつき、0〜2問）：パッセージには書かれていない情報を選ぶ問題
(3) 語彙問題（1パッセージにつき、3〜5問）：文脈での語彙表現の意味を選ぶ問題
(4) 指示語問題（1パッセージにつき、1〜2問）：代名詞やフレーズが指している名詞を選ぶ問題
(5) 主題問題（1パッセージにつき、1問）：パラグラフのテーマや焦点を選ぶ問題
(6) 類推問題（1パッセージにつき、0〜2問）：パッセージに書かれている情報を基に結論を類推する問題
(7) 修辞目的問題（1パッセージにつき、1〜2問）：パラグラフにおいて、記述や例が示された理由を判断する問題
(8) 文簡素化問題（1パッセージにつき、1問）：センテンスの文意を選ぶ問題
(9) センテンス挿入問題（1パッセージにつき、1問）：パラグラフの中で、提示されたセンテンスを挿入する最も適切な箇所を選ぶ問題
(10) パラグラフ構成問題（2〜3パッセージにつき、1問）：パラグラフ構成の原理を判断する問題

パッセージの最終設問としては、次のどちらかが必ず出題されます。
(11) 要約問題（頻繁に出題）：パッセージの主なポイントを選ぶ問題
(12) 分類問題（3〜4パッセージにつき、1問）：パッセージに書かれた情報を（表の中に）分類する問題

配点は、最後のふたつのタイプを除いて、1問につき1点です。つまり、一般的に、難しい問題を1問解くよりは、簡単な問題を2問解いたほうが2倍いいのです（難問を解い

てもボーナスポイントはもらえません)。しかし、最後の設問では、パッセージの主なポイントを3つ選ばせたり、5つから7つの情報を分類させたりと、複数の選択肢を選ばせるので、配点は多くなります。

リーディングパッセージの内容

TOEFLのリーディングパッセージは、長さ、難易度、構成ともに共通点があります。出典はほとんどが、大学の教科書や1年生が履修する基礎コースでよく使用される読み物です。設問に答えるに当たって必要な情報はすべてパッセージに書かれていますので、そこで扱われている学問分野（例えば、天文学など）に精通していなくても心配はいりません。iBTで出題されるパッセージの大多数が、情報を提供するタイプのもので、まず、あるテーマに関する主張があり、次に、その考え、概念、論点を支持する情報が提示されるという形式を取っています。テーマは、歴史上の一時代のような社会科学だったり、自然科学における争点だったり、人文科学だったりする場合もあります。リーディングパッセージの題材は、一般教養分野から広く取られ、数多くの特定のトピックが扱われます。私たちが実際に何度もテストを受けた経験から、その内訳は次の通りだと考えます。

30%　自然科学（生物学、化学、医学）
25%　地球科学（地質学、天文学、生態学、気象学）
20%　人文科学（歴史、言語学、芸術、文化研究）
15%　社会科学（社会学、心理学、経済学、政治学）

この構成配分はスピーキングセクションやライティングセクションとも共通します。また、リスニングセクションでも、その出題の頻度と配分は同じようです。

TOEFL iBTの主催団体であるETSのテスト作成者によると、TOEFLのリーディングパッセージは「本物」で、北米の大学で教員が指定する種類のテキストや教材を色濃く反映しているとのことです。これは、ある程度事実ですが、実際にはパッセージに使われている語彙はいくぶんやさしくなっています（幸いなことに、複雑な用語は使われていません）。また、パッセージの構造は多少複雑になっていますが、これは、出典元の文章を標準的なリーディングパッセージの長さに合わせるために、問題作成者が結論部分および本論部分の一部を削除せざるを得ないからです。このため、元の文章にあった「序論、本論、結論」という構造がはっきりせず、流れが見えにくくなっています。第2章で説明するように、TOEFLのリーディングパッセージには英語のアカデミックな文章が持つ形式が反映されていますが、このように文章の構造に手が加えられていることを知った上で読む必要があります。

TOEFL iBT 全般に関する情報

TOEFL iBT の解答に要する時間は約 4 時間で、次のような構成になっています。

リーディング　　3 ないし 5 つのパッセージに各 12 〜 14 の設問。制限時間は 60 〜 100 分
リスニング　　　6 ないし 9 つの講義、ディスカッション、会話に各 5 〜 6 の設問。60 〜
　　　　　　　　90 分
　休憩
スピーキング　　6 つのタスク（ふたつの独立型問題と 4 つの総合問題）。20 分
ライティング　　2 つのタスク（独立型問題と総合問題がひとつずつ）。それぞれ 20 分と
　　　　　　　　30 分

FAQ

以下は、2012 年 7 月 10 日現在の情報です。

試験の申し込み方法は？

まず、Information Bulletin(以下 Bulletin)と呼ばれる受験要項を入手します。Bulletin は、ETS の公式ウェブサイトから PDF ファイル形式でダウンロードできます。Bulletin には、受験手続きから教材の購入方法まで、TOEFL テストに関する諸注意が事細かに説明されています。情報のほとんどは英語で書かれているため、全部を読みこなすのは大変ですが、TOEFL テスト受験の第一歩と考えてトライしてみましょう。

　iBT はインターネットを利用して実施されるため、広いエリアでの実施が可能となり、受験会場が全国にあります。受験申し込みには ETS の公式ウェブサイトで個人ページ（My Home Page）の作成が必要です。その後オンラインもしくはプロメトリック株式会社宛に電話、郵便で申し込みを行います。その際、身分証明書やクレジットカードなど必要なものがありますので、あらかじめ Bulletin をよく読んでください。

情報の入手、申し込み先は？

TOEFL テスト全般について：
　　TOEFL Service, Educational Testing Service
　　P.O. Box 6151, Princeton, NJ 08541-6151, USA
　　URL：http://www.ets.org/toefl/

TOEFL テスト受験要項入手方法：
受験要項（Bulletin）は ETS の公式ウェブサイトから PDF ファイルでダウンロードします。国際教育交換協議会（CIEE）の公式ウェブサイトからも PDF ファイルをダウンロードできます。

ETS 公式ウェブサイト
URL：http://www.ets.org/toefl/
国際教育交換協議会（CIEE）公式ウェブサイト
URL：http://www.cieej.or.jp/toefl/

iBT の申込先：
プロメトリック株式会社 TOEFL 係
〒 104-0033　東京都中央区新川 1-21-2　茅場町タワー 15F
TEL：03-5541-4800（祝祭日を除く月〜金：9:00 〜 18:00）

ETS のウェブサイトからオンライン申し込みもできます。また、電話予約の場合でも、ETS のウェブサイトであらかじめ取得した ETS ID が必要です。

試験申し込みの時期は？
受験日の 4 日前（中 3 日）までに申し込みます。7 日前（中 6 日）までに申し込むと受験費用が 225 ドルとなり 35 ドル安く受験できます（この日を過ぎると 260 ドルになります）。受験会場・受験日ごとに定員が決められているので、できるだけ早めに申し込むといいでしょう。

キャンセルはできる？
受験日の 4 日前（中 3 日）までにキャンセルすると、受験費用の 50％がキャンセル料としてかかります（リスケジュールの場合は 60 ドルが手数料としてかかります）。

受験費用と支払い方法は？
TOEFL iBT の受験費用は日本円を選択することができます（クレジットカードのみ）。日本円による受験料は為替レートの変動によりその都度異なりますので、手続きの際にウェブサイトに表示される金額を確認してください。クレジットカードでの支払いが便利ですが、小切手や国際郵便為替での支払いも可能です。

試験当日に会場に持って行くものは？
日本で受験する場合は、身分証明書としてパスポートを持参するのが最も便利です。運転免許証なども使用可能ですが、その場合、出身大学発行の作成身分証明書など別の書類が必要となり、手続きが煩雑になります。受験申込時に登録した名前と身分証明書に記載されている名前のつづりは完全に一致していなければならないことに注意しましょう。自国以外で受験する場合はパスポートが必要です。

試験会場に着いたら？
試験会場の係員は受験の登録情報を確認し、受験者の写真を撮影します。そして、コン

ピューターのヘッドセットと鉛筆、メモ用の紙が受験者に配布されます。受験者はコンピューター端末の席に着き、開始時間を待ちます。この際、携帯電話や辞書、持参した筆記具などを持ち込むことはできません。

試験は時間通りに始まる？
受験者は決められた時間までに試験会場に到着しなければなりませんが、試験が始まる時刻は受験者によって異なります。例えば午前10時までに到着するように決められた受験者のグループは、到着順に受け付けが済むと写真撮影の後、ひとりずつ試験用の端末に案内されます。

iBTはどの程度の頻度で受験できる？
月に1度と決められていた従来のTOEFL CBTと違い、iBTは1週間に1度の受験が可能です。

受験後どのくらいでスコアがわかる？
正式なスコアは、受験日の15営業日後にオンラインで確認できます。

スコアシートは何枚受け取ることができる？
5枚分（出願校4校分と受験者本人の分）は受験料に含まれています。さらに料金を払って、追加のスコアシート送付を依頼することができます。

iBTとITP（PBT）、CBTのスコアの相関関係は？

※リーディングセクション。換算値は目安です

ITP、PBT	CBT	iBT
67	30	30
60	25	26
55	21	20
45	13	11
40	10	8
31	0	0

さらに詳しいiBTの情報を入手するには？
試験の申し込みや開催状況などに関する最新の情報は、試験を運営するETSのウェブサイト（http://www.toefl.org/）で確認するといいでしょう。

試験問題作成者であるETS発行の参考書さえ使っていればいいのでは？
ETSが作成している教材は、問題の質はいいのですが、英語を外国語として学んでいる人

たちには向いているといえません。その第一の理由は、戦略や説明を含め、すべてが英語で書かれているため、日本人学習者にはうまく内容が伝わらないことです。ETS が発行している書籍はネイティブスピーカーや、既に英語が上級レベルに達している人たちには合っています。大抵の場合、日本人 TOEFL 受験者は、訳、説明、語注、アドバイスが日本語で読める本で勉強したほうが、短期間で効果を上げることができます。第二の理由としては、「ETS は TOEFL に対して矛盾する立場に置かれている」ことが挙げられます。ETS は TOEFL の問題を作成し、iBT は試験対策の練習や受験技術ではなく英語力を測るものだと主張しつつ、同時に、自身で作成した試験対策本を売って、利益を上げたいと考えているのです。こうした矛盾があるため、その試験対策教材には結果的に弱点が潜んでいます。つまり、あまりにも効果的な対策本であれば、試験自体に信頼性や妥当性がないことが明らかになってしまいます。同様に、ETS の対策本に書かれた戦略があまりにも具体的で役立つものであれば、試験の本質的な欠点や弱点を一部露呈させることになります。こうした理由から、ETS が発行する対策本は、あまり具体的で役立つものになっていません。例えば、ETS 発行の公式ガイドには、受験者に対して試験時間の有効利用方法を指南していませんし、答えを間違えてもスコアが引かれることはないので、時間が足りなくなったら勘で答えるべきだということすら書かれていません。

iBT に関するアドバイスと注意

　TOEFL は、年間 100 万人近くが受ける試験であり、アカデミックな英語能力を測るテストとしては世界で最も規模の大きいものです。アメリカやカナダのほぼすべての大学でノンネイティブの学生に TOEFL の受験が課せられることは広く知られています。しかし、イギリスやアイルランド、オーストラリア、ニュージーランド、そして多くのヨーロッパ諸国を含む約 165 カ国の 8,500 ほどの大学でも出願時に TOEFL のスコアが有効であることはあまり知られていません。これは、アメリカやカナダ以外の英語圏の国で学ぶ場合でも、TOEFL のスコアを使えるということです。出願時に TOEFL のスコアを使えるかどうかを志望校に確認してみましょう。その学校がどの国にあるかは関係ありません。

　さらに、出願時におけるスコアの取り扱われ方は、日本と北米では大きく違うことを知っておきましょう。大学側は、スコアだけでなく、学生の出願書類をさまざまな角度から検討します。推薦状も重要ですが、志望動機のエッセーは特に重要です。さらに、日本の学校での学業成績や人間性も重要なのです。自分のスコアが志望校の合格基準スコアに達していなくてもあまり落胆しないようにしましょう。北米では、出願学生をトータルに判断するため、試験のスコアに関して例外を設けることもあります。志望校の学部やプログラムによっては独自の異なった基準を設定するなど、受け入れスコアに関しては柔軟な姿勢を持っています。基準スコアに多少届かなくても、大学側にコンタクトして受け入れを検討してもらいましょう。そして、英語の総合力を伸ばすことに集中するのです。

TOEFL 受験全般に関するガイドライン

(1) 試験会場での雑音は極力無視する
ほとんどの会場では受験者によって試験開始の時間が異なるため、皆さんがリーディングのテストを受けている時にスピーキングセクションを受けていたり、会場を出入りしたりする人たちもいます。会場には、リーディングテスト用に雑音を低減させるヘッドホンがあります（残念ながら、リーディングテストの後に行われるリスニングテストでは、スピーカーからの音声を聞かなくてはならないため、このヘッドホンは使用できません）。

(2) iBT の画面表示と形式に慣れておく
iBT では受験前にコンピューターの使用方法の説明はありません。コンピューターの画面内容やツールバーおよびキーボードのコマンドの使い方は事前に確認しておきましょう。試験中に Help キーを押しても時計は止まりませんので、設問に答える時間を無駄に費やすことになってしまいます。

(3) 指示文は事前に確認しておく
指示文（Directions）は毎回同じですから、受験時に指示文を読むのは時間の無駄です。受験当日までには指示文を完全に理解しておいてください。貴重な解答時間は指示文を読むのではなく、1問でも多く解いてスコアを上げるために使いましょう。

(4) コンピューター画面のタイトルバーに表示される時計で時間の経過を把握すること
タイトルバーには、リーディングテストの残り時間、設問の合計数、現在解いている問題の番号が表示されます。

(5) 設問では最も適切な選択肢を選ぶこと
TOEFL の設問の中には、教養の高いネイティブスピーカーでさえも、慎重に考えなければ正解を選べないものがあります。求められているのは、単に答えを選ぶことではなく、「最も適切な」答えを選ぶことです。そのためには、(1) 特定の選択肢が正しいと確信する、または、(2) まず間違っている選択肢を除き、残りの中から選ぶというふたつの方法があります。(2) はいわゆる消去法です。リーディングセクションでもリスニングセクションでも、このふたつの戦略を利用することになります。

(6) 勘を使って全問を制限時間内に終わらせる
勘を使ったからといって減点されることはありません。時間が足りなくなって勘で解いた場合でも、スコアは上がることはあっても下がることはないのです。ただし、この本で学習すれば、時間内に全問の解答を終えるテクニックを身につけられるはずです。万が一の時のために、本書では所々で「時間節約」のコツをお教えしますので、戦略的に時間配分し、ぎりぎりになってから勘に頼るといった事態を最小限に抑えることができるようになりま

す。

　それではリーディングセクションの学習を始めましょう。

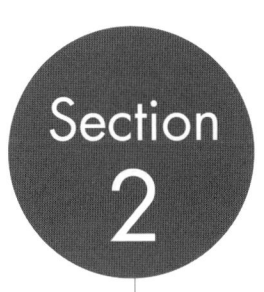

Keys to Success & Strategies
リーディングセクション攻略法

- 2章 戦略的速読：
  TOEFLの文章構造、
  パッセージ構成、要約問題

- 3章 スキミングとスキャニング：
  主題問題・内容一致問題・
  内容不一致問題

- 4章 精読：
  語彙問題、指示語問題、
  文簡素化問題

- 5章 行間を読む：
  類推問題、修辞目的問題、
  センテンス挿入問題

- 6章 戦略的リーディング再学習：
  要約問題、分類問題、
  パラグラフ構成問題

Chapter 2

Swift Strategic Reading: TOEFL Structure, Passage Organizing Principles, Summary Questions

戦略的速読：TOEFL の文章構造、パッセージ構成、要約問題

　日本語の文章は気品があって美しいものです。筆者は読者に先を読ませぬようにテーマを探求していくため、読者はあたかもくねくねと曲がった小道を歩くがごとく、筆者とともにさまざまな物の見方を発見していきます。新聞の社説さえも、その主題や筆者の観点は、最後の最後までほとんどわかりません。起承転結で展開される文章の形式が、何世代にもわたり日本語で書かれてきたエッセーの基本的な構成です。このように最後まで自分の意見、つまり、最も重要なポイントを見せないでおくという傾向は、ビジネス会議や夜遅く開かれる飲み会（大体は一次会の延長）においても見られます。大抵の場合、最も言いにくいことや重要なポイントは、提示のおぜん立てができ、受け入れやすくなる結論部分まで明かされることはありません。本音や最終的な意図、重要な提案が現れるのは最後の最後なのです。本書の著者である私たちも、日本に来たばかりのころは、こうしたコミュニケーションの方法を理解するのに長い時間がかかりました。

　それに対して、英語の文章、英語で書かれた論文一般におけるその構成はまったく異なります。アメリカのビジネス会議では最も重要な問題が最初に提示され、ビジネスレターやメールではその目的が最初の数行に書かれ、講義では講師が最初に主題とその支持内容を述べ、これからどんな話をするかを相手に伝えるというのが、通常の方法です。また、友達同士で一緒に飲みに行ったり食事に行ったりしても、最も大事な話題から話し始めます。

　TOEFL のパッセージにも同じことが言えます。通常、第1パラグラフでパッセージの主題に関する問題点やテーマ、状況、推移が提示されます。それに対し、第2パラグラフ以降で見解が述べられますが、さらにその中でそれぞれ最初のセンテンスが、主旨の支持内容を表すセンテンスとそこに含まれる情報の構成を説明したり、まとめたり、提供したりする傾向があります。こうした構造は——特に TOEFL のパッセージは長い文章の抜粋だということもあって——どのパラグラフにも完全に、または、明確に存在するわけではありません。しかし、そこから英語で書かれたアカデミックな文章の基本構成が見えてきます。TOEFL で高スコアを取るためには、こうした英語の基本的な修辞形式を知っておくことが重要です。その知識を使って、パッセージの必要な部分だけを素早く読めば、根底にある文章構造を把握できる、つまり、強力な洞察力と読解力が身につくからです。とりわけ iBT のリーディングセクションやアカデミックな文章全般において、「パッセージおよびパラグラフといった文章単位の初めには、案内役となる見解が提示され、それを支持する考えと詳細情報が後に続く」という原則を見逃してはいけません。

Step 1：戦略的リーディング

　ここまで読んだことは一度忘れ、「パッセージ内の一文一文が平等に扱われ、意味も重要性も同じである」と仮定してみましょう。その上で、次に挙げる典型的な TOEFL パッセージを読んでください。一つひとつのセンテンスと単語を、最初から最後まで順に読みます。もしくは、日本語で書いてあると考え、日本人読者が日本語を読んでいるつもりで読み進めます。時計かストップウオッチで読む時間を計り、かかった時間を書き留め、パッセージの後にある設問に答えてください。

Exercise 1-A

The Planet Earth

　Most astronomers believe that the universe began with an enormous explosion, called "The Big Bang," that created all the matter in the universe. Initially, this matter was almost completely composed of hydrogen and helium atoms and formed into stars, such as for example our own Sun. Gradually though, in galaxies throughout the universe, the clouds of hydrogen and helium gases around stars cooled, condensing into the planets, moons, and other celestial bodies such as asteroids that make up Solar Systems like ours, resulting in our case in the formation of the Earth.

　Geologists have estimated that our planet was formed around 4.6 billion years ago. Immediately after the Earth was formed, it was a large barren sphere with no oceans or atmosphere. However, deep inside the planet, due to the force of gravity and the release of radioactivity, the rock began to heat and become molten. This molten rock did not cool for hundreds of millions of years. Slowly, however, as the Earth cooled, heavy elements such as the metals nickel and iron formed a hard core. This was surrounded by an outer liquid core, a layer of hot rock called the mantle, and finally a layer of cool black rock that solidified as the outer surface. Molten rock rose to the surface of the Earth through cracks and holes, developed into cones, and deposited lava, emitting gases in the process.

　From these clouds of gases, the Earth's atmosphere began to develop. Because of the force of gravity, carbon dioxide, nitrogen, hydrogen sulfide, some methane, and water vapor were all held close to the Earth. The Earth's first "air" did not contain free oxygen. The water vapor fell on the Earth as rain, evaporated as steam, and fell again over and over. The Earth's surface eventually cooled, and a shallow ocean covered the entire planet's surface.

This process could not have occurred, however, unless the Earth were located at an appropriate distance from the Sun. By comparison, the Earth's neighboring planet Venus, located nearer the Sun, has extremely high daytime temperatures in which carbon compounds and water necessary to sustain life remain as gas and water vapor. Mars, located farther away from the Sun, probably had water at one time but is now a frozen planet with little capacity for life.

Earth's "just right" distance from the Sun meant that after the Earth cooled, the stage was finally set for early forms of life to develop. Yet, the question still remains, where did it come from? Since the Earth was able to sustain life, there must have been organic subunits from which life could develop.

訳例は p.330 にあります。

読むのにかかった時間：＿＿＿＿＿＿＿＿＿＿

Q1. What is the main purpose of this passage?

(選択肢)

(A) To show how the universe began
(B) To describe how the Earth formed
(C) To explain the existence of the Earth's atmosphere
(D) To emphasize the importance of Earth's position in space
(E) To consider the question of how life originated on Earth

注：練習のため、ここでは選択肢が5つになっています。

Q2. The author organizes the discussion according to which principle?

選択肢
(A) Chronology
(B) Illustration
(C) Comparison
(D) Spatial orientation

　このふたつの設問はやさしいとはいえません。実際に、「一文一文が平等である」という考えを忠実に守って読んでいくと、選択肢のどれもが正しいと思えてしまいます。それは、選択肢の内容すべてがパッセージのどこかに書かれていることだからです。日本人学習者は、特に結びの部分に注意を払う（つまり、パッセージに導かれるままに読む）といった読み方をしますが、そうした読み方をすると、Q1では(E)の「いかにして地球上に生命が誕生したかといった疑問を考える」を選ぶことになるでしょう。筆者が、最終的にこの重要な疑問につながるように議論を進める書き方をしているため、そう考えてしまうのです。しかし、英語で書かれたアカデミックな文章の構成を念頭に置いて読んでいけば、別の答えにたどり着くことができます。この理由はすぐ後に説明します。

Exercise 1-B

　今度は、パッセージのうち黒く表示されたキーセンテンス（灰色以外の部分）だけを読み、かかった時間を書き留め、設問に答えてください。

　Most astronomers believe that the universe began with an enormous explosion, called "The Big Bang," that created all the matter in the universe. Initially, this matter was almost completely composed of hydrogen and helium atoms and formed into stars, such as for example our own Sun. Gradually though, in galaxies throughout the universe, the clouds of hydrogen and helium gases around stars cooled, condensing into the planets, moons, and other celestial bodies such as asteroids that make up Solar Systems like ours, <u>resulting in our case in the formation of the Earth.</u>
　Geologists have estimated that our planet was formed around 4.6 billion years ago. Immediately after the Earth was formed, it was a large

barren sphere with no oceans or atmosphere. However, deep inside the planet, due to the force of gravity and the release of radioactivity, the rock began to heat and become molten. This molten rock did not cool for hundreds of millions of years. Slowly, however, as the Earth cooled, heavy elements such as the metals nickel and iron formed a hard core. This was surrounded by an outer liquid core, a layer of hot rock called the mantle, and finally a layer of cool black rock that solidified as the outer surface. Molten rock rose to the surface of the Earth through cracks and holes, developed into cones, and deposited lava, emitting gases in the process.

From these clouds of gases, the Earth's atmosphere began to develop. Because of the force of gravity, carbon dioxide, nitrogen, hydrogen sulfide, some methane, and water vapor were all held close to the Earth. The Earth's first "air" did not contain free oxygen. The water vapor fell on the Earth as rain, evaporated as steam, and fell again over and over. The Earth's surface eventually cooled, and a shallow ocean covered the entire planet's surface.

This process could not have occurred, however, unless the Earth were located at an appropriate distance from the Sun. By comparison, the Earth's neighboring planet Venus, located nearer the Sun, has extremely high daytime temperatures in which carbon compounds and water necessary to sustain life remain as gas and water vapor. Mars, located farther away from the Sun, probably had water at one time but is now a frozen planet with little capacity for life.

Earth's "just right" distance from the Sun meant that after the Earth cooled, the stage was finally set for early forms of life to develop. Yet, the question still remains, where did it come from? Since the Earth was able to sustain life, there must have been organic subunits from which life could develop.

読むのにかかった時間：＿＿＿＿＿＿＿

Q1. What is the main purpose of this passage?

選択肢

(A) To show how the universe began
(B) To describe how the Earth formed
(C) To explain the existence of the Earth's atmosphere
(D) To emphasize the importance of Earth's position in space
(E) To consider the question of how life originated on Earth

Q2. The author organizes the discussion according to which principle?

選択肢

(A) Chronology
(B) Illustration
(C) Comparison
(D) Spatial orientation

英語の文章では、特定の場所（特に、最初の部分）に主旨と重要な情報を書くことで、読者に考えを伝えますので、その構造を念頭に置いて文章を選択して読んでいけば、明確な答えにたどり着くことができます。

例えば、このパッセージでは、Q1 の (A) ～ (E) すべてについて触れています。いかにして宇宙が（「ビッグバン」によって）誕生したかを示し、地球の大気の存在（どのようにして水蒸気が形成され、それが最終的に地表に集積したか）について説明し、地球の（金星や火星との比較における）位置的な重要性を強調し、いかにして地球上に生命が誕生したかという疑問を提起しているといった具合です。しかし、文章構造上のキーセンテンスを読めば、このパッセージが書かれた「主な目的」が、「地球がいかにして形成されたか」であることがわかります。**Q1 の正解は (B)** です。この要点は第 1 パラグラフの最後のセンテンスで「結果としてそれが地球の形成につながった」と提示され、続く 4 つのパラグラフすべての最初のセンテンスでそれが強調されています。

> ① ..., resulting in our case in <u>the formation of the Earth</u>.
> ② Geologists have estimated that <u>our planet was formed</u> around 4.6 billion years ago.
> ③ From these clouds of gases, <u>the Earth's atmosphere began to develop</u>.
> ④ <u>This process</u> could not have occurred, however, unless the Earth were located at an appropriate distance from the Sun.
> ⑤ Earth's "just right" distance from the Sun meant that after the Earth cooled, <u>the stage was finally set for early forms of life to develop</u>.

　formation、formed、began to develop、process、develop といった語句を含む上記センテンスが根拠を表しており、ここから、パッセージ内で情報がどのように提示されているか、筆者の目的は何かといった概要をつかむことができ、同時に、Q2 の答えも明確になってきます。
　筆者はパッセージの部分部分で、選択肢に書かれた構成上の基本原理をそれぞれ使ってはいますが、全体を通して使われているのは「年代順配列」、つまり、出来事を時系列に並べていく方法です。まず、宇宙誕生について触れ、その後、天体の形成、太陽系、地球誕生とその時期、大気形成へと話を進め、最後に、生命出現が可能となる条件へとつなげています。つまり、このパッセージの主な目的は、こうした過程を年代を追って説明することです。つまり、**Q2 の正解は (A)** ということになります。このような問題を「構成問題」と呼びます。

　ではここで、パッセージを一語一語読んだ時にかかった時間を、第1パラグラフ全体と第2パラグラフ以降の第1センテンスだけを読んだ時にかかった時間と比較してみてください。数分の1の時間で、パッセージの主な目的と構成上の基本原理を「よりはっきりと」理解できましたね。もちろん、TOEFL のパッセージは慎重に、そして、詳細に気を配って読まなくてはなりません（これについては4章と5章で説明します）が、まずは戦略的かつ選択的に読むことが必要です。そうしないと時間が足りなくなり、自分の実力を最大限にスコアに反映することができません。また、最初から最後まで読むのは情報処理の方法としてはお粗末な方法で、スコアは伸びません。多くの細かい情報や難しい語彙にまどわされ、それが全体としていかに要点の枠組みを支持しているかといった構造が見えなくなってしまうからです。この状態を、「木を見て森を見ず」と言います。

Step 2：パッセージの構造

Exercise 2

次のパッセージの黒で表示された部分（灰色以外の部分）だけを読み、かかった時間を書き留め、設問に答えてください。

Identifying Minerals

Minerals are chemical elements or compounds found naturally in the crust of the Earth. In contrast to organic chemicals made mainly of carbon, hydrogen, and oxygen typical of living things, minerals are inorganic. Some have a fixed chemical composition, others are a series of related compounds in which one metallic element may wholly or partly replace another. Only rarely will a single physical or chemical property identify a mineral. The complexity of their composition means that more qualities must be used to distinguish minerals. Identification of many rare minerals often requires expensive laboratory equipment and detailed chemical and optical tests which only an expert can conduct. However, there are some simpler physical and chemical tests which can be more easily applied by anyone interested in rocks.

Perhaps the easiest is the "hardness" test. There are more precise ways of measuring mineral hardness in industrial laboratories, but it is fairly straightforward and easy to apply Mohs scale of ten minerals. This scale ranks ten minerals—from talc as the softest to diamond as the hardest. Basically, one scratches the surface of the mineral, and if a mineral being tested will scratch the minerals softer than it, one can estimate its hardness. Of course, one should never test hardness on the face of a valuable crystal.

Another test is the specific gravity of a mineral; that is, the relative weight of the mineral compared to the weight of an equal volume of water. Since the weight of an equal volume of water is identical with the mineral's loss in weight when weighed in water, specific gravity is quickly determined. For instance, a corundum crystal weighing 55 grams dry weighs 42 grams when suspended in water. By analyzing the specific gravity of a mineral and comparing it to a specific gravity table, one estimates the specific gravity of the mineral as an aid to identification.

Yet another test is the "cleavage test." Since many minerals are crystalline, they can be split along planes related to the molecular structure and parallel to possible crystal faces. The perfection of the resulting cleavage is described in five steps from poor (as in bornite) to fair, good, perfect, and eminent (as in micas). "Fracture" is the breakage of a mineral specimen in some way other than along cleavage planes. Not all minerals show good cleavage; in fact, most show fracture.

Tests of the optical properties of minerals are used mainly by experts, but amateurs should know about them because they are fundamental in precise mineral identification. X-rays sent through thin pieces or powders produce a visual pattern dependent on the structure of the molecules and so are an aid to identification. To perform the analysis, pieces of minerals or rocks are first mounted on slides, then ground until they are as thin as paper. The bending of light rays as they pass through the minerals creates patterns that can often confirm their identity. Fragments of minerals can also be immersed in transparent liquids of different density to measure their index of refraction. This is distinct for each mineral and is related to its crystal system. Thus, an expert can tell if a diamond or emerald is real or false without doing any damage to the stone.

訳例は p.330 にあります。

読むのにかかった時間：＿＿＿＿＿＿＿＿

Q*1*. What does this passage mainly discuss?

(選択肢)

(A) The make-up of a mineral
(B) Optical qualities of minerals
(C) The Mohs scale hardness test
(D) Ways to distinguish minerals
(E) Minerals as organic compounds

Q2. Which phrase best describes the organization of this passage?

選択肢
(A) A cause followed by an effect
(B) A comparison of viewpoints
(C) A series of types
(D) An argument with supporting points

　第1パラグラフ全体と第2パラグラフ以降の第1センテンスを読むのにかかった時間を見てください。そんなにかかっていませんね。短時間で戦略的に読んだだけでも、パッセージの焦点と構造を把握することはできたでしょう。第1パラグラフ最終文と第2パラグラフ以降の第1センテンスから、このパッセージでは鉱物を同定するための一連の検査方法が説明されていることがはっきりとわかります。

> ① However, there are some simpler physical and chemical tests which can be more easily applied by anyone interested in rocks.
>
> ② Perhaps the easiest is the "hardness" test.
> ③ Another test is the specific gravity of a mineral; that is, the relative weight of the mineral compared to the weight of an equal volume of water.
> ④ Yet another test is the "cleavage test."
> ⑤ Tests of the optical properties of minerals are used mainly by experts, but amateurs should know about them because they are fundamental in precise mineral identification.

　Q1の正解は (D) です。各パラグラフで提示されているそれぞれの検査方法は、鉱物を同定するためのものです。また、上記キーセンテンスを読んだだけでパッセージの構造がすぐにわかります。**Q2の正解は (C)** の「種類の列挙」です。このパッセージでは主に、鉱物に対して行われる4種類の検査を取り上げています。従って、(C) が最も適切な答えです。
　地球形成に関するパッセージと同様、この「鉱物の同定」に関するパッセージでも専門的な事実や難解な語彙が数多く使われています。こうした語彙については、第3〜5章で特定の設問に対する対策として、パラグラフの2度読みについて説明する際に学びます。

しかし、それ以外の設問を解くに当たっては、最初にパッセージの焦点と構造を理解しておくことが重要な鍵となります。それでは、もう一度パッセージを通して読んでください。「最初から戦略的リーディングを使って読むことが大切なのか」という疑問をまだお持ちであれば、すべてのセンテンスが同程度の重要性を持っていると仮定して読んでみてください。そうすると、多岐にわたる細かい情報や未知の語彙にほんろうされることがわかるでしょう。

Identifying Minerals

Minerals are chemical elements or compounds found naturally in the crust of the Earth. In contrast to organic chemicals made mainly of carbon, hydrogen, and oxygen typical of living things, minerals are inorganic. Some have a fixed chemical composition, others are a series of related compounds in which one metallic element may wholly or partly replace another. Only rarely will a single physical or chemical property identify a mineral. The complexity of their composition means that more qualities must be used to distinguish minerals. Identification of many rare minerals often requires expensive laboratory equipment and detailed chemical and optical tests which only an expert can conduct. However, there are some simpler physical and chemical tests which can be more easily applied by anyone interested in rocks.

Perhaps the easiest is the "hardness" test. There are more precise ways of measuring mineral hardness in industrial laboratories, but it is fairly straightforward and easy to apply Mohs scale of ten minerals. This scale ranks ten minerals—from talc as the softest to diamond as the hardest. Basically, one scratches the surface of the mineral, and if a mineral being tested will scratch the minerals softer than it, one can estimate its hardness. Of course, one should never test hardness on the face of a valuable crystal.

Another test is the specific gravity of a mineral; that is, the relative weight of the mineral compared to the weight of an equal volume of water. Since the weight of an equal volume of water is identical with the mineral's loss in weight when weighed in water, specific gravity is quickly determined. For instance, a corundum crystal weighing 55 grams dry weighs 42 grams when suspended in water. By analyzing the specific gravity of a mineral and comparing it to a specific gravity table, one estimates the specific gravity of the mineral as an aid to identification.

Yet another test is the "cleavage test." Since many minerals are crystalline, they can be split along planes related to the molecular structure and parallel to possible crystal faces. The perfection of the resulting cleavage is described in five steps from poor (as in bornite) to fair, good, perfect, and eminent (as in micas). "Fracture" is the breakage of a mineral specimen in some way other than along cleavage planes. Not all minerals show good cleavage; in fact, most show fracture.

Tests of the optical properties of minerals are used mainly by experts, but amateurs should know about them because they are fundamental in precise mineral identification. X-rays sent through thin pieces or powders produce a visual pattern dependent on the structure of the molecules and so are an aid to identification. To perform the analysis, pieces of minerals or rocks are first mounted on slides, then ground until they are as thin as paper. The bending of light rays as they pass through the minerals creates patterns that can often confirm their identity. Fragments of minerals can also be immersed in transparent liquids of different density to measure their index of refraction. This is distinct for each mineral and is related to its crystal system. Thus, an expert can tell if a diamond or emerald is real or false without doing any damage to the stone.

皆さんがTOEFLのリーディング学習でまず目指すべきことは、最初から最後まで一語一語読むという癖から抜け出すことです。その癖を捨て、代わりに、英語の文章が意味の単位ごとに構成されていることを理解した上で、戦略的リーディングを利用してください。皆さんがTOEFLのリーディングパッセージをより深く理解し、戦略的に読みこなすことができるよう、ここで第1パラグラフに注目してみましょう。

TOEFLのリーディングパッセージの第1パラグラフは、記事の導入部と同じ役割を果たすものです。そこでは、テーマが紹介され、議論の枠組みが示され、場合によっては（「ビッグバン」やある鉱物の性質など）用語が定義され、また、主旨や主題が提示されることもよくあります。地球の形成と鉱物の同定に関するパッセージで、第1パラグラフの最終センテンス（もしくはその一部）に下線が引いてあるのに気づいたでしょう。ここにTOEFLのリーディングパッセージで最も大切なセンテンスが書かれる傾向があります。必ずそうであるというわけではありませんが、大体の場合、一番重要なセンテンスはそこにあります。このセンテンスがその後に続く議論の主な焦点や方向性を示すことが多く、その議論の構成を示唆している場合もあります。TOEFLのリーディングパッセージで戦略的に

33

読まなければならないセンテンスがふたつあるとすれば、それは、導入パラグラフの第1センテンスと最終センテンスです。実際に、戦略的リーディングを行う際には、第1パラグラフをすべて読むのではなく、その最初の数センテンスと最後のセンテンスだけ、そして、第2パラグラフ以降の最初の文だけを読んでみるという実験をしてもいいかもしれません。この方法でも、同じぐらいの効果を感じる受験者もいます。

Step 3：導入部に焦点を当てる

Exercise 3

次のパッセージを戦略的リーディングの技術を使って読んでください。導入部（つまり、第1パラグラフ）の中でパッセージの主旨を含んでいると思われるセンテンスに下線を引いてください。時計かストップウオッチで、黒で表示されている部分を読むのにかかった時間を計り、その後、設問に答えてください。

Peoples of the Mississippi Headwaters

People first moved into the Mississippi Headwaters region about 12,000 years ago. These migrants, known to archaeologists as Paleo-Indians, followed the mammoths, mastodons, and giant bison that migrated into the area after the retreat of the glaciers. Also known as "Big Game Hunters," these people used long, thin "fluted" spear points that were ideally suited for piercing the tough, thick hides of the animals they hunted. Despite their skill as hunters, environmental pressures and later cultural pressures forced them to evolve in order to survive.

The Paleo-Indians were nomadic hunters, constantly moving in search of food. Their tribes were undoubtedly small, probably consisting of only several family groups. Consequently, sites where Paleo-Indian remains can be found are generally small and scattered throughout the region, making it difficult for archaeologists to locate them and study them in detail. What is known about them today is admittedly sketchy. They traveled light in order to pursue their game.

Later in the Paleo-Indian Period, extinction of the mega-fauna forced these peoples to give up hunting mastodons and mammoths and to instead hunt smaller animal species such as bison, elk, and moose. While not well understood, it is likely that over-hunting contributed to the ecological crisis of the mega-fauna, leading to their extinction. This may be one of the first examples of humans' negative impact on the natural environment.

About 8,000 years ago, as the weather became warmer and drier, hardwood forests sprang up to dominate the region, and the local populations needed to adapt to this changing landscape. People still hunted large animals, but they increased their use of other foods such as fish, wild berries, nuts, and seeds. To obtain these foods, the early Native Americans needed to move throughout the year to exploit each food resource as it became available. They stayed in one place for a season, and then moved on.

Important cultural changes also took place among the populations of the Headwaters region during this time. Probably as a result of seasonal hunting and gathering, the concept of "tribal territory" emerged and with it regional differences appeared, such as variations in the design of hunting implements. These differences resulted in the first commerce. Trade networks began to be established among the Headwater tribes and exotic stone and copper from distant sources became highly prized for making tools such as curved knives, spear points, fish hooks, and axes, and unusual decorative pieces such as shell necklaces and feather ornaments became valued for their beauty.

It was at this time, around 5,000 years ago, that somewhat more permanent villages were established. As tribes developed and defended their own territories, they needed to be able to stay longer in one place. They also needed more stable networks for economic exchange.

訳例は p.331 にあります。

読むのにかかった時間：＿＿＿＿＿＿＿＿＿＿

Q1. With which of the following is the passage primarily concerned?

選択肢

(A) The emergence of Paleo-Indian culture
(B) The extinction of large animals by Paleo-Indians
(C) Early climatic change in North America
(D) Hunter-gatherers and their effect on the environment
(E) The evolution of peoples of the Mississippi Headwaters region

Q2. What principle does the author use to organize the passage?

選択肢

(A) Contrast
(B) Chronology
(C) Comparison
(D) Classification

　導入部でパッセージの主旨を含んだセンテンスは（予想した通り）最後のセンテンスで、その中でも特に、environmental pressures and later cultural pressures forced them to evolve in order to survive の部分です。著者がすべてのパラグラフで、ミシシッピ川上流地区の人々がどのように「進化」して生き残ったかについて論じていることからわかるように、このキーセンテンスの内容はその後のパッセージ全体を通して展開されています。このセンテンスに続く3つのパラグラフでは、環境に起因する適応行動について論じられ、その後の2パラグラフでは文化的要因を背景とした適応と進化について書かれています。このキーセンテンスと各パラグラフの第1センテンスを併せて考えれば、パッセージの構成と構造が非常に明確になります。

① Despite their skill as hunters, environmental pressures and later cultural pressures forced them to evolve in order to survive.

② The Paleo-Indians were nomadic hunters, constantly moving in search of food.

③ Later in the Paleo-Indian Period, extinction of the mega-fauna forced these peoples to give up hunting mastodons and mammoths and to instead hunt smaller animal species such as bison, elk, and moose.

④ About 8,000 years ago, as the weather became warmer and drier, hardwood forests sprang up to dominate the region, and the local populations needed to adapt to this changing landscape.

⑤ Important cultural changes also took place among the populations of the Headwaters region during this time.

⑥ It was at this time, around 5,000 years ago, that somewhat more permanent villages were established.

この概要と「ミシシッピ川上流地区の人々」というパッセージの短いタイトルから、Q1とQ2は簡単に解けます。ミシシッピ川上流地区に住んでいた古アメリカインディアンは、「生き残るためには進化することを」余儀なくされ、「食物を求めて常に移動を続けて」、従来の大きな獲物の狩猟をあきらめて小さめの動物の狩りに転向し、変化する気候と地勢に「適応」しなくてはならず、「文化的に重要な変化」を経験し、ついには、「それまでに比べて定住するタイプの村」を作り上げた、とあります。この6つのキーセンテンス、そして、evolve、constantly moving、forced these peoples to give up ... and to instead、needed to adapt、cultural changes also took place、more permanent villages were established といった単語やフレーズを読めば、**Q1 の正解は (E)** の「ミシシッピ川上流地区の人々の進化」であるとわかります。このパッセージは、この民族の進化と発展に関する話です。

さらに、このキーセンテンスとパッセージの第1センテンスから、この論文の構成には年代順配列の手法が使われていることもわかります。この民族に関する説明と「物語」は遠い過去（約12,000年前）から始まり、近い過去（約5,000年前）へと進んでいます。こうした年代は、パラグラフのトピックセンテンスにも出てきます。前に読んだ地球形成に関するパッセージ同様、「ミシシッピ川上流地区の人々」でも時間の流れに沿って出来事が提示されています。従って、**Q2 の正解は (B)** の「年代順配列」です。ただし、選択肢にあるほかの原理も、ある程度はパッセージの中で使われています。例えば、大きな獲物を狙っていた初期の狩猟と、その後の小さめの動物を狙っていた狩猟が「対照（あるいは比較）」されたり、ミシシッピ川上流地区の人々が体験した適応を、環境によるものと文化に

よるもののふたつのタイプに分類したりしています。しかし、第1パラグラフのキーセンテンスと第2パラグラフ以降の第1センテンスを読めば、さまざまな段階を経たその民族の変化、発展、適応が、前に出てきたパッセージにおける地球形成の段階とほぼ同じ方法で説明されているため、パッセージ構成の中心的な原理は年代順配列であるとわかります。

では、ここまで読んできたパッセージの導入部のパラグラフを細かく見ていきましょう。

> Most astronomers believe that the universe began with an enormous explosion, called "The Big Bang," that created all the matter in the universe. Initially, this matter was almost completely composed of hydrogen and helium atoms and formed into stars, such as for example our own Sun. Gradually though, in galaxies throughout the universe, the clouds of hydrogen and helium gases around stars cooled, condensing into the planets, moons, and other celestial bodies such as asteroids that make up Solar Systems like ours, resulting in our case in the formation of the Earth.

> Minerals are chemical elements or compounds found naturally in the crust of the Earth. In contrast to organic chemicals made mainly of carbon, hydrogen, and oxygen typical of living things, minerals are inorganic. Some have a fixed chemical composition, others are a series of related compounds in which one metallic element may wholly or partly replace another. Only rarely will a single physical or chemical property identify a mineral. The complexity of their composition means that more qualities must be used to distinguish minerals. Identification of many rare minerals often requires expensive laboratory equipment and detailed chemical and optical tests which only an expert can conduct. However, there are some simpler physical and chemical tests which can be more easily applied by anyone interested in rocks.

TOEFL iBT

> People first moved into the Mississippi Headwaters region about 12,000 years ago. These migrants, known to archaeologists as Paleo-Indians, followed the mammoths, mastodons, and giant bison that migrated into the area after the retreat of the glaciers. Also known as "Big Game Hunters," these people used long, thin "fluted" spear points that were ideally suited for piercing the tough, thick hides of the animals they hunted. Despite their skill as hunters, environmental pressures and later cultural pressures forced them to evolve in order to survive.

この3つのパラグラフは、内容は異なりますが、共通する点があります。類似する点を見つけ、下の表の該当する個所にチェックマークを入れてみましょう。

	地球形成	鉱物	古アメリカインディアン
テーマを紹介している			
時代を限定しているか、出来事に触れている			✓
言葉の定義が含まれている			
パッセージ内で展開される主旨を提示している			
探求すべき課題や解決すべき問題を提示している			

解答：

	地球形成	鉱物	古アメリカインディアン
テーマを紹介している	✓	✓	✓
時代を限定しているか、出来事に触れている	✓		✓
言葉の定義が含まれている	✓	✓	✓
パッセージ内で展開される主旨を提示している	✓	✓	✓
探求すべき課題や解決すべき問題を提示している		✓	

こうした特徴は、TOEFLのリーディングパッセージの第1パラグラフによく見られるものです。必ずしもすべての特徴が第1パラグラフに含まれるわけではありませんが、一般的な特徴だといえます。上の3つのパラグラフの第1センテンスと最終センテンスに、パッセージで取り上げられている時間枠の開始時期、テーマの中心となる用語の定義、要点やパラグラフ構造の示唆など、特に重要な情報が書かれていることに注目してください。

パッセージの第1パラグラフに目を通す時に、こうした特徴を探し、それをタイトルや第2パラグラフ以降の第1センテンスからわかる情報と組み合わせれば、そのパッセージの焦点と枠組みを理解する準備が整います。また、パッセージの要点に関する設問（「要約問題」や「分類問題」など）や構造に関する設問（「主題問題」や「修辞目的問題」など）への備えも万全です。

　残念なことに、その種の設問はかつてのTOEFLほど簡単ではありません。TOEFLがコンピューター化される前は、最初に登場する設問はほぼ必ず、上で挙げた設問のようにパッセージ全体の「主題」や「主目的」に関するものでした。これは、PBT（ペーパー版TOEFL）であるITP（団体受験向けTOEFL）でも変わりませんでした。しかし、iBTではパッセージがコンピューター画面に入りきらないという理由からなのか、主題を尋ねるこのタイプの問題は出されなくなりました。代わりに、各パッセージで、（ひとつではなく複数の）要点を答えさせる「要約問題」、もしくは、詳細事項を2〜3つの主な概念（またはカテゴリー）に当てはめるという「分類問題」が出されています。この章で学んでいる戦略的リーディングと英語の文章の構成理解は、概要に関するこの2種類の設問に答えるために、これまで以上に重要な要素となります。

Step 4：要約問題と一歩進んだ練習

Exercise 4

次のパッセージを戦略的に読み、その後の設問に答えてください。

Theories of Conflict

　Conflict is a theme that has perhaps occupied humans more than any other—with the exception of love and religion. Only since the 1930's, however, has conflict become a major area of interest and research in the academic field of organizational behavior. Evidence suggests that this interest has been well-placed; conflict is a distinguishing characteristic of many of kinds of social groups and without question significantly impacts on group behavior. <u>Historically, academic researchers have proposed a variety of models to explain the nature and function of conflict in groups</u>.

　The initial approach to conflict assumed that conflict was bad. Conflict was viewed negatively, associated with violence, destruction, and irrationality. As such, it was to be avoided at all costs. This traditional concept is consistent with the attitudes that prevailed about group behavior in the 1930's and 1940's. According to studies of that time, conflict was a dysfunctional outcome resulting from poor communication, a lack of openness and trust between people, and the failure of managers to be responsive to the needs and aspirations of their employees. Since all conflict was to be avoided, theorists assumed that it was necessary to merely direct attention to the causes of conflict and correct these malfunctions in order to improve group and organizational performance. Although most recent studies now provide strong evidence to challenge the notion that conflict avoidance leads to better group performance, the average person still evaluates conflict situations on the basis of this outmoded view.

This view of conflict was nearly reversed in the field of organizational behavior when social psychologists began studying the behavior of groups more closely. Using careful observation, interviews, and case studies, experts in human behavior argued that conflict was a natural occurrence within groups and organizations. Since this conflict was inevitable, members of the "human relations school" advocated acceptance of conflict. Supporters of this position rationalized the existence of conflict: It cannot be eliminated and there are even times when conflict may benefit a group's performance. This human relations view dominated conflict theory from the late 1940's through the mid-1970's.

Gradually, this view of conflict developed into a more active and interactionist perspective. Whereas the human relations perspective viewed conflict as natural and ever present, the interactionist approach seeks to actively manage conflict, sometimes seeking to lessen it if it is destructive but more often encouraging moderate conflict on the grounds that a harmonious, peaceful, tranquil, and cooperative group is likely to become static, apathetic, and non-responsive to needs for change and innovation. According to the interactionist perspective, the role of leaders is to maintain an ongoing minimal level of conflict, a level sufficient to keep the group alive, self-critical, and creative. Whether conflict is helpful or harmful depends on the degree of conflict in the group, and whether the members of the group are able to function well despite or because of the conflict.

訳例は p.332 にあります。

Q1. What is the main purpose of this passage?

選択肢

(A) To define when conflict occurs
(B) To analyze sources of social conflict
(C) To outline theories of conflict
(D) To propose ways to resolve conflict

Q2. Which of the following phrases best characterizes the organization of the passage?

選択肢

(A) A narrative
(B) An argument
(C) Division and classification
(D) Cause and effect

Q3.

Directions: An introductory sentence for a brief summary of the passage is provided below. Complete the summary by selecting the THREE answer choices that express the most important ideas in the passage. Some sentences do not belong in the summary because they express ideas that are not presented in the passage or are minor ideas in the passage. ***This question is worth 2 points.***

A number of important theories have been used to analyze the role of conflict in groups.

-
-
-

TOEFL iBT

選択肢
(A) Love, religion, and conflict are three important themes in human history.
(B) The first theories of conflict were introduced in the 1930's and 1940's.
(C) The human relations conception of conflict is that conflict is natural and should be accepted.
(D) The traditional model viewed conflict as a harmful force that should be avoided.
(E) The two major wars in the first half of the twentieth century led psychologists to more carefully evaluate the role of conflict in society.
(F) The interactionist perspective suggests that conflict is normally present and should be actively managed so that it is optimal for group functioning.

解答と解説

　素早く戦略的に読むことで、最初の2問は解けるはずです。**Q1**（このパッセージの主な目的）の**正解は (C)** の「対立の理論の概要を述べること」です。第1パラグラフの最終センテンスと第2パラグラフ以降の第1センテンスから、この答えを導き出すことができます。

---

① Historically, academic <u>researchers have proposed a variety of models to explain the nature and function of conflict</u> in groups.

② <u>The initial approach to conflict</u> assumed that conflict was bad. Conflict was viewed negatively, associated with violence, destruction, and irrationality.

③ <u>This view of conflict was nearly reversed</u> in the field of organizational behavior when social psychologists began studying the behavior of groups more closely.

④ Gradually, <u>this view of conflict</u> developed into a more active and interactionist perspective.

このパッセージでは、対立の理論におけるさまざまな分類を提示することで、「モデル」「取り組み」「考え方」「見方」に注目していることがわかります。これは「理論」であり、パッセージはその理論の「概要を説明」しています。

これまでに学んできた戦略的リーディングで、Q2の答えもわかります。このパッセージでは理論を発表された順に紹介していますが、(その論理発展の話を) 物語風に書いたものではありません。また、理論の起源について説明がありますが、「原因と結果」に焦点を当てているわけでもありません。鉱物の同定に関するパッセージで鉱物の検査方法を4つのタイプに分けていたのと同様に、このパッセージでは対立の理論を3つのタイプに区分けしています。従って**Q2の正解は(C)**の「区分と分類」です。

Q3は難易度がかなり高い問題です。大抵は、各パッセージに対する最後（13番目か14番目）の設問として出されます。ですから、この設問に取り組む段階では、すでにパッセージを読む機会が十分にあったことになります。それでも、この重要な最終設問に正解するには、皆さんが学んでいる戦略的リーディングの技術が不可欠です。パッセージの枠組みと構造原理を理解し、戦略通りに各パラグラフの第1センテンスを読めば、正しい要約文を選べる可能性が高くなります。言い換えれば、要約文とはパッセージの要点のことで、それはパッセージの枠組みに符合し、その構造に従って書かれているのです。解答は次のようになります。

集団における対立の果たす役割を分析するために、多くの重要な理論が利用されてきた。
(D) 従来の考え方のモデルでは、対立は有害なものとされ、回避すべきものだと考えられていた。
(C) 人間関係という観点から見た場合、対立は自然なものであり、受け入れるべきだと考えられている。
(F) 相互作用論者の見地からすると、対立は常に存在するもので、集団が適切に機能するように、積極的に管理すべきである。

この要約文を、第1パラグラフの最終文および第2パラグラフ以降の第1センテンスと比べてみると、相関関係があることがわかります。少なくとも、戦略的リーディングを行うことで見えてくる枠組みと構造が、正解への大きなヒントとなります。それは、このパッセージの構造が対立の種類の提示を基にしたものであることと、要点がパッセージで説明されているさまざまな対立の理論に関するものであることがわかるからです。

この種類の設問については、第6章で引き続き練習し、要約問題で誤答を見つける方法も説明します。誤答とは、例えば (B) の「対立に関する初期の理論は1930年代および1940年代に発表された」のようにあまりにも細かいことが書いてあったり、(E) の「20世紀前半に起きたふたつの大戦の影響で、心理学者は社会における対立の役割をより注意深く検討するようになった」のようにパッセージでまったく触れられていない事柄が書いてあったり、「人間の行動を理解しようとする時、対立は愛や宗教よりはるかに興味深いテーマである」のように、パッセージにある情報とは反対のことが書いてあったりするもののことです。また、(A) の「愛、宗教、対立は人類の歴史における3つの重要なテーマである」は、要約に入れるほど重要な考えではありません。本書を読み終えるころには、皆さんは戦略的リーディングの技術だけでなく、こうした誤答消去の技術も積極的に利用していることでしょう。

まとめのアドバイス

　素早い戦略的リーディングの技術は、iBTに役立つだけでなく、留学中に本や記事を読む場合に応用すれば、勉学の強い味方になることがわかるでしょう。海外に留学する学生のほとんどが、短期間で大量の資料を読まなくてはならないため、最初の6か月から1年の間、非常に大変な思いをします。本の場合は最初と最後の章だけを読み、記事の場合は導入部と結論部を読んでその間のパラグラフやセンテンスは選択的に読む、といった具合に戦略的リーディング技術を応用すれば、理解度が劇的に増し、時には不要なものを読まずに済んだり（または優先順位をつけて読んだり）、最終的には読むスピードが速くなったりするなどの効用があります。iBT受験時には、素早く戦略的に読むことで要点と詳細を分けて理解することができます。これは、次の章のテーマ「パラグラフ」でも取り上げる項目です。
　それではこの章での留意点を確認しておきましょう。

Tip 1. パッセージのテーマが自分のほとんど知らないことでも焦ってはいけない
　設問に答えるに当たって必要な情報は、すべてパッセージに書かれています。背景知識は必要ありません。

Tip 2. パッセージを読むのに時間を使い過ぎてはいけない
　一つひとつのパッセージをじっくり読んでいる時間はありません。また、詳細まで読まなくても設問に正解することは十分可能です。

Tip 3. 戦略的に読んで、パッセージの要点と全体的な構造をつかむ
　設問に答えるのに、パッセージの内容を詳細にわたって正確に理解する必要はありません。ですから、パッセージを事細かに理解してから設問に取り掛かるのでは、時間の無駄です。

Chapter 3

Skimming and Scanning at the Paragraph Level

スキミングとスキャニング：主題問題・内容一致問題・内容不一致問題

　TOEFLのパッセージの構造が、第1パラグラフでテーマを提示し、そのテーマに関して、それ以降のパラグラフでほかの側面や追加情報を紹介する形になっていることは、既に理解できたと思います。それを踏まえれば、「パラグラフが英語の文章の基本構成単位である」ということも、自ずと理解できるでしょう。理想的なパラグラフは、ひとつのポイントを徹底的に究明したり、ひとつの話題に関する情報を提供したり、ひとつの主張を展開したりするものです。新たなポイントやテーマ、またはその側面を提示する場合には、パラグラフを変えます。それが英語の文章の論理であり、構造なのです。

　このようにパラグラフを重要視することを、英語ライティングの理論では「単一性（unity）」と呼んでいます。よいパラグラフには、ひとつの決まったテーマについて、または、トピックが複雑な場合にはサブトピックについて、議論したり、主張したり、探求したり、究明したりといった形で構成される「単一性」というものが、多かれ少なかれ存在します。これまで読んできたTOEFLのパッセージからもわかるように、英語におけるパラグラフは文章のブロックのようなものです。英語の文章は、コンクリートのブロックをひとつずつ積み上げてできたコンクリートブロックの建物のような構造になっているのです。

　この章で取り上げる設問は、パラグラフという構造に基づいたものです。「主題問題」では、そのパラグラフで取り扱っているテーマが問われます。「内容一致問題」と「内容不一致問題」では、パラグラフ内で主題を支持する役目を果たすセンテンスからどんな情報や詳細が読み取れるかが試されます。「主題問題」では、細かい内容ではなく、そのパラグラフにおける主なポイントやテーマに注目しなければなりません。既におわかりのように、英語では最も重要なことや構造原理は最初に述べるという傾向がありますので、パラグラフ内でも第1センテンスが最も大切です。ただし、キーセンテンスがいつも第1センテンスにあるとは限りません。最終文がキーセンテンスである場合もあります。また、明確に書かれているのではなく、「示唆されている」だけの場合もあります。そうした例外はあるにせよ、英語で書かれた書籍で最初と最後の章が最も重要であるように、また、英語で書かれた一般的な記事で序論と結論部分に最も注目すべき考察が提示されているように、TOEFLのパラグラフでも、主点や主題は最初か最後にあるのが一般的です。

　それでは主題問題から見ていきましょう。

Step 1: パラグラフを基準とした主題問題

設問の言い回しを見れば、それが「主題問題」であることが容易に判断できます。例えば、次のような設問が「主題問題」です。

> Which statement does paragraph 1 support?
> In paragraph 2, the author primarily discusses . . . ?
> What does paragraph 3 mainly discuss?
> In paragraph 4, what concept does the author most fully explain?
> Which of the following is most extensively discussed in the last paragraph?

上の設問からわかるように、TOEFL では最初にどのパラグラフに関する問題なのかを教えてくれます。これはパラグラフの主題問題に取り組む際、非常に役立つ情報です。練習してみましょう。

Exercise 1

まず、パッセージ（既に第2章で読んだものです）を戦略的に読み、次に、第3および第4パラグラフを読んで、下の主題問題に答えてください。

The Planet Earth

Most astronomers believe that the universe began with an enormous explosion, called "The Big Bang," that created all the matter in the universe. Initially, this matter was almost completely composed of hydrogen and helium atoms and formed into stars, such as for example our own Sun. Gradually though, in galaxies throughout the universe, the clouds of hydrogen and helium gases around stars cooled, condensing into the planets, moons, and other celestial bodies such as asteroids that make up Solar Systems like ours, resulting in our case in the formation of the Earth.

Geologists have estimated that our planet was formed around 4.6 billion years ago. Immediately after the Earth was formed, it was a large barren sphere with no oceans or atmosphere. However, deep inside the planet, due to the force of gravity and the release of radioactivity, the rock began to heat and become molten. This molten rock did not cool for hundreds of millions of years. Slowly, however, as the Earth cooled, heavy elements such as the metals nickel and iron formed a hard core. This was surrounded by an outer liquid core, a layer of hot rock called the mantle, and finally a layer of cool black rock that solidified as the outer surface. Molten rock rose to the surface of the Earth through cracks and holes, developed into cones, and deposited lava, emitting gases in the process.

③ **From these clouds of gases, the Earth's atmosphere began to develop.** Because of the force of gravity, carbon dioxide, nitrogen, hydrogen sulfide, some methane, and water vapor were all held close to the Earth. The Earth's first "air" did not contain free oxygen. The water vapor fell on the Earth as rain, evaporated as steam, and fell again over and over. The Earth's surface eventually cooled, and a shallow ocean covered the entire planet's surface.

④ **This process could not have occurred, however, unless the Earth were located at an appropriate distance from the Sun.** By comparison, the Earth's neighboring planet Venus, located nearer the Sun, has extremely high daytime temperatures in which carbon compounds and water necessary to sustain life remain as gas and water vapor. Mars, located farther away from the Sun, probably had water at one time but is now a frozen planet with little capacity for life.

Earth's "just right" distance from the Sun meant that after the Earth cooled, the stage was finally set for early forms of life to develop. Yet, the question still remains, where did it come from? Since the Earth was able to sustain life, there must have been organic subunits from which life could develop.

Q1. In paragraph 3, what does the author primarily discuss?

選択肢

(A) The hardening of the Earth's surface
(B) The formation of the atmosphere
(C) The origin of oxygen
(D) The forming of the first ocean

Q2. What topic does paragraph 4 mainly discuss?

選択肢

(A) The Earth's optimal location in space
(B) The possibility of water on Mars
(C) The climate conditions on Venus
(D) The Earth's ability to sustain life

　Exercise 1の指示文（p. 47）どおりのやり方では、パッセージの概要をよく把握してから、第3パラグラフと第4パラグラフを読むことになります。しかし、そのやり方ではふたつの設問を読んだ後に、答えを確かめるためにさらにもう一度第3パラグラフと第4パラグラフを読まなくてはなりません。今後はできるだけこの二重読みを避けましょう。まず、設問を読み、そこで指示されたパラグラフを読んだほうが効率的です。

　1回目は戦略的に読み、さらに、2回目には特定のパラグラフに焦点を合わせ、それを構成単位としてとらえることができれば、こうした主題問題での正解率が上がります。まず、このパッセージには全体として、46億年前の誕生から生命出現時期までの地球の形成について書かれていることがわかります。そして、第2パラグラフでは天体としての形成（溶融岩石の成形と徐々に起きた地表の硬化）、第3パラグラフでは大気の生成、第4パラグラフではこうした過程を可能にし、生命を維持できた原因としての天体上の位置といったサブトピックを中心に、パラグラフが構成されています。

　Q1の正解は (B) の「大気の生成」です。このパラグラフでは第1センテンスに From these clouds of gases, the Earth's atmosphere began to develop. とあります。ここには atmosphere というキーワードと、formation の同義語の動詞形である develop が含まれています。(A) は前のパラグラフに書かれた詳細（TOEFL ではこのような選択肢がたまに出ます）で、(C) は第3パラグラフの中盤で触れられている細かい点に関するものですが、実際には The Earth's first "air" did not contain free oxygen. と書かれている（こ

49

の手の肯定と否定を逆にした選択肢もたまにあります）ので、ともに不正解です。(D) は合っているといえなくもないのですが、「最も適切な」答えではありません。第3パラグラフの終わりで海の誕生に触れてはいるものの、その前の4つのセンテンスでは地球における大気の生成について述べられており、The forming of the first oceans はその結果として書かれているだけなので、主に述べている（primarily discuss）ことではありません。このパラグラフの単一性（unity）を考えた場合、焦点は大気に関する考察にあると言えます。このことは、戦略的リーディングからも読み取れます。

　Q2 は第4パラグラフで取り上げられているテーマに関する問いで、その**正解は (A)** の「宇宙における地球の最適な位置」です。これは第1センテンス（This process could not have occurred, however, unless the Earth were located at an appropriate distance from the Sun.）の言い換えで、同時に、パラグラフを通して論じられていることの要約です。(B) と (C) は、金星や火星と比較し、宇宙での地球の位置がそれぞれの独特の進化にいかに貢献したかを説明するための詳細事項で、(D) は第4パラグラフではなく、最後のパラグラフで検討されているテーマです。対象となっているパラグラフだけに集中していれば、こうした単純なミスは防げます。

　各パッセージにつき、主題問題が少なくとも1題は出されます。主題問題を解く時は、まず戦略的リーディングの技術を使って読み、テーマ、構成、構造原理を理解します。次に、対象となっているパラグラフを読みますが、その際、特に第1センテンスと最終センテンスに注意を払い、同時に、「このパラグラフに書かれている詳細事項をつないでいるものは何か」を考えるようにしましょう。そのつながりがわからなければ、「そのパラグラフにおける多くのセンテンスは何をテーマとして書かれているのか」を考えます。それもわからない場合は、間違っている選択肢を消去し、勘を使って残りの選択肢の中で最も適切だと思われるものを選び、メモ用紙にその問題番号を書き留め（後で時間があれば、この問題に戻ってくることができます）、次の設問に移りましょう。ひとつの設問に時間をかけ過ぎないことが大事です（時間節約の戦略については後の章で詳しく触れます）。

Step 2：パラグラフを基準とした内容一致問題

　内容一致問題はパラグラフの主題問題とは相対するものです。パラグラフ内には一貫して根底に流れる主題がありますが、内容一致問題ではその主題を展開、議論する際に用いられている詳細について問われます。内容一致問題は主として、who、where、when、what、which の疑問文で出されますが、why 疑問文が出ることもあります。TOEFL では内容一致問題が最も多く（語彙問題も多く出ますが）、高スコア獲得にはこの問題に正解することが重要です。

　内容一致問題にもいい情報と悪い情報があります。まず、いい情報としては、内容一致問題は答えが文章中に明確に書かれているため、最もやさしい部類の問題だということです。読んだ内容を解釈したり分析したりする必要はありません。また、著者の意図や論議

のトーンを推し量る必要もありません。さらに、パッセージ全体を読まなくても解答することができます。特定のパラグラフから答えを見つけるだけでいいのです。一見難しそうな問題でも、答えはそのパラグラフの中にありますので、しっかりと発見しましょう。

　悪い情報（最終的には実質いい情報になるのですが）は、内容一致問題では答えを見つけるのにかなり時間がかかり、その結果、スコアを下げてしまう可能性があることです。その設問に正解したとしても、ほかの設問に答える時間がなければ得点は伸びないからです。従って、内容一致問題では効果的な戦略を使わなくてはなりません。これまで学んだ、英語のパッセージとパラグラフの構成に関する知識と、戦略的で素早いリーディングの技術を、正解につながるキーワードや情報を見つける「スキャニング（拾い読み）およびスキミング（流し読み）能力」と結びつけるのです。とりわけ、内容一致問題では、日付、名称、数値、場所、定義などの詳細情報が求められます。パッセージ全体を最初から最後まで丹念に読んだとしても（これはお勧めしない方法ですが）、こうした「細かい事実」は覚えているものではありません。また、すべてのパラグラフを一語一語読んでいる時間はありませんので、正解を見つけるためには、スキミングやスキャニングが必要になってきます。これまでの練習からおわかりの通り、パッセージ全体をスキャニングする必要はありません。設問にはどのパラグラフを読めばよいかが指定されていますし、通常、コンピュータ画面がそのパラグラフの先頭を自動的に表示してくれるからです。

　内容一致問題に出される設問には以下のようなものがあります。下線部の単語からどんな種類の設問かがわかります。

According to paragraph 1, <u>what</u> was the explosion that created the universe called?
According to paragraph 1, <u>what</u> elements formed into stars?
According to paragraph 2, <u>when</u> did the Earth form?
According to paragraph 2, <u>where</u> did the Earth first begin to harden?
According to paragraph 3, <u>which</u> of the following is true about the planet Venus?
According to paragraph 4, <u>why</u> do some experts believe . . . ?
According to paragraph 5, <u>which</u> question needs to be answered about the rise of life on Earth?
According to paragraph 6, <u>who</u> was responsible for . . . ?
It is stated in paragraph 1 that . . .
It is indicated in paragraph 2 that . . .
In paragraph 3, the classification of . . . is determined by . . .
In paragraph 4, the author states that . . .

内容一致問題の答えは、パッセージに提示されている情報を言い換えたものですが、必ずしも、まったく同じ表現だったり、単純な言い換えだったりするわけではありません。私たちは、長期にわたり、iBTをつぶさに研究してきましたが、その結果、前半に出てくる内容一致問題では、formとformation、evolutionとevolveのように、設問と選択肢で非常に似た言い回しが使われていることがわかりました。こうした設問では、選択肢と問題文でひとつの単語が別の形で使われています。しかし、後半に出てくる内容一致問題では、難易度が上がり、表現の言い換えが頻繁に行われます。例えば、パッセージでevolveという単語が使われていれば、選択肢ではevolveの派生語ではなく、developのような同義語で表されるといった具合です。

　いい情報はまだあります。TOEFLの設問（1パッセージにつき13〜14問）と、(A)〜(D)の選択肢の並びについては、ほぼパッセージで出てくる順に沿っています。最初の数問は最初の数パラグラフに関する問題で、次の数問は次の数パラグラフに関する問題です。また、選択肢はパラグラフの内容と同じ順番で提示され、選択肢(A)に関する内容はパラグラフの最初のほうにあり、選択肢(B)についてはその後、そして、選択肢(C)はさらにその後の内容に関係しています。もちろん、これは傾向であって、絶対ではありません。しかし、一般的にTOEFLでは、第1問が第3パラグラフに関する設問で、第2問が第1パラグラフに関する設問というように、順番を混在させることはありません。同様に、各設問の選択肢も、対象となるパラグラフ内で述べられていることであれば、その順番で並んでいます。

　パッセージがコンピューター画面に表示されたら、第1パラグラフはすべて、もしくは最初と最後のセンテンスだけでも読み、第2パラグラフ以降は第1センテンスだけを読むという、戦略的リーディング技術を使って、スクロールしながら最後まで読み進めます。読み終えたら、Dismiss Directionsと書かれたアイコンをクリックし、最初の設問を読みます（パッセージの最後まで画面をスクロールし、指示文を消さないと、設問を読むことはできないので注意しましょう）。1問目は大抵、第1パラグラフの内容に関する内容一致問題です。たまに、第1パラグラフの主題問題や語彙問題が出されることもあります。ここで、内容一致問題に取り組む際の戦略を挙げておきましょう。

内容一致問題に対する戦略

> (1) 設問と選択肢のキーワードや主旨を表している語句を見つける。
> (2) 上記内容を頭の中で言い換え、その語彙表現を、対象となるパラグラフの中から探す。
> (3) キーワードやその同義語を含むセンテンスを慎重に読む。
> (4) 明らかに間違いである選択肢を消去し、残りの選択肢から最も適したものを選ぶ。

それでは、既に内容がわかっているパッセージを使って、この戦略を実際に利用する練習をしましょう。

Exercise 2

次のパッセージを戦略的に読んでください。その後、スキミングとスキャニングをしながら、1問ずつ設問に答えてください。決して、パッセージ全体を最初から最後まで読んではいけません。設問で指定されたパラグラフだけを読んでください。設問には一度に1問ずつ答えてください（iBTでは、一度に答えられるのは1問と決まっています）。設問と選択肢のキーワードには下線が引いてあり、内容一致問題の設問では who、why、when、where、which といった設問の種類がわかる語はイタリックで表示されています。

Peoples of the Mississippi Headwaters

① People first moved into the Mississippi Headwaters region about 12,000 years ago. These migrants, known to archaeologists as Paleo-Indians, followed the mammoths, mastodons, and giant bison that migrated into the area after the retreat of the glaciers. Also known as "Big Game Hunters," these people used long, thin "fluted" spear points that were ideally suited for piercing the tough, thick hides of the animals they hunted. Despite their skill as hunters, environmental pressures and later cultural pressures forced them to evolve in order to survive.

The Paleo-Indians were nomadic hunters, constantly moving in search of food. Their tribes were undoubtedly small, probably consisting of only several family groups. Consequently, sites where Paleo-Indian remains can be found are generally small and scattered throughout the region, making it difficult for archaeologists to locate them and study them in detail. What is known about them today is admittedly sketchy. They traveled light in order to pursue their game.

Later in the Paleo-Indian Period, extinction of the mega-fauna forced these peoples to give up hunting mastodons and mammoths and to instead hunt smaller animal species such as bison, elk, and moose. While not well understood, it is likely that over-hunting contributed to the ecological crisis of the mega-fauna, leading to their extinction. This may be one of the first examples of humans' negative impact on the natural environment.

④ About 8,000 years ago, as the weather became warmer and drier, hardwood forests sprang up to dominate the region, and the local populations needed to adapt to this changing landscape. People still hunted large animals, but they increased their use of other foods such as fish, wild berries, nuts, and seeds. To obtain these foods, the early Native Americans needed to move throughout the year to exploit each food resource as it became available. They stayed in one place for a season, and then moved on.

⑤ Important cultural changes also took place among the populations of the Headwaters region during this time. Probably as a result of seasonal hunting and gathering, the concept of "tribal territory" emerged and with it regional differences appeared, such as variations in the design of hunting implements. These differences resulted in the first commerce. Trade networks began to be established among the Headwater tribes and exotic stone and copper from distant sources became highly prized for making tools such as curved knives, spear points, fish hooks, and axes, and unusual decorative pieces such as shell necklaces and feather ornaments became valued for their beauty.

It was at this time, around 5,000 years ago, that somewhat more permanent villages were established. As tribes developed and defended their own territories, they needed to be able to stay longer in one place. They also needed more stable networks for economic exchange.

Q1. According to paragraph 1, *why* did the Paleo-Indians migrate into the Headwaters region?

選択肢

(A) To expand their tribal territory
(B) To hunt large game
(C) To escape from their enemies
(D) To seek a warmer climate

Q2. According to paragraph 1, *what* was unusual about the weapons of the Paleo-Indians?

選択肢

(A) Their spearheads were very effective.
(B) Their bows-and-arrows were highly accurate.
(C) Their curved knives were light and easy to use.
(D) Their stone axes were extremely versatile.

Q3. According to paragraph 4, *when* did an important climate change for the peoples of the Headwaters occur?

選択肢

(A) In the middle of the last Ice Age
(B) About 12,000 years ago
(C) In the early Paleolithic Period
(D) About 8,000 years ago

Q4. Paragraph 4 states that the change in weather had *which* effect on the peoples of the Headwaters region?

選択肢

(A) It encouraged them to begin farming.
(B) It caused them to give up hunting.
(C) It led them to diversify their food sources.
(D) It made them try to preserve meats and fish.

Q5. Which of the following *topics* is *most extensively discussed* in paragraph 5?

選択肢

(A) Advancement in culture
(B) Personal ornaments
(C) Changes in seasonal hunting
(D) Trade networks

　why、what、when、which といった疑問詞から、Q1 〜 Q4 が内容一致問題であることはすぐに理解できたでしょう。Q5 は、topic という語と most extensively discussed in paragraph 5 という表現を使っているので、主題問題だと簡単にわかります。

　戦略的リーディングを身につけた段階で、次に重要となってくるのは、スキミングとスキャニングの技術です。皆さんは、日本語を読む時には、新聞をスキミングやスキャニングして記事の概要をつかんだり（ざっと読んで大まかな内容を理解すること）、特定の情報を探したり（流し読みして、時間、場所、名称、知りたい特定の事実を探すこと）できるはずです。英語を読む場合も、その技術を使う必要があります。こうした読み方ができるかどうかをテストするのが、iBT リーディングセクションの主な目的のひとつです。そのため、パッセージは長く、設問は種類がさまざまで、選択肢には問題文と同一の表現ではなく言い換え表現が含まれ、非常に限られた時間しか与えられないのです。すべてのセンテンスを翻訳していくかのように一語一語丁寧に読む技術は貴重ですし、iBT で出題される一部の設問（類推問題や文簡素化問題など）には応用できます。しかし、それをパッセージ全体や TOEFL 全問に応用するとマイナスの効果が出てしまいます。iBT がテストしているのは、受験者がどれだけのリーディング技術を持っているか、そしてそれを適切に応用できるかといった能力で、その中でもスキミングとスキャニングは主要な技術といえます。

　それでは、皆さんがどのように解答したかを見ていきましょう。

TOEFL iBT

Q*1*. According to paragraph 1, *why* did the Paleo-Indians migrate into the Headwaters region?

選択肢

(A) To expand their tribal territory
(B) To hunt large game
(C) To escape from their enemies
(D) To seek a warmer climate

　この設問に答えるに当たっては、第1パラグラフをスキャニングして、設問（why did the Paleo-Indians migrate）にある migrate などの語を探す必要があります。すると、These migrants, known to archaeologists as Paleo-Indians, followed the mammoths, mastodons, and giant bison that migrated into the area after the retreat of the glaciers. という文が見つかります。game も狩りの対象となる動物を表す単語で、次の文の最初に書かれているように彼らは Big Game Hunters とも呼ばれていました。従って、彼らは動物を追い、large game を狩る目的で、ミシシッピ川上流地区に移住したことがわかります。正解は (B) の To hunt large game です。ここで注目したいのは、game の意味を知らなかったとしても、Also known as "Big Game Hunters," からそれが狩猟の対象となる動物であるとわかるように、出題者がヒントを出してくれていることです。このセンテンスでは、these people used long, thin "fluted" spear points that were ideally suited for piercing the tough, thick hides of the animals they hunted とも言っており、これもヒントになります。それに対して、(A) の tribal territory、(C) の enemies、(D) の warmer climate は、その派生語も含めて、第1パラグラフのどこにも見当たりません。よって、この3つの選択肢は正解になり得ないのです。

Q*2*. According to paragraph 1, *what* was unusual about the weapons of the Paleo-Indians?

選択肢

(A) Their spearheads were very effective.
(B) Their bows-and-arrows were highly accurate.
(C) Their curved knives were light and easy to use.
(D) Their stone axes were extremely versatile.

57

この設問に答えるには、パラグラフをスキミングして、キーワードである weapons と、同じく武器を表す spearheads、bows-and-arrows、knives、axes などの単語を探さなくてはなりません。第3センテンスに、these people used long, thin "fluted" spear points that were ideally suited for piercing the tough, thick hides of the animals they hunted とあります。spearheads はこの spear points（やりの穂先）と同意語で、古アメリカインディアンが効率的に獲物を仕留めるために使っていた武器です。また、スキミングとスキャニングの技術を使って読めば、このパラグラフでは (B) の弓矢、(C) のナイフ、(D) のおのについて触れられていないことがわかり、正解から外せます。従って、**(A) が正解**です。この設問では、正しい答えを見つける方法、間違った答え（該当するパラグラフにない情報や、パッセージの内容とは矛盾する情報）を消去する方法、または、このふたつの方法の組み合わせのうち、どれを使ってもいいでしょう。

Q3. According to paragraph 4, *when* did an important climate change for the peoples of the Headwaters occur?

選択肢

(A) In the middle of the last Ice Age
(B) About 12,000 years ago
(C) In the early Paleolithic Period
(D) About 8,000 years ago

　このように非常に簡単な問題も出されます。求められているのは、日付や時期を見つけることだけです。パラグラフをスキミングすると、About 8,000 years ago, as the weather became warmer and drier, hardwood forests sprang up to dominate the region, and the local populations needed to adapt to this changing landscape. とあります。このパラグラフには、About 8,000 years ago 以外に日付や時期を表す語句はないため、**(D) が正解**です。この種の問題は、According to paragraphs 3 and 4, when did . . .? のように、ふたつのパラグラフを対象とすることもあり、その場合には、時間枠や日付を表す語句がふたつ以上出てきます。スキャニングの技術は、そうした設問の答えを時間をかけ過ぎずに見つけることができるという意味で、より一層重要で貴重なものになります。

TOEFL iBT

Q4. Paragraph 4 states that the <u>change in weather</u> had *which* effect on the peoples of the Headwaters region?

選択肢
(A) It encouraged them to begin <u>farming</u>.
(B) It caused them to <u>give up hunting</u>.
(C) It led them to <u>diversify their food sources</u>.
(D) It made them try to <u>preserve meats and fish</u>.

　この内容一致問題は、気候の変化がもたらした影響を4つの選択肢から選ばせるものです。第1センテンスから、設問が指している変化とは the weather became warmer and drier のことだとわかります。climate とはもちろん、「長期間における天気の傾向」を意味する語です。選択肢には、farming、give up hunting、diversify their food sources、preserve meats and fish といったキーフレーズがあり、指定されたパラグラフには People still hunted large animals, but they increased their use of other foods such as fish, wild berries, nuts, and seeds.、そして、needed to move throughout the year to exploit each food resource as it became available と書かれています。(A) の「農作」や (D) の「肉や魚の保存」に関する記述はなく、また、この文章には、古アメリカインディアンが「まだ狩猟をしていた」とはっきり述べられているので、内容が矛盾する (B) は間違いだと判断できます。従って、**正解は (C)** の「彼らの食料源の多様化につながった」です。これと同じことが、they increased their use of other foods such as fish, wild berries, nuts, and seeds と exploit each food resource as it became available の部分で具体的に述べられています。上に挙げたキーフレーズが正解につながっていますね。さらに、ここでも、正しい答えを見つける方法、間違った答え（該当するパラグラフには書かれていなかったり、パッセージに書かれた情報とは矛盾したりするもの）を消去する方法、または、このふたつの方法の組み合わせのうち、どれを使っても正解を見つけることができます。

Q5. Which of the following *topics* is *most extensively discussed* in paragraph 5?

選択肢
(A) Advancement in <u>culture</u>
(B) Personal <u>ornaments</u>
(C) Changes in <u>seasonal</u> hunting
(D) <u>Trade</u> networks

　Q5 に答えるには、ある意味で、内容一致問題の場合とは正反対の過程をたどる必要があります。スキャニングをして主旨を支持する具体的な詳細を探すのではなく、パラグラフ全体を通して論じられているテーマを見つけなければいけません。言い換えれば、詳細内容が支持するより一般的な概念を特定する必要があります。ここでは、important cultural changes について触れている第1センテンスが参考になります。また、こうした変化内容の支持および説明として、それ以降のセンテンスで tribal territory、(new) variations in the design of hunting implements、the first commerce、trade networks といった概念の出現および knives や spear points など当時作られた道具や装飾品が挙げられています。こうした詳細すべてが主題を支持していますので、**正解は (A)** の「文化面の進歩」だと判断することができます。

Exercise 3

　次のパッセージを戦略的に読んでください。その後、スキミングとスキャニングの技術を使って、設問に1問ずつ答えてください。その際、パッセージ全体を最初から最後まで読んではいけません。設問を読み、そこに記された対象となるパラグラフを読むという方法で解答しましょう。
　設問を解く時には、内容一致問題であることを示す疑問詞や特徴的な表現を囲み、また、スキミングとスキャニングをする際に探すべきキーワードを、設問と選択肢の中から見つけて下線を引いてください（Q5 は除く）。

Fordism

① Prior to the advent of mass production, workers had pretty much controlled the pace of their work because they alone had the essential skills to make or manufacture a particular product. Under the system called "Fordism," this changed. Henry Ford and his engineer associates "Cast Iron" Charlie Sorenson and Pete Martin at the Ford Motor Company aimed to simplify individual work tasks and, if possible, replace skilled workers with machinery. Of course, this required obedient, submissive workers. Such goals had long been part of the philosophy of industrial engineers, but Ford was the first to carry them out on a massive scale.

The principle was to simplify individual work assignments so that they could be performed by virtually anyone with a few days of training. In doing so, the Ford management team eliminated the need for large numbers of skilled molders and machinists, often the most independent and stubborn of factory employees. Their places would be filled by unskilled specialists or machine tenders, all of whom performed basically the same task of inserting a work piece in a preset machine, throwing a switch, and removing it. Such work, which reached its logical extreme on the assembly line, was highly repetitive and routinized with no opportunity for employees to exercise individual judgment. Fordism demanded a new degree of conformity. Instead of setting their own pace, workers found themselves being paced by the machine.

③ The response to Ford's methods was predictable: Workers complained about the relentless pressure and deadly boredom of the assembly line. They likened the company's new Highland Park factory to a lunatic asylum. Indeed, the comic episode in Charlie Chaplin's movie "Modern Times" in which the character the Little Tramp goes crazy after experiencing the speed and pressure of work on an assembly line was actually inspired by Chaplin's 1923 visit to Ford's Highland Park auto plant. As a result of such treatment of workers, serious labor problems developed at the Highland Park plant. During the year that Ford introduced the assembly line, daily absentee rates averaged around 10 percent of the total work force, while labor turnover reached an amazing 370 percent. This meant that on any given day from 1,300 to 1,400 workers declined to go to work and that Ford managers had to hire more than 52,000 workers to maintain a workforce of about 13,600 employees. Needless to say, such problems seriously impaired the efficiency of Ford's operations.

④ It was these problems, not charity or ethics, which led to the company's famous solution of paying its employees "$5 a day," which at that time was considered a handsome rate of pay. In the short run, the high wages worked. Within the space of a year, labor turnover fell from the phenomenally high levels of 370 percent to 54 percent, and absenteeism decreased from 10 to around 2.5 percent. In the long run, however, paying off workers with money was never to substitute for a more humane or people-friendly workplace, and Ford was to be plagued with labor unrest for the entire century.

訳例は p.332 にあります。

Q1. According to paragraph 1, what was one of the aims of Ford's managing engineers?

選択肢

(A) To train workers to perform multiple tasks
(B) To increase the professional skills of workers
(C) To replace workers with machines
(D) To get workers to help design better assembly lines

Q2. Paragraph 1 indicates that Ford's new manufacturing methods required which quality of its workers?

選択肢

(A) Versatility
(B) Obedience
(C) Enthusiasm
(D) Intelligence

Q3. In paragraph 3, the author mentions that one common worker response to Ford's new manufacturing methods was

選択肢
(A) going crazy
(B) staying home
(C) joining a union
(D) greater loyalty

Q4. According to paragraphs 3 and 4, why did Ford significantly raise the salaries of its workers?

選択肢
(A) Because of ethical concerns
(B) Due to outside political pressure
(C) In order to compete with other firms
(D) To overcome severe labor problems

Q5. The author organizes this passage according to which principle?

選択肢
(A) A comparison of opposing points of view
(B) A series of definitions
(C) A point with two supporting examples
(D) An analysis of cause and effects

戦略的リーディングを行うことで、このパッセージが改革（フォード社が熟練工の代わりに、機械とそれを操作する非熟練工を雇ったこと）とそうした新しい経営生産システムに対する労働者の反応に関するものだとわかります。第1パラグラフではテーマが提示され、状況が説明されていますが、これまで読んできたパッセージと違い、最後のセンテンスからは話の展開およびパッセージ全体の主旨が明確にはわかりません。ここでは、導入部である第1パラグラフ全体で話の方向性が暗示され、その後、第2パラグラフ以降の第1センテンスだけをまず読んでいくと、それがはっきりと見えてくるという構造になっています。

設問のうち4問は、よくあるタイプの内容一致問題ですから、スキミングとスキャニングで正解を導く情報を見つけたり、間違っている選択肢を消去したりしていきます。

Q1. According to paragraph 1, what was one of the aims of Ford's managing engineers?

選択肢

(A) To train workers to perform multiple tasks
(B) To increase the professional skills of workers
(C) To replace workers with machines
(D) To get workers to help design better assembly lines

これは最初の設問として極めてよくあるタイプである、第1パラグラフの内容に関するものです。According to paragraph 1 と what から、内容一致問題であることがわかります。内容一致問題のうち、前半に出題される設問の特徴については前述しましたが、この設問も比較的簡単で、設問のキーワードやキーフレーズが、そのままパッセージでも使われています。aim と engineers というキーワードを求めて第1パラグラフをスキミングやスキャニングしていくと、Henry Ford and his engineer associates "Cast Iron" Charlie Sorenson and Pete Martin at the Ford Motor Company aimed to simplify individual work tasks and, if possible, replace skilled workers with machinery. というセンテンスが見つかります。ここから、Q1 の**正解は (C)** だとわかります。フォード社の目的は、(A) の「同社の従業員を訓練して、複数の仕事ができるようにする」や (B) の「専門的な技術を持った従業員を増やす」とは正反対のものであると書かれているので、(A) も (B) もパッセージの内容と矛盾します。また、(D) の「組立ライン」についてはこのパラグラフでは触れられていませんので、(D) も消去できます。

Q2. Paragraph 1 indicates that Ford's new manufacturing methods required which quality of its workers?

選択肢
(A) Versatility
(B) Obedience
(C) Enthusiasm
(D) Intelligence

　Q2 も、前半の内容一致問題によくある、簡単で素直な問題です。設問の言い回しからこれが内容一致問題であることがわかるので、スキミングやスキャニングをして、キーワードやキーフレーズを探していくと、第4センテンスに Of course, this required obedient, submissive workers. とあります。ここには quality やその同義語は含まれていませんが、workers とその性質（quality）を説明している obedient や submissive といった形容詞があります。前半の内容一致問題では大きな言い換えは行われません。パラグラフにある obedient の派生語である (B) の obedience が正解です。

Q3. In paragraph 3, the author mentions that one common worker response to Ford's new manufacturing methods was

選択肢
(A) going crazy
(B) staying home
(C) joining a union
(D) greater loyalty

　Q3 を解くには、スキミングをした後で、パラグラフ全体を読む必要が出てくるかもしれません。そうした意味では難しい問題と言えます。設問中のキーワード worker response と manufacturing methods に関連した表現が、第1センテンスの The response to Ford's methods の部分にありますが、正解を選ぶためには、その支持内容を表している Charlie Chaplin（チャーリー・チャップリン）、labor problems（労働問題）、labor turnover（離職率）に関するセンテンスを丹念に読まなくてはなりません。また、daily absentee rates averaged around 10 percent of the total work force と on any given day from 1,300 to 1,400 workers declined to go to work と は つ ま り、(workers) stayed home という状態であることに気づく必要もあります。**正解は (B) です。**

Q1 と Q2 は、スキミングとスキャニングの技術を使えば、比較的短時間で簡単に解けると思いますが、この Q3 はまずスキミングとスキャニングをしてから、次に丁寧に読んで答えを探さなくてはいけません。内容一致問題では、少なくとも1～2問、このように集中して読む必要のある設問が出題されます。解答に時間がかかり過ぎるようであれば、設問番号をメモ用紙に書き留めたり、間違っていると思われる選択肢を消去したり、勘を使ったりして、ほかの問題を解き終えた時点でまだ時間があれば、再度取り組むようにしましょう。

Q4. According to paragraphs 3 and 4, why did Ford significantly raise the salaries of its workers?

選択肢

(A) Because of ethical concerns
(B) Due to outside political pressure
(C) In order to compete with other firms
(D) To overcome severe labor problems

Q4 はほかの設問とは異なり、ふたつのパラグラフに関する問題です。このタイプの問題は時々出ますので、対策を万全にするためにも、ここに入れておきました。特殊な問題ではあるものの、第4パラグラフの第1センテンス（It was these problems, not charity or ethics, which led to the company's famous solution of paying its employees "$5 a day," which at that time was considered a handsome rate of pay.）を読むだけで、(A) は間違いであることがわかり、また、この these problems に関して第3パラグラフと第4パラグラフに書かれていることが設問の答えであると気づきます。そこで述べられているのは、(B) の「政治的な」ものでも、(C) の「他社との競争」に関するものでもありません（フォード社以外の会社については触れられておらず、「競争」の話も出てきません）。第3～4パラグラフには、労働者が pressure や boredom を感じ、その結果、labor turnover（離職率）、absenteeism（欠勤率）、absentee rates（欠勤率）が高くなったとあります。こうした問題は、severe labor problems といえるので、**正解は (D)** の「深刻な労働問題を解決するため」です。

TOEFL iBT

Q5. The author organizes this passage according to which principle?

選択肢
(A) A comparison of opposing points of view
(B) A series of definitions
(C) A point with two supporting examples
(D) An analysis of cause and effects

　最後の設問は、第2章で解法を学んだ構成問題です。戦略的リーディングの技術を使えば、パッセージの構成を把握することができます。

　第1パラグラフには、... Ford Motor Company aimed to simplify individual work tasks and, if possible, replace skilled workers with machinery. Of course, this required obedient, submissive workers. Such goals had long been part of the philosophy of industrial engineers, but Ford was the first to carry them out on a massive scale. とあり、第2パラグラフ以降の第1センテンスは、それぞれ次の通りです。

---

② The principle was to simplify individual work assignments so that they could be performed by virtually anyone with a few days of training.

③ The response to Ford's methods was predictable: Workers complained about the relentless pressure and deadly boredom of the assembly line.

④ It was these problems, not charity or ethics, which led to the company's famous solution of paying its employees "$5 a day," which at that time was considered a handsome rate of pay.

　この流れから、作業を単純化し、労働者の代わりに機械を導入したというフォード社の経営モデル（第1～2パラグラフ）が「原因」となり、The response to Ford's methods was predictable（第3パラグラフ）という「結果」を引き起こし、過酷な労働条件の穴埋めとしての賃金引き上げ（第4パラグラフ）というさらなる「結果」につながったことがわかります。従って、**正解は (D)** の「原因と結果の分析」です。戦略的リーディングを行うことで、(A)、(B)、(C) が間違いであることもわかります。パッセージの構造からも内容からも、それぞれの選択肢にある「意見の比較」「言葉の定義」「ふたつの事例に支持されている要点」といったパラグラフ構成は見えてこないからです。こうしたタイプの設問に答

67

える際、パッセージ全体を何度も読み返す受験者が多いのですが、本書で学んでいる戦略的リーディング技術をもってすれば、素早く効果的に解答することができます。

Step 3：パラグラフを基準とした内容不一致問題

　内容不一致問題についても、いい情報と悪い情報があります。いい情報とは、問題が非常にやさしい場合があるというものです。そして、悪い情報とは、問題が非常に難しい場合があるというものです。別にからかっているわけではありません。合っているものをひとつ見つければよい内容一致問題に対して、内容不一致問題では3つも見つけなくてはならないところに、やさしくなったり難しくなったりする原因があります。一つひとつの選択肢と内容を照らし合わせて、内容が合っているものを消去していくと、最後にパラグラフ内容とは異なる選択肢が残り、それが正解になります。この消去すべき3つの情報が、すべてひとつのセンテンス、または、その前後のセンテンスにあれば、やさしい問題（タイプ1）となり、パラグラフ（時にはふたつのパラグラフにまたがることもあります）の至る所に散在していれば、難しい問題（タイプ2）となります。これが、いい情報と悪い情報があると言った理由です。当然、タイプ1の問題は短時間で簡単に解けますが、タイプ2の問題は時間がかかり、かつ、解くのに苦労します。

　もうひとついい情報があります。それは、練習すれば、どれがタイプ1の設問かがわかり、かなり速く解答できるようになるということです。また、スキミングとスキャニングを上手に利用すれば、難易度の高いタイプ2の設問も解けます。ただし、タイプ2の設問に関しては、これまでにも述べたように、常に時間を気にして、時間がかかり過ぎるようであれば消去法を使うか、勘で解くかして、後で見直すといいでしょう。

　内容不一致問題に出題される設問形式には次のようものがあります。

Which of the following Ford managers is NOT mentioned in paragraph 1?
All of the following labor problems are mentioned in paragraph 3 EXCEPT . . .
In paragraphs 2 and 3 the author mentions all of the stages in the Earth's development EXCEPT . . .
Paragraphs 3 and 4 refer to all of the following game eaten by Paleo-Indians EXCEPT . . .
Which of the following implements is NOT referred to in paragraph 5 as being prized by Paleo-Indians for its beauty?
According to the author, which test is LEAST difficult to perform on a mineral?

ご覧の通り、EXCEPT や NOT が大文字で表記されているため、内容不一致問題であることはすぐにわかります。頻度は高くありませんが、最後の例のように LEAST が使われる場合もあります。

内容一致問題の場合と同様、内容不一致問題でも選択肢はパッセージに出てくる順番に並んでいます。ここで、内容不一致問題に取り組む際の戦略を挙げておきましょう。

内容不一致問題に対する戦略

(1) 設問と選択肢のキーワードや主旨を表している語句を見つける。
(2) 上記内容を頭の中で言い換え、その語彙表現を、対象となるパラグラフの中から探す。
(3) キーワードやその同義語を含むセンテンスを慎重に読む。
(4) 選択肢のうち、パッセージで明らかに述べられているものを消去する。
(5) パッセージでは取り上げられていない、または、パッセージの情報とは矛盾する内容の選択肢を選ぶ。

それではまず、やさしい問題から解いてみましょう。

Exercise 4

次の内容不一致問題を読んで、設問と選択肢のキーワードに下線を引いてください。その後、スキミングとスキャニングの技術を使ってパラグラフを読み、設問の答えを見つけてください。

Q1. In paragraph 1, the author mentions all of the following chemicals present in organic substances EXCEPT

選択肢

(A) nitrogen
(B) carbon
(C) hydrogen
(D) oxygen

> 問題文
>
> ① Minerals are chemical elements or compounds found naturally in the crust of the Earth. In contrast to organic chemicals made mainly of carbon, hydrogen, and oxygen typical of living things, minerals are inorganic. Some have a fixed chemical composition, others are a series of related compounds in which one metallic element may wholly or partly replace another. Only rarely will a single physical or chemical property identify a mineral. The complexity of their composition means that more qualities must be used to distinguish minerals. Identification of many rare minerals often requires expensive laboratory equipment and detailed chemical and optical tests which only an expert can conduct. However, there are some simpler physical and chemical tests which can be more easily applied by anyone interested in rocks.

　これは、やさしい部類（タイプ1）の内容不一致問題です。消去すべき3つのキーワード（ここでは選択肢と同じ）が、In contrast to organic chemicals made mainly of carbon, hydrogen, and oxygen typical of living things, . . . と、ひとつのセンテンスに入っています。従って、ここで述べられていない **(A) の nitrogen（窒素）が正解**です。このタイプの設問は iBT で比較的よく出ます。私たちが受験した経験から考えると、内容不一致問題のおよそ半分がこのタイプ1の設問です。ただし、多くの場合、この設問よりは、キーワードを含むセンテンスが長く複雑で、また、表現が言い換えられていることもあります。ちなみに、下線を引く部分は、設問文の chemicals、organic substances、そして選択肢のすべてです。

Q2. Which of the following labor problems is NOT mentioned in paragraph 3?

> 選択肢
>
> (A) Constant stress
> (B) Severe worker injuries
> (C) Avoidance of work
> (D) Frequent resignations

> 問題文

③ The response to Ford's methods was predictable: Workers complained about the relentless pressure and deadly boredom of the assembly line. They likened the company's new Highland Park factory to a lunatic asylum. Indeed, the comic episode in Charlie Chaplin's movie "Modern Times" in which the character the Little Tramp goes crazy after experiencing the speed and pressure of work on an assembly line was actually inspired by Chaplin's 1923 visit to Ford's Highland Park auto plant. As a result of such treatment of workers, serious labor problems developed at the Highland Park plant. During the year that Ford introduced the assembly line, daily absentee rates averaged around 10 percent of the total work force, while labor turnover reached an amazing 370 percent. This meant that on any given day from 1,300 to 1,400 workers declined to go to work and that Ford managers had to hire more than 52,000 workers to maintain a workforce of about 13,600 employees. Needless to say, such problems seriously impaired the efficiency of Ford's operations.

　これはタイプ2の内容不一致問題で、Q1に比べ、かなり難しくなっています。選択肢に関する情報がパラグラフ全体に点在していて、ほぼすべてのセンテンスを読まなくてはならず、また、選択肢はパッセージ内に該当する情報を言い換えられたものになっているため、一見その関連性が見えない場合があるほどです。選択肢は予想した通りの順番に並んでいます。(A) の Constant stress（常に受けるストレス）は第1センテンスの relentless pressure と、(C) の Avoidance of work（出勤拒否）はパラグラフ中盤以降の daily absentee rates と on any given day from 1,300 to 1,400 workers declined to go to work とに関連があります。(D) の Frequent resignations は、中盤から最終文にある labor turnover reached an amazing 370 percent と Ford managers had to hire more than 52,000 workers to maintain a workforce of about 13,600 employees の内容を表しています。労働災害、組立ラインでの事故も含め、(B) の Severe worker injuries（深刻な労働者の負傷事故）に関する記述はないので、Q2 の**正解は (B)** です。injuries やその同意語はパラグラフのどこにも見当たりません。下線を引く部分は、設問文の labor problems、選択肢の (A)stress、(B)worker injuries、(C)Avoidance of work、(D) resignations です。

繰り返しになりますが、自信のない設問には時間をかけ過ぎないようにしましょう。内容不一致問題では、特にタイプ2の設問だと思ったら、間違いだと判断できる選択肢を消去し、残ったうちのひとつを選んで、次の設問に進みます。メモ用紙にその問題番号を書き留め、もっと確実に解ける設問をすべて終えたところで、時間があれば、じっくりと設問とパラグラフを読んで、自分の解答を見直すようにすればいいでしょう。

Step 4：まとめの練習問題

新しいパッセージを使って、主題問題、内容一致問題、内容不一致問題の練習をしましょう。

Exercise 5

次のパッセージを戦略的に読んでください。その後、スキミングとスキャニングの技術を使って、設問に1問ずつ答えてください。設問に関係のあるパラグラフだけを読むようにしてください。

Early Jazz

① The origin of jazz is bound up in two related traditions—ragtime and blues. Ragtime, the most popular music idiom in the United States from about 1895 to 1915, was composed for the piano, and each "rag" is a composition with several themes. The leading ragtime composer was Scott Joplin. By contrast, a blues was a song of sorrow, sung slowly to the accompaniment of piano or guitar. A blues is 12 measures long, and typically the first line is repeated. A blues tradition developed separately from that of jazz, but blues harmonies and the 12-measure form have always enriched the jazz tradition.

② Some of the first New Orleans musicians were among the most stirring of all jazz artists. These brilliant African American musicians include clarinetist Johnny Dodds, clarinetist-soprano saxophonist Sidney Bechet, pianist Jelly Roll Morton, and cornetist King Oliver. The first jazz record was made in 1917 by a New Orleans band—the Original Dixieland Jass Band, which ironically was made up of white musicians who copied black styles. Soon, the New Orleans musicians discovered that audiences were eager for their music in the cities of the North and the Midwest. In the 1920's Chicago became the second major jazz center—the new home for Morton and Oliver, among others. White Chicago youths, such as tenor saxophonist Bud Freeman and clarinetist Benny Goodman, were excited by the New Orleans masters—including the thrilling Louis Armstrong, who played in King Oliver's band—and formed their own Dixieland jazz bands.

③ **The third major jazz center was New York City, and it soon became the most exhilarating.** In New York, jazz pianists created the "stride" piano style by transforming rags and Southern black folk dances into lively, inspiring selections. The cornets, clarinets, and trombones of Dixieland became trumpet sections, saxophone sections, and trombone sections in these large jazz ensembles. Big band jazz was smoother, with lighter rhythms, but no less exciting than Dixieland.

④ **Louis Armstrong was the first great jazz soloist.** He played vividly dramatic cornet and trumpet solos from 1925 to 1928, and later performed as a guest star with a series of big bands. His rhythmic feeling was a rare combination of tension and relaxation that inspired the word "swing." Duke Ellington was perhaps the most influential early jazz composer. His music was full of colorful sounds and imaginative melodies as he portrayed African American life in a rich variety of songs and scores. Armstrong and Ellington, very different from each other, were two of the greatest musicians the jazz tradition has produced.

訳例は p.333 にあります。

Q1. According to paragraph 1, what was Scott Joplin most noted for?

選択肢

(A) Playing the piano
(B) Writing ragtime songs
(C) Performing the blues
(D) Composing guitar solos

Q2. What statement does paragraph 1 support?

選択肢

(A) Ragtime was originally meant to be sung.
(B) Both ragtime and blues significantly influenced jazz.
(C) Blues was eventually absorbed into jazz.
(D) Jazz developed independently of blues and ragtime.

Q3. According to paragraph 2, who made the first jazz record?

選択肢

(A) Johnny Dodds
(B) Jelly Roll Morton
(C) White New Orleans musicians
(D) King Oliver and his band

Q4. Which of the following cities is NOT mentioned in paragraphs 2 and 3 as a center for jazz?

選択肢

(A) New Orleans
(B) Chicago
(C) New York
(D) St. Louis

Q5. According to paragraph 4, what most distinguished Louis Armstrong as a musician?

選択肢

(A) His deep singing voice
(B) His trombone solos
(C) His individual performances
(D) His dramatic acting

Q6.

Directions: An introductory sentence for a brief summary of the passage is provided below. Complete the summary by selecting the THREE answer choices that express the most important ideas in the passage. Some sentences do not belong in the summary because they express ideas that are not presented in the passage or are minor ideas in the passage. *This question is worth 2 points.*

The musical traditions of ragtime and blues affected the development of jazz.

-
-
-

選択肢

(A) Jazz is one of the only forms of music that developed entirely in the United States.

(B) In New York jazz became more exciting as it expanded to include more musicians and larger bands.

(C) Saxophonist Bud Freeman and clarinetist Benny Goodman created their own successful Dixieland jazz bands.

(D) Talented individual jazz performers made New Orleans the earliest center for jazz.

(E) Jazz produced memorable musicians such as the performer Louis Armstrong and the composer Duke Ellington.

(F) In Chicago, black musicians created a completely new style of jazz.

> 解答と解説

　Q1 は簡単な内容一致問題です。第1パラグラフをスキャニングして、キーワードである Scott Joplin を探してください。The leading ragtime composer was Scott Joplin. というセンテンスが見つかります。composer（作曲家）とは音楽を書く人のことなので、**正解は (B)** です。

　Q2 は主題問題であることがわかります。第1パラグラフの第1センテンス The origin of jazz is bound up in two related traditions—ragtime and blues. が主題です。この後、ジャズの発展を背景に、まずラグタイムが、そして次にブルースが取り上げられています。従って、**正解は (B)** です。Ragtime, . . . was composed for the piano（ラグタイムはピアノのために作曲された）とあるので (A) が、そして、A blues tradition developed separately from that of jazz（ブルースの伝統はジャズとは別に発展した）とあるので (C) が、それぞれパッセージの内容とは一致していないことがわかります。(D) は、「ラグタイムとブルースは、ともにジャズに多大な影響を与えた」というこのパラグラフの主題と根本的に正反対の内容を述べています。

　Q3 は疑問詞 who を使った簡単な内容一致問題で、スキミングとスキャニングをして、キーフレーズである first jazz record に関する情報を探すだけで解けます。第2パラグラフ前半に、The first jazz record was made in 1917 by a New Orleans band—the Original Dixieland Jass Band, which ironically was made up of white musicians who copied black styles. とあります。従って、**正解は (C)** の「ニューオーリンズの白人ミュージシャン」だとわかります。

　Q4 は NOT があるので、内容不一致問題であることがすぐにわかります。また、ふたつのパラグラフが対象になっているため、難易度の高いタイプ2の設問なのでしょう。しかし、戦略的リーディングの技術を使い、center、New Orleans、Chicago、New York といったキーワードを手掛かりにすれば、答えは早く見つけられます。第2パラグラフの第1センテンスに Some of the first New Orleans musicians were among the most stirring of all jazz artists. とあり、また、第3パラグラフの第1センテンスには The third major jazz center was New York City と書かれています。これだけで、(A) のニューオリンズと (C) のニューヨークは正解の候補から外すことができます。

　さて、ここで大切なのは、正解を見つけるに当たって、テーマに関する自分の知識ではなく、パッセージに提示された情報をよりどころとすべきであるということです。セントルイスもジャズの中心地ではありましたが、パッセージではそのことに触れていません。それに対して、パッセージをスキャニングしてみればわかるように、In the 1920's Chicago became the second major jazz center とシカゴについては記載があります。つまり、このパッセージでジャズの中心地として名前が挙がっていないのはセントルイスなので、**正解は (D)** です。

　Q5 は疑問詞 what を使った内容一致問題ですが、後半の内容一致問題にあるような言い換えを理解する力が求められるため、多少難しい設問になっています。第4パラグラフの第1センテンスに Louis Armstrong was the first great jazz soloist. と、第2センテン

スに He played vividly dramatic cornet and trumpet solos from 1925 to 1928 とあります。「ソロで演奏する（play solo）」とは、「個人で演奏する（perform individually）」ということです。従って、**正解は (C)** の「彼の個人演奏」です。アームストロングはトロンボーンではなく、コルネットとトランペットを演奏していたので (B) は不正解です。また、彼の歌声と演技力についてはパッセージで触れられていないため、(A) と (D) も間違いだとわかります。

　Q6 の要約問題を解く際にも、戦略的リーディング技術が役に立ちます。第2パラグラフと第3パラグラフの第1センテンスに、このふたつのパラグラフの主題、つまり、「ジャズの中心地としてのニューオリンズとニューヨークの重要性」について述べられています。また、最後のパラグラフでは、第1センテンスでルイ・アームストロングの偉大さを述べ、このパラグラフ後半ではデューク・エリントンについて触れています。パラグラフの最後のセンテンスも、テーマの提示やまとめを行うなど、非常に重要な役割を果たす場合があることはもうご存じですね。そこで、最後までスキミングしていくと、Armstrong and Ellington, very different from each other, were two of the greatest musicians the jazz tradition has produced. というセンテンスがあります。こうしたことを総合すると、まず、ジャズの背景（第1パラグラフにあるラグタイムとブルース）について、次に、ジャズの三大中心地（第2〜3パラグラフにあるニューオーリンズ、シカゴ、ニューヨーク）について、そして最後に、ルイ・アームストロングとデューク・エリントンといったジャズ界の二大巨匠について述べているという、このパッセージの骨子が見えてきます。正解は次の通りです。
The musical traditions of ragtime and blues affected the development of jazz.
→ (D) → (B) → (E)

まとめのアドバイス

　ここまでで、パラグラフを基準とした3種類の設問に対する取り組み方を学びました。まとめると次のようになります。

> (1) 設問のタイプを把握する。
> (2) 頭の中で設問と選択肢の言い換えを行い、スキミングとスキャニングを通して、キーワードとその同義語を探す。
> (3) 正解につながる情報を特定すると同時に、消去法で間違っている選択肢を取り除く。
> (4) 主題問題ではパラグラフの最初と最後のセンテンスに特に注意を払う。
> (5) ひとつの設問に時間をかけ過ぎず、わからない場合には、最もいいと思われる選択肢を選んでおき、後でチェックする。

そのほかにもいくつか留意点があるので、確認しておきましょう。

Tip 1. パッセージのテーマについて知識がなくても気にしないこと

TOEFLのパッセージは、一般的な読者にわかるように書かれています。難しい用語は文章の中で定義されているか、文脈から推測できるようになっています。たまに、強調表示されている単語をクリックすると、画面にその意味が表示されることもあります。概して、TOEFLのパッセージに関する設問を解くに当たっては、特別な背景知識は必要ないといえます。解答に必要な情報はすべてパッセージに書かれています。

Tip 2. パッセージの内容を細部まで完全にわからなくても、また、すべての単語を知らなくても、設問には正解できる

TOEFLで犯しがちな最大の間違いは、パッセージを読んですべての単語を理解しようとすることです。そもそも、すべての設問に正解しようとして、パッセージ全体を読み、さらに一つひとつのパラグラフに繰り返し目を通している時間はありません。また、パッセージには解答に必要な分の何倍もの情報が記載されています。読んだ部分が増えれば、その分、混乱度が増す可能性があります。戦略的リーディング技術を使って、テーマとパッセージの構造を素早く把握し、スキミングとスキャニングによって必要な情報を探しましょう。設問で指示されていないパラグラフは、まったく読む必要がありません。

Tip 3. できるだけ高いスコアを取ることが目標なので、難しい問題に時間をかけるより、先に進んでやさしい問題を解く

パッセージを読むことではなく、設問に正解することで得点につながります。設問に答え、得点を稼ぐことに時間を使いましょう。内容不一致問題で、タイプ1とタイプ2の設問に分けることを学びました。今後、ほかの種類の設問についても、どのタイプがやさしいかをお教えします。本書を読み終えるころには、やさしい設問を見分ける力がつき、練習を重ねることで、感覚的に、高得点を獲得する可能性が高いタイプの設問がわかるようになります。まず、そうした設問を選んで解き、難しい設問は後回しにしましょう。

Tip 4. パッセージの構成と構造について理解を深め、パッセージを読むのは設問に答えるためであることを忘れないようにする

パッセージがどのように組み立てられて、情報を伝えているかといった構成が見えてくれば、その分、パッセージの構造が早く把握できます。これまでのむやみに一語一語読んでいくやり方は忘れてください。

Chapter 3 スキミングとスキャニング：主題問題・内容一致問題・内容不一致問題

Chapter 4

Reading Carefully and Closely at the Sentence Level

精読：語彙問題、指示語問題、文簡素化問題

　ここまで、「パッセージの構成と構造原理、主題を把握するために素早く戦略的に読むこと」と「キーワードに関連した情報や概念を探すためにスキミングとスキャニングをすること」の重要性を強調してきました。一語一語細かく読み進むことは、英文の全体像が見えなくなったり、読むスピードが遅くなったりするだけでなく、時間が足りなくなって簡単な設問を落とすことになるため、お勧めしないと述べてきました。

　しかし反対に、細かく慎重に読まなくてはならない設問もあります。パラグラフ全体ではなく、特定のセンテンスや、その前後を精読するというものです。このテクニックは、語彙問題と指示語問題、そして文簡素化問題に有効です。語彙問題は、ひとつのパッセージについて3〜5問（パッセージごとの設問数としては2番目に多い）、指示語問題と文簡素化問題は、ほとんどのパッセージについて出題されるように、この種類の問題は数が多いので、精読の技術を身につければ高得点につながります。また、設問内容は素直で正解しやすいものが多いといえます。この3種類の問題では独特の言い回しが使われ、すぐにそれとわかるため、問題を見た瞬間に解答の方針を立てられるでしょう。どれも、文法や文脈理解、語彙に関する問題で、消去法が役立つのも特徴です。

Step 1：消去法と勘を活用する

　第2章と第3章で説明した解法からおわかりのように、間違っている選択肢を消去できる能力は、正しい答えを見つける能力に匹敵するほど、高得点獲得に役立ちます。monkey score（山勘）という言葉がありますが、これは受験者が正解する確率を意味しています。リーディングテストでのmonkey scoreは大抵25パーセントです。これは、選択肢が4つあるので、サルが受けたとしても4つにひとつの確率で正解することから、こう呼ばれています。ここで、間違っている選択肢をひとつ削除すれば、monkey scoreは33パーセントに、ふたつ削除すれば50パーセントになるのです。これはテスト理論で使われている専門用語で、決して皆さんをサルに例えているわけではありませんので、気を悪くしないでください。ここで言いたいのは、正解する確率を上げましょう、ということです。もちろん、monkey scoreを50パーセントに上げたところで、単純計算でいくと、半分は間違ってしまうことになります。しかし、皆さんはすべての設問について勘で答えるわけではありませんね。確信を持って解答する設問もかなりあるはずです。3〜5本のパッセージに41〜68問の設問があるリーディングテスト全体を考えれば、自信のない設問についてmonkey scoreを33パーセントまたは50パーセントに上げれば、スコアをかなり伸ばせることはおわかりいただけるでしょう。さらに、スコアが高ければ高いほど、正

解答数が１問増えた場合の価値は高まります。TOEFL のテストスコアは、高得点者が１問多く正解した場合には、その１問は平均的なスコアの受験者の１問よりも多く加点される仕組みになっているのです。

消去法はどの問題に対しても使っていただきたいのですが、特にこの章でその重要性を強調するのは、センテンスから正答を引き出す場合により効果的だからです。間違った選択肢を削除するのに、文章全体を読む必要はありません。精読するセンテンスを限定するので、時間を無駄にせず、効率よく解答を進めることができます。

単純な言い方をすれば、消去法とは、選択肢を見比べて削除する理由を見つけることです。設問には選択肢が４つしかありませんので（要約問題と分類問題を除きます）、そのうちのひとつを削除するだけで、正解する確率はかなり上がります。特に、確信がなく勘を使わざるを得ない設問には、その意味は大きいといえます。

勘に頼る場合、重要なコツがあります。消去法を使う時には、選択肢を公平な目で見比べてください。見た瞬間に目に飛び込んできた選択肢や、一見よさそうに見える選択肢は、出題者の仕掛けたわなかもしれません。こうしたわなについては、後ほど具体的に取り上げます。

では、例を使って、消去法の使い方を見ていきましょう。

The word origin in the passage is closest in meaning to
(A) order
(B) exception
(C) beginning
(D) constituent

この設問は前の章で読んだパッセージに対するもので、実際には本文を読んで文脈を確認することができるのですが、ここでは、選択肢だけを見て、消去法の練習をしましょう。消去法を使う場合には、選択肢を見た時に受けた印象から、それぞれにマークをつけていきます（頭の中で行っても、紙に書いても構いません）。使うマークの例は次のようなものです（もちろん、これでなければいけないというわけではありません。自分で使いやすい記号を選んでください）。

マーク	意味
✓	よい
↓	いまひとつ
?	わからない
O	一番よい
X	よくない

上の例題にマークをつけるとすれば、こんなふうになります。

The word origin in the passage is closest in meaning to
(A) order　X
(B) exception　↓
(C) beginning　✓
(D) constituent　？

　ここでは、どれが「最も適した」答えであるかは決められませんが、order と origin はあまり関係がないので、間違いであることがわかります。つまり、これだけで選択肢をひとつ消去することができるのです。また、ここにもコツがあるのですが、ETS は語彙問題で問われている語句と最初の2～3文字が同じ選択肢をひとつ（ここでは、origin と order）入れて、間違えさせようとする手法を使う場合があります。exception も、「例外」という意味が origin とは合わないため、削除することができます。
　こう考えると、残るは (C) と (D) だけになります。origin の意味を正確には知らなくても、「もともとの」を意味する original の派生語だと考えられるので、(C) の beginning のほうが合っていそうな気がします。それに対して、(D) の constituent は難しい単語で、意味がわからない人も多いでしょう。origin と関連がありそうな beginning と未知の単語 constituent が残っているとなれば、(C) の beginning を選ぶのが順当です。
　このように考えれば、monkey score を少なくとも 50 パーセントにまで上げることができ、また、最終的には origin から original へ、そして beginning へつなげていくといったように、論理的な判断ができれば、二者択一であっても monkey score は 50 パーセントより高くなります。

　TOEFL では、自分の解答に自信が持てないと思うことが多いでしょう。それは、語彙が難しかったり、内容が理解できなかったりすることが原因かもしれません。しかし、意味がわからないという理由で、選択肢を消去してはいけません。「わからない」マークをつけ、ほかの選択肢をチェックしてみてください。ほかの選択肢にどれも「いまひとつ」マークや「よくない」マークがつくなら、「わからない」マークをつけた選択肢が正解だと考えられます。また、ほかの選択肢のうちのひとつが「わからない」マークをつけた選択肢より正しいように思える時は、それを選びます。この方法は、これまで学んだ主題問題、内容一致問題、内容不一致問題にも、これから学ぶ語彙問題、指示語問題、文簡素化問題、修辞目的問題、センテンス挿入問題、要約問題、分類問題にも応用できます。

　ここでは、消去法を順序立てて説明し、その意味合いをわかっていただくために、比較的単純な例を挙げました（皆さんもテストでこうしたテクニックを使ったことがあるはずです）。しかし、語彙問題をはじめとする実際の設問は、文法やセンテンスの文脈、語句のほかの意味、そして、時にはパラグラフの構成、さらには、ETS の仕掛けるわなといった、

さまざまな要素が絡み合っているため、より複雑で注意を要します。また、その設問が何番の問題なのか（つまり、前半なのか後半なのかなど）によっても、選ぶべき選択肢が変わってきます。例えば、一般的に語彙問題は後に出る問題のほうが難しい場合が多いため、そのパッセージの最後の語彙問題では「未知の単語」が正解である確率が高くなります。こうしたことを知っていれば、消去法の使い方に工夫が生まれ monkey score を上げ、最終的に TOEFL スコアを伸ばすことにつながるでしょう。

この後、それぞれの問題のタイプについて解説する際に、行き詰まった場合や最後に残ったふたつの選択肢のうちどちらを選べばいいかで迷った場合の対処法も取り上げていきます。

Step 2：語彙問題

初期の TOEFL の語彙問題では、辞書に載っている主な定義が問われていました。単語が個々に出題され、受験者は最も意味の近い単語やその主な意味を選ぶことが求められていたのです。TOEFL が始まった 1964 年から、Paper-Based Test が部分改訂された 1995 年までの約 30 年間、リーディングテストには語彙セクションが単独で設けられていました。ひとつのセンテンスに下線が施された語句があり、受験者はその意味を選ぶというものです。問題となっている語句の意味は、文脈からは推測できないようになっていました。教室では、学生に対して、下線の引いてある単語だけを見て、その正確な意味を選ぶ、もしくは消去法で間違っている意味を削除するよう教えていました。つまり、文脈とは無関係に、単語の主な意味や同義語を選ぶだけの問題だったのです。

しかし、単語が単体で使われることは（標識などを除いて）ありません。また、文脈から単語の意味が取れるように書かれているのが普通で、それは、単語の数多くの意味から筆者が意図している意味を読者に伝える方法でもあるのです。そうした理由から、専門家や私たちのような教師は、語彙を単体として扱う出題形式を、幾度となく批判してきました。そのため、1995 年に語彙に関する問題が改訂され、単独の語彙セクションは廃止となりました。リーディングパッセージの設問の中に組み込まれてパッセージ内で使われている意味を問う問題に変わったのです。この形式は、CBT（Computer-Based Test）や iBT（Internet-Based Test）にも受け継がれ、出題形式に広がりも出てきました。現在、TOEFL の語彙問題はすべて「文脈での」意味に関するものです。この「文脈」が、テストの構成や正解するため（もしくは、正解の確率を高めるため）の戦略に大きく影響しています。

こうした話をしているのは、語彙問題では（辞書で最初に載っている意味を知っているといった）抽象的な語彙力ではなく、単語の第1の意味も第2の意味も知っているという知識、そして同時に、単語の使われ方に応じてその意味を推測する能力（文脈からの推測）をもテストしていることを知っていただきたいからです。

語彙問題について、本書で紹介する戦略は次の通りです。

語彙問題に対する戦略

> (1) その語の一般的な意味を知る
> (2) 文脈から意味を推測する
> (3) 文法知識を利用する
> (4) 語源や関連語の知識を利用する
> (5) 消去法を使う
> (6) 答えに確信が持てない場合には、最初の数文字が同じつづりの選択肢は避ける

　幸いなことに、語彙問題であることは一見してわかり、語彙問題が出されると意味が問われる単語（網掛けされています）とそれを含むパラグラフが画面に表示される仕組みになっています。まず、その語彙表現が使われているセンテンスに注目し、また、前後のセンテンスも読むことで、文脈から意味を推測するのです。では、練習を始めましょう。

Exercise 1-A

　まず設問を読み、その後で、選択肢の単語が使われているパラグラフを読み、間違っている選択肢を削除する方法で、正解を見つけてください。

Q. The word origin in the passage is closest in meaning to

選択肢

(A) order
(B) exception
(C) beginning
(D) constituent

問題文

　The origin of jazz is bound up in two related traditions—ragtime and blues. Ragtime, the most popular music idiom in the United States from about 1895 to 1915, was composed for the piano, and each "rag" is a composition with several themes. The leading ragtime composer was Scott Joplin. By contrast, a blues was a song of sorrow, sung slowly to the accompaniment of piano or guitar. A blues is 12 measures long, and typically the first line is repeated. A blues tradition developed separately from that of jazz, but blues harmonies and the 12-measure form have always enriched the jazz tradition.

TOEFL iBT

この設問に正解するためには、消去法以外に、「単語の一般的な意味を知る」「文脈から推測する」「語源や関連語の知識を利用する」の3つの解答方法が使えます。

origin が beginning や source の同義語だと知っていれば、**正解が (C)** であることはすぐにわかります。しかし、origin の第1の定義を知らなかったり、この設問では第2の定義が問われているのではないか（実際に TOEFL ではよくあることです）と思ったりした場合には、文脈から推測するといいでしょう。

また、文脈から、この単語が第1の定義で使われているかどうかを確かめることもできます。origin が使われているのは、ジャズの発展に関するパッセージの第1センテンスです。このパラグラフでは初期のジャズに影響を与えた音楽（ragtime と blues）について述べられています。ここで、これまでに学んだ英文の構成、構造原理、意味の知識を応用すれば、冒頭で使われている origin が (C) の beginning を意味していると考えることができます。また、p. 72 のパッセージ全体では、ジャズが発展して3個所の中心地へと広がっていったと時系列で話が展開していることからも、パッセージの始まりで使われている origin が beginning のことだと理解できます。語源や関連語の知識を利用すれば、origin の関連語 original「元の」から、origin が beginning の意味であることは十分推測可能なのです。

もう1問練習してみましょう。

Exercise 1-B

まず設問を読み、その後で、選択肢の単語が使われているパラグラフを読み、間違っている選択肢を削除するという方法で、正解を見つけてください。

Q. The word property in the passage is closest in meaning to

選択肢

(A) land
(B) characteristic
(C) asset
(D) rejection

問題文

Minerals are chemical elements or compounds found naturally in the crust of the Earth. In contrast to organic chemicals made mainly of carbon, hydrogen, and oxygen typical of living things, minerals are inorganic. Some have a fixed chemical composition, others are a series of related compounds in which one metallic element may wholly or partly

> replace another. Only rarely will a single physical or chemical property identify a mineral. The complexity of their composition means that more qualities must be used to distinguish minerals. Identification of many rare minerals often requires expensive laboratory equipment and detailed chemical and optical tests which only an expert can conduct. However, there are some simpler physical and chemical tests which can be more easily applied by anyone interested in rocks.

文脈を無視して、property の基本的な意味しか考えない人は、この設問に正解することができません。これは皆さんだけでなく、ネイティブスピーカーにも、大学教授にも、そして、私たちにもいえることです。property の第 1 の定義は「土地など、個人が所有する価値のあるもの」ですから、前後関係を考えずに選ぶと、(A) の「土地」が正解だと思ってしまいます。

もう少し語彙力がある人たちは、「いい意味での純粋な価値」という意味を持ち、土地、宝石、不動産、特許なども含む asset を選ぶかもしれません。こう考えると、property を単体として見た場合、land より asset のほうがより正確に見えます。

しかし、文脈を考えるとどちらも正しくありません。前後のセンテンスから、ここでは鑑定に使用される鉱山の「性質」について述べられていることがわかります。このことは、次のセンテンス The complexity of their composition means that more qualities must be used to distinguish minerals. でも明らかになります。この qualities は property の同義語として使われています。これはいわゆる言い換えで、identify も次のセンテンスでは distinguish と表現されています。qualities はまた、characteristics の同義語でもあるので、前後関係から (B) の characteristic「性質」が property と同じ意味を表しているとわかります。**正解は (B) です。**

なお、(D) の rejection は「何かを拒否すること」という意味で、property とはまったく合わないので正解の候補から外すことができます。では、もう 1 問練習してみましょう。

TOEFL iBT

Exercise 1-C

まず設問を読み、その後で、選択肢の単語が使われているパラグラフを読み、間違っている選択肢を削除するという方法で、正解を見つけてください。

Q. The word optical in the passage is closest in meaning to

選択肢
(A) obvious
(B) absorbent
(C) light-related
(D) organic-based

問題文

Tests of the optical properties of minerals are used mainly by experts, but amateurs should know about them because they are fundamental in precise mineral identification. X-rays sent through thin pieces or powders produce a visual pattern dependent on the structure of the molecules and so are an aid to identification. To perform the analysis, pieces of minerals or rocks are first mounted on slides, then ground until they are as thin as paper. The bending of light rays as they pass through the minerals creates patterns that can often confirm their identity. Fragments of minerals can also be immersed in transparent liquids of different density to measure their index of refraction. This is distinct for each mineral and is related to its crystal system. Thus, an expert can tell if a diamond or emerald is real or false without doing any damage to the stone.

ここで問われている optical は難易度の高い部類に入る語で、語彙問題としては後半に出題されるタイプの設問です。難しいとはいえ、消去法と語彙問題に対する戦略を使えば、正解することは可能です。

optical の代わりに、このセンテンスに (A) の obvious を入れてみると、Tests of the "obvious" properties of minerals are used mainly by experts, . . . となりますが、性質が「明らか」であれば、その検査方法は専門家ではなく、素人でも使えることになってしまいます。従って、(A) は正解の候補から外すことができます。これで、monkey score は 25 パーセントから 33 パーセントに上がりました。

(B) の absorbent は簡単には削除できない選択肢です。absorb とは「吸収する」とい

Chapter 4 精読：語彙問題、指示語問題、文簡素化問題

87

う意味なので、吸収能力を利用して鉱物の検査を行うことも考えられます。そこで、(B) については後で判断することにしましょう。(C) を見ると、light-related「光に関連した」とあります。次のセンテンスには、薄片や粉末にX線を通して「視覚パターンを作る」と書かれています。また、その後のふたつのセンテンスでは、鉱物や岩石の破片をスライドに載せて、光線が鉱物を通過する時の「光の屈折率」を観察する方法が説明されています。どれも「光」に関連した記述なので、(C) の light-related は (B) よりも強力な候補といえます。

これに対して、(D) の organic-based「有機の」は、付近のセンテンスで有機物や有機生物については触れられていないため、削除していいでしょう。なお、optical の opt- は、optician「眼科医」や optics「光学」にも含まれています。こうした関連語の知識があれば、文脈を確認した上で、**(C) が正解**だと判断できます。

Exercise 1-D

まず設問を読み、その後で、選択肢の単語が使われているパラグラフを読み、間違っている選択肢を削除するという方法で、正解を見つけてください。今回はさらに、文法にも注意しながら解答しましょう。

Q. The phrase other celestial bodies in the passage is closest in meaning to

選択肢

(A) objects in space
(B) clouds of gases
(C) matter in the universe
(D) chemical elements in the atmosphere

問題文

Most astronomers believe that the universe began with an enormous explosion, called "The Big Bang," that created all the matter in the universe. Initially, this matter was almost completely composed of hydrogen and helium atoms and formed into stars, such as for example our own Sun. Gradually though, in galaxies throughout the universe, the clouds of hydrogen and helium gases around stars cooled, condensing into the planets, moons, and other celestial bodies such as asteroids that make up Solar Systems like ours, resulting in our case in the formation of the Earth.

other celestial bodies が使われている the clouds of hydrogen and helium gases around stars cooled, condensing into the planets, moons, and other celestial bodies such as asteroids that make up Solar Systems like ours の部分を、修飾語などを省いて簡単に表すと、the clouds of gases condensed planets, moons, and other celestial bodies となります。従って、planets も moons も celestial bodies だとわかります。また body とは「物体」のことで、gas「気体」や chemical element「化学元素」を指す言葉ではありません。このように、文法と論理の両面からセンテンスを慎重に読んでいくことで、celestial 自体の意味を知らなくても、(A) の objects in space「宇宙に存在する物体」が正解だと判断できるのです。

また、(B) の clouds of gases が正解だとすると、the clouds of gases condensed planets, moons, and clouds of gases と非論理的な記述になってしまいます。凝縮する (condense) なら別の形状になっていなければおかしいからです。

(C) の matter in the universe「宇宙にある物質」は漠然とし過ぎています。ここでは、惑星、月、小惑星をテーマにしていますので、何もかも含んだ「物質」では視点がずれてしまいます。

(D) の chemical elements in the atmosphere「大気中の化学元素」は、最後の the formation of the Earth「地球の形成」に多少は関係あるものの、パラグラフのほかの部分では「大気」について一切触れられていません。つまり、無関係な記述だと言えます。

この練習問題から、問われている語彙表現の意味を知らなくても、文法力と文脈理解力を頼りに、正解を導き出せることがわかります。正解に確信が持てなくても、選択肢をひとつかふたつ削除することで、monkey score を大幅に上げられます。既知の語彙から未知の語彙の意味を理解できる能力を試すのも、iBT のリーディングテストの目的だということを覚えておきましょう。

Exercise 1-E

まず設問を読み、その後で、選択肢の単語が使われているパラグラフを読み、間違っている選択肢を削除するという方法で、正解を見つけてください。

Q. The word exotic in the passage is closest in meaning to

選択肢

(A) expensive
(B) heavy
(C) uncommon
(D) new

> 問題文
>
> Important cultural changes also took place among the populations of the Headwaters region during this time. Probably as a result of seasonal hunting and gathering, the concept of "tribal territory" emerged and with it regional differences appeared, such as variations in the design of hunting implements. These differences resulted in the first commerce. Trade networks began to be established among the Headwater tribes and **exotic** stone and copper from distant sources became highly prized for making tools such as curved knives, spear points, fish hooks, and axes, and unusual decorative pieces such as shell necklaces and feather ornaments became valued for their beauty.

exotic の意味を知らないと、この設問に正解することは難しいかもしれません。しかし、この単語が使われているセンテンスにヒントが隠されています。また、消去法を使って、間違いを誘おうとする選択肢を削除することもできます。

(A) の expensive は exotic と最初の2文字が同じです。ここから、expensive は間違いではないかと想像できます。それだけではなく、このパッセージは通貨ができる以前の文化がテーマなので、expensive という概念が出てくるはずはありません。論理的におかしいのです。よって、(A) は削除できます。

(B) の heavy は、stone and copper と関係がありそうですが、決定的な決め手がないので↓印をつけておきます。それに、fish hooks（釣り針）などは石や銅でできていたとしても、あまり重いものとは思えません。それに比べれば、(C) の uncommon は合っているように思えます。stone and copper は distant sources（遠い発掘現場）から運んでくる必要があったと書かれているので、「手に入れにくい」「希少な」、つまり、uncommon（あまりない）につながります。実際に、exotic は unusual や foreign、uncommon の同義語で、「珍しい」という意味です。また、この unusual は同じセンテンスの最後のほうで unusual decorative pieces と使われています。ここでは、センテンス中の並列構造に気がつくことが大切です。

<u>exotic stone and copper</u> from distant sources became highly prized for making tools such as curved knives, spear points, fish hooks, and axes,
and
<u>unusual decorative pieces</u> such as shell necklaces and feather ornaments became valued for their beauty

このように、stone and copper と decorative pieces が並列になっています。同じ形容詞を2度使うと稚拙な文章になってしまうため、「珍しい」を表すために、前者では exotic で、後者では unusual で、それぞれ stone and copper と decorative pieces を修飾しているのです。この大きなヒントを見逃さないようにしましょう。(D) も正解になり得る選択肢ですが、(C) ほど正解に近くはありません。
　従って、(A) は削除の対象で、(B) と (D) は可能性はあっても決め手に欠ける選択肢だとわかり、文脈の面からも文法の面からも整合性のある (C) が正解と判断できるのです。

　このセクションの目的は、語彙問題において、100パーセント確信を持てなくても正解を選んだり、monkey score を上げたりすることができる戦略を、明確かつ具体的に皆さんに提供することです。覚えておいていただきたいのですが、TOEFL のリーディングセクション、特に語彙問題は、受験者が自信を持って全問正解することはできないように作成されているのです。ここで取り上げた練習問題を通して、語彙問題を攻略するための戦略を紹介してきましたが、解答に時間をかけ過ぎてはいけません。正解を推測しようとして、何度も何度もセンテンスを読み返すのはお勧めできる方法ではありません。ヒントを探し、文法的側面をチェックし、間違っている選択肢を削除して解答を選んだら、次へと進みます。内容一致問題や内容不一致問題の時と同様、とりあえず先に進んで、時間があれば見直すようにしましょう。

Step 3：指示語問題

　語彙問題では、まず、単語の意味と文脈を考え、副次的に文法に関する検討を行いました。逆に、指示語問題では、まず文法、次に文脈を考えます。実際には、文法よりも文脈のほうがはるかに大きな役割を果たしています。しかし、代名詞が使われている文章では、その用法を理解しなければ、その代名詞が何を指しているかがわかりません。そこで、文法が役に立つのです。もちろん、指示語問題を解く際も、消去法を使って間違っている選択肢を削除し、monkey score を上げるようにしましょう。
　iBT 以前の TOEFL では、ある単語やフレーズが引用符に入っている理由を尋ねるなど、表記方法や句読法に関する知識が試されたこともありました。また、それより前には、センテンスに含まれている間違いを探す問題も出されていました。しかし、最近ではこの種の設問はなくなり、リーディングセクションの設問で文法に直接関連するものはこの指示語問題だけになっています。その名の通り、指示語問題は代名詞や代名詞句が指している内容がわかるかどうかを試す問題です。大抵の場合、代名詞はその前に出てきた名詞を指しますが、ごくまれに、その順番が逆になることもあります。代名詞とは一般に、they、their、this、these、which などのことですが、none や one、または、these characteristics や this stage といったフレーズも、指示語問題の出題対象となります。

指示語問題は、通常、ひとつのパッセージに1問出されます。指示語問題であることは、次のように、その言い回しからすぐにわかります。

The word their in the passage refers to...
The phrase these characteristics in the passage refers to...

　語彙問題同様、対象となる代名詞やフレーズには網が掛かっていて、その語句が含まれているパラグラフが自動的にコンピューター画面に表示されます。
　見落としがちなのが、問題となっている代名詞の単数・複数の違いです。it と they では、指し示す名詞が異なります。日本語の名詞には単数と複数の違いがないため、特に注意すべき点です。また、人称も見逃してはいけません。I、me、we、our などは第一人称、they、their などは第三人称で、指示する名詞が違ってきます。選択肢を選んだら、網が掛かっている語句やフレーズと入れ替えてみて、意味が通るかどうか、そして、文法的におかしくないかどうかをチェックしてみると、間違いを減らせます。
　指示語問題に備えるためには、代名詞の典型的な使い方を理解しておくことが大事です。代名詞とは文字通り名詞の代わりになる語ですから、まず名詞が出てきて、その後に代名詞が使われるのが普通です。TOEFL対策本の多くは、この「代名詞は前に出てきた名詞を指す」という法則を絶対のものとして紹介していますが、例外はあります。
　ただし、90パーセント以上の場合、その法則が当てはまりますので、まず、選択肢の名詞が問われている代名詞の前にあるかどうかをチェックするほうが時間の節約になりますし、消去法を使う時には、代名詞の後ろにしか出てこない選択肢から削除していくのが賢いやり方です。しかし、それでも適切な答えが見つからなければ、代名詞の後ろもチェックしてみましょう。指示している名詞が後に出てきているかもしれません。

Exercise 2-A

　まず設問を読み、その後に、選択肢の単語が使われているパラグラフを読み、間違っている選択肢を削除するという方法で、正解を見つけてください。

Q. The word it in the passage refers to

選択肢

(A) approach
(B) conflict
(C) violence
(D) the attitudes

TOEFL iBT

> **問題文**
>
> The initial approach to conflict assumed that conflict was bad. Conflict was viewed negatively, associated with violence, destruction, and irrationality. As such, it was to be avoided at all costs. This traditional concept is consistent with the attitudes that prevailed about group behavior in the 1930's and 1940's.

　指示語問題には次のように取り組みます。まず、パッセージを見て、代名詞が使われているセンテンスから2センテンス戻り、そこから読み始めます。その代名詞がどの名詞を指しているか見当をつけたら、そこで初めて選択肢を見て、その名詞があるかどうかを確かめます。あれば、それを選んで次の問題へと進みます。

　日本人受験者は文法に強いので、指示語を見つけるのが得意です。この手の問題は早く解いて、ほかの問題に時間を割き、全体の得点を伸ばしましょう。指示語問題が苦手だったり、難しい問題が出たりした場合には、代名詞の代わりに選択肢を一つひとつセンテンスの中に入れてみて、意味が通るかどうかをチェックしていきましょう。選択肢はパッセージに出てくる順番に並んでいます。チェックし終わったら、消去法で間違っている選択肢を削除します。どんなに難しい問題でも、ひとつやふたつの選択肢は消去できるものです。それはつまり、monkey score を上げることを意味します。

　この問題では、(D) の the attitudes（態度）が it よりも後に出てくるので、すぐに削除候補だと判断できます。さらに、the attitudes と複数になっているので、単数の it とは合いません。これで完全に間違いであることがはっきりしました。it を含むセンテンスと、その前の2センテンスを読むと、その意味から残りの選択肢のうちどれが合っているかがわかります。この it は、「何が何でも避けなければならないもの」とされています。(A) の approach はパラグラフ冒頭の The initial approach to conflict のことです（このように、問題を難しくするために、選択肢では修飾語が省かれている場合があるので注意が必要です）。この「対立に対する初期の取り組み」を「何が何でも避けなければならないもの」とは言い切れません。つまり、(A) は強力な正解候補ではないということです。

　それに対して、第2センテンスには Conflict was viewed negatively, associated with violence, destruction, and irrationality. と、対立が否定的に見られていたとあります。暴力、破壊行為、不合理性についても触れられています。どうやら、このセンテンスの主語である conflict は「何がなんでも避けなければならないもの」と言えそうです。

　(C) の violence（暴力）は、上のセンテンスで並列された3語のうちの1語です。Violence should be avoided at all costs. とすれば意味は通じますが、it が並列構造（ここでは、A, B, and C の形）の要素をひとつだけ抜き出して指示することはありません。このように考えれば、**(B) の conflict が最も適した選択肢**であることがわかります。

Chapter 4　精読：語彙問題、指示語問題、文簡素化問題

93

Exercise 2-B

まず設問を読み、その後に、選択肢の単語が使われているパラグラフを読み、間違っている選択肢を削除するという方法で、正解を見つけてください。

Q. The word They in the passage refers to

選択肢
(A) villages
(B) tribes
(C) territories
(D) networks

問題文

It was at this time, around 5,000 years ago, that somewhat more permanent villages were established. As tribes developed and defended their own territories, they needed to be able to stay longer in one place. They also needed more stable networks for economic exchange.

　問題文の3つのセンテンスを読んだだけで、they がどの単語を指しているかがわかり、選択肢にその単語を見つけたと思います。そこまで簡単にはわからない場合には、まず、この they が含まれているセンテンス（They also needed more stable networks for economic exchange.）を読んでください。その時点で、(D) の networks が間違いだとわかります。they の代わりに networks を入れると、Networks also needed more stable networks... と意味のないセンテンスになってしまうからです。また、networks は they の後に出てくるため、代名詞が指す単語としては不適切である可能性が高いといえます。

　上のセンテンスを、Who also needed more stable networks for economic exchange? と疑問文にしてみると、人の集団を意味する tribes（部族）が答えだと考えられます。つまり、(B) は正解の候補になります。

　また、経済的な取引のために安定したネットワークを必要としたのは「人」なので、(C) の territories（領地）は削除できます。しかし、(A) の villages は人の集まりを意味しますので、すぐに削除するわけにはいきません。「村人たちが安定したネットワークを必要とした」とすれば、意味が通ります。ここで文法的に判断してみます。設問で問われている they は、その前のセンテンスにある they のことで、さらにその少し前の their own territories の their と同じ人たちを指しています。この節の主語が tribes なので、their は「部族たちの」を意味しています。(A) の villages でもセンテンスの意味は通じますが、文法的につながりを考えていけば、**(B) の tribes が正しい**と判断できます。

TOEFL iBT

Exercise 2-C

まず設問を読み、その後に、選択肢の単語が使われているパラグラフを読み、間違っている選択肢を削除するという方法で、正解を見つけてください。

Q. The phrase Their places in the passage refers to

選択肢
(A) work assignments
(B) the Ford management team
(C) skilled molders and machinists
(D) machine tenders

問題文

　The principle was to simplify individual work assignments so that they could be performed by virtually anyone with a few days of training. In doing so, the Ford management team eliminated the need for large numbers of skilled molders and machinists, often the most independent and stubborn of factory employees. Their places would be filled by unskilled specialists or machine tenders, all of whom performed basically the same task of inserting a work piece in a preset machine, throwing a switch, and removing it. Such work, which reached its logical extreme on the assembly line, was highly repetitive and routinized with no opportunity for employees to exercise individual judgment. Fordism demanded a new degree of conformity. Instead of setting their own pace, workers found themselves being paced by the machine.

　their places の前の部分を読んで、これが何を指しているかを考えてください。その語句は選択肢にありましたか。あれば、それを答えとし、なければ、消去法を使いましょう。
　Their places would be filled by ... machine tenders, とあるので、their places が (D) の machine tenders（機械の操作係）を指しているとは考えられません。「機械の操作係が機械の操作係の代わりになる」とおかしな意味になってしまうからです。machine tenders が their places の後に出てくるところも、正解として不適切であると考えられる要因です。
　(B) は単数形であることだけでなく、意味からも削除の対象になります。この the Ford management team が、金型職人や機械工を大量に雇用する必要性を排除した (eliminated the need for large numbers of skilled molders and machinists) と書か

れていることから、取って代わられるのは経営側ではなく、労働者だとわかります。こうして考えてくると、**(C) の skilled molders and machinists（熟達した金型職人や機械工）が正解**であるとの結論に達します。

なお、(A) の work assignments は、冒頭の The principle was to simplify individual work assignments にあるように、取って代わる（replace）対象ではなく、簡素化する（simplify）対象です。

Exercise 2-D

まず設問を読み、その後に、選択肢の単語が使われているパラグラフを読み、間違っている選択肢を削除するという方法で、正解を見つけてください。

Q. The word others in the passage refers to

選択肢
(A) organic chemicals
(B) living things
(C) minerals
(D) related compounds

問題文

Minerals are chemical elements or compounds found naturally in the crust of the Earth. In contrast to organic chemicals made mainly of carbon, hydrogen, and oxygen typical of living things, minerals are inorganic. Some have a fixed chemical composition, others are a series of related compounds in which one metallic element may wholly or partly replace another. Only rarely will a single physical or chemical property identify a mineral. The complexity of their composition means that more qualities must be used to distinguish minerals. Identification of many rare minerals often requires expensive laboratory equipment and detailed chemical and optical tests which only an expert can conduct. However, there are some simpler physical and chemical tests which can be more easily applied by anyone interested in rocks.

Exercise 2-B で they が指す語をさかのぼって探しましたが、この設問でもそれと同様の手法が使えます。others（その他）とあれば、その前に必ず some など「最初に取り上げた一部分」を指す単語があるはずです。案の定、すぐ前に Some have... と some が主語として使われています。そして、この some は前のセンテンスの主語 minerals の一部分を表しています。つまり、... minerals are inorganic. Some have a fixed chemical composition, others are a series of related compounds の minerals の一部分が some で、さらに別の一部分が others というつながりです。この時、others are a series of related compounds とあるために、「others = a series of related compounds」と解釈して、(D) の related compounds を選んでしまう受験者がいます。some と others が同じ母体（ここでは minerals）の別の部分を指す語であることを理解していれば、(D) は正解候補から外せます。
　(A) の organic chemicals（有機化学薬品）と (B) の living things（生物）は、in contrast to...（……とは対照的に）の目的語として、minerals と比較されています。上で見たように、some と others はこの minerals の一部分なので、others が比較対象である organic chemicals や living things を指しているとは考えられません。よって、(A) と (B) はともに消去され、**正解は (C)** であることがわかります。

　指示語を答える設問では、数々の戦略が使えることがわかりました。以下に整理してみましょう。

指示語問題に対する戦略

> (1) 代名詞や代名詞句を含むセンテンスの、ひとつもしくはふたつ前のセンテンスから読み始め、そこから自分で選んだ指示語が選択肢にあれば、それを解答とする。
> (2) 自分で選んだ指示語が選択肢にない場合には、選択肢の意味をチェックし、最も意味の近いものを選ぶ。
> (3) 選んだ選択肢が、並列構造、人称、単数・複数など、文法的にも整合性があるかどうかを調べる。
> (4) 必要であれば、代名詞が指す語句を初出までさかのぼって確認する。
> (5) 消去法を積極的に使い、間違っている選択肢を削除する。

Step 4：文簡素化問題

　この章で取り上げる最後のタイプの問題は、最も慎重に読むことが求められる文簡素化問題です。これは、英文英訳のような問題で、言い換え能力が試されるものです。具体的には、パッセージにあるセンテンスと同じ意味を持つセンテンスを選択肢の中から選ぶというものですが、元のセンテンスにある情報がすべて入っていなくても、そのエッセンスが入っている選択肢が正解となります。逆に、次のような選択肢は間違いです。
　・重要な情報が抜けているもの
　・間違った情報が入っているもの
　・元の文章とは矛盾するもの
　元のセンテンスと形が似ていても、実際には意味がまったく反対の選択肢があります。これはよくあるわななので気をつけましょう。むしろ、元のセンテンスと同じ単語が数多く含まれる選択肢は、往々にして間違いだと言えるでしょう。正解の文では、かなりの言い換えが行われているものです。

　文簡素化問題は各パッセージに1問出され、決まって次の指示文が使われ、この後に4つの選択肢が続きます。

Which of the following best expresses the essential information in the highlighted sentence? Incorrect answer choices change the meaning in important ways or leave out essential information.

　簡素化する英文は強調表示され、設問に答えるための情報は大抵そのセンテンスに含まれていますが、前後のセンテンスの影響を受ける場合もあります。
　文簡素化問題に対する戦略は以下の通りです。

文簡素化問題に対する戦略

> (1) 強調表示されたセンテンスを慎重に読み、その後、前後の1、2センテンスにも目を通す。
> (2) 強調表示されたセンテンスを、主語、動詞部分など、意味の固まりに区切り、修飾語などを取り除いて、文の骨格だけが見えるようにする。
> (3) however、as well as、not only A but also B など、文の流れに変化をもたらす表現に注意する。
> (4) 選択肢を注意深く読み、明らかに間違っているものを削除する（文簡素化問題では消去法を利用することが非常に大切である）。
> (5) 残った選択肢の中から、最も適切だと思われるものを選ぶ。

それでは、練習問題を解いてみましょう。

Exercise 3-A

強調表示されたセンテンスの内容を最も適切に表している選択肢を選んでください。間違っている選択肢では、要点が異なっていたり抜けていたりします。

問題文

Minerals are chemical elements or compounds found naturally in the crust of the Earth. In contrast to organic chemicals made mainly of carbon, hydrogen, and oxygen typical of living things, minerals are inorganic. Some have a fixed chemical composition, others are a series of related compounds in which one metallic element may wholly or partly replace another. Only rarely will a single physical or chemical property identify a mineral. The complexity of their composition means that more qualities must be used to distinguish minerals. **Identification of many rare minerals often requires expensive laboratory equipment and detailed chemical and optical tests which only an expert can conduct.** However, there are some simpler physical and chemical tests which can be more easily applied by anyone interested in rocks.

選択肢

(A) Not only experts are able to use expensive laboratory equipment to conduct detailed chemical tests on rare minerals.
(B) Rare minerals are expensive and complex, and experts have a difficult time studying them.
(C) Detailed chemical and optical tests are often conducted in laboratories.
(D) A specialist is often needed for identifying unusual minerals since the tests are complex and the equipment is expensive.

戦略（1）&（2）

まず、強調表示されたセンテンスとその前後を読みます。そして、該当センテンスから修飾語などを省いていくと、To identify rare minerals often requires expensive equipment and detailed tests performed by an expert. となります。このセンテンスでは、「希少な鉱物を同定すること」に関して、

1. the lab equipment is expensive（実験設備が高価である）

2. the tests must usually be done by an expert（その検査は通常に専門家が行う）と述べています。ここから、正解の選択肢には、上記2点が含まれるはずだと考えられます。

次に、文脈をはっきりとらえるために、前のふたつのセンテンス Only rarely will a single physical or chemical property identify a mineral. The complexity of their composition means that more qualities must be used to distinguish minerals. を読みます。ここから、強調表示されている often requires expensive laboratory equipment and detailed chemical and optical tests which only an expert can conduct の理由が the complexity of their composition であるとわかります。

戦略（3）
ここでは、文の流れに変化をもたらす表現は使われていないため、戦略(4)＆(5)に進みます。

戦略（4）＆(5)
選択肢をひとつずつ検討していきます。(A) には Not only experts are able to use expensive laboratory equipment to conduct detailed chemical tests...（詳細な化学検査を行うための高価な設備を使えるのは専門家だけではなく……）とあります。これは、強調表示された chemical and optical tests which only an expert can conduct の部分と矛盾します。また、問題文とまったく同じフレーズが使われている個所が多い（つまり、簡素化されているとは言えない）ため、正解ではないと考えられます。

(B) の前半に Rare minerals are expensive and complex, ...（希少な鉱物は高価で複雑な構造をしており……）と述べられていますが、「高価で複雑」なのは、minerals ではなく、equipment と tests です。また、このパラグラフでは、選択肢後半の experts have a difficult time studying them (minerals)（専門家は鉱物研究に苦労している）についてまったく触れられていません。従って、(B) は不正解です。

(C) は、内容は矛盾していなくても、大事な情報が抜けている選択肢の例です。ここでは、単に Detailed chemical and optical tests are often conducted in laboratories.（詳しい化学光学検査は実験室で行われている）と述べているだけで、肝心の minerals や experts について触れられていません。よって、適切な答えとはいえません。

(D) は、強調表示された部分と語順や言い回しが違っていますが、戦略(1)＆(2)で挙げた the lab equipment is expensive（実験設備が高価である）と the tests must usually be done by an expert（その検査は通常に専門家が行う）の2点をきちんと含んでいます。
正解は (D) です。 強調表示された部分と (D) の選択肢を比べ、今後の参考にしましょう。
1. 主語が Identification から A specialist に変わっている。
2. laboratory、chemical、optical など、いくつかの語句表現が割愛されている。
3. detailed が complex と、expert が specialist と、同義語に言い換えられている。

このように文簡素化問題では、表現の言い換えや単純化、構文の変化（主語を変えるなど）が行われます。戦略(1)〜(5)に沿って解答し、正解率を上げていきましょう。

では、次の練習に移りましょう。

TOEFL iBT

Exercise 3-B

強調表示されたセンテンスの内容を最も適切に表している選択肢を選んでください。間違っている選択肢では、要点が異なっていたり抜けていたりします。

問題文

The Paleo-Indians were nomadic hunters, constantly moving in search of food. Their tribes were undoubtedly small, probably consisting of only several family groups. **Consequently, sites where Paleo-Indian remains can be found are generally small and scattered throughout the region, making it difficult for archaeologists to locate them and study them in detail.** What is known about them today is admittedly sketchy. They traveled light in order to pursue their game.

選択肢

(A) Only a small number of archaeologists have been able to find and study sites where Paleo-Indian remains have been found.
(B) Because they were nomadic hunters, Paleo-Indians' remains were often scattered on the ground after they died and no longer can be found.
(C) For archaeologists, there are rich sites of Paleo-Indian remains that are scattered throughout the region.
(D) Scientists have a hard time identifying and analyzing Paleo-Indian sites because they are small in size and few in number.

戦略 (1) & (2)

強調表示されているセンテンスとその前後を読んでください。強調表示のセンテンスは複雑な構文ですが、ここでも、意味の固まりごとにとらえ、修飾語を省いていきます。この making は「その結果として……する」を表す分詞構文の用法です。従って、このセンテンスは Paleo-Indian sites are small and scattered, therefore archaeologists have a difficult time locating and studying them. と therefore で言い換えることができます。

強調表示部分の前にあるふたつのセンテンスから、古アメリカインディアンが
1. 食料を求めて常に移動を繰り返していた
2. 数家族から成る小さい部族を形成していた
ことがわかります。

戦略 (3)

consequently は原因と結果を結ぶ言葉です。つまり、ここで話の流れが変化しています。making it difficult to...（結果として……することが困難になる）も原因と結果を表

101

す表現です。そこで、因果関係について述べている選択肢を選ぶべきだとわかります。
戦略（4）&（5）
　消去法を使って、間違っている選択肢を削除していきましょう。

　(A) には Only a small number of archaeologists... とありますが、sites ... are generally small... からわかるように、small であると述べられているのは number of archaeologists（考古学者の数）ではなく、sites（場所）です。従って、(A) は不正解だとわかります。

　(B) の remains were often scattered on the ground after they died（死後、遺体は大地にばらまかれた）は、このパラグラフにはない情報です。問題文で使われている remains は「遺跡」の意味です。よって、(B) も間違いです。

　(C) は there are rich sites of Paleo-Indian remains の部分から間違いだとわかります。強調表示の部分では、それぞれが小さく、さらに点在しているために、difficult for archaeologists to locate them（考古学者が見つけるのに大変な思いをしている）と言っています。これは、rich（豊富な）とはまったく逆の状態です。また、この選択肢では強調表示されている部分と同じ言い回しが使われているために、思わず選びたくなってしまうかもしれません。センテンスとしての意味を考えれば、こうしたわなには引っ掛かりません。

　(D) では、Exercise 3-A と同様、構文や言い回しが違っていても、問題文の要点をきちんと押さえています。戦略(1)&(2)で挙げたように、問題となっているセンテンスは、
　　Paleo-Indian sites are small and scattered, therefore archaeologists have a difficult time locating and studying them.
と言い換えることができます。これと (D) の選択肢を比べてみましょう。

1. Paleo-Indian sites are small and scattered が、選択肢（D）では they are small in size and few in number と言い換えられている。
2. archaeologists have a difficult time が、選択肢（D）では Scientists have a hard time と言い換えられている。
3. locating and studying が、選択肢（D）では identifying and analyzing と言い換えられている。
4. 原因と結果の順番を入れ替えている（接続詞を therefore から because に変えている）。

　ここから、ふたつのセンテンスの内容が同じであることがわかり、**(D) が正解**だと判断できます。

　ポイントを押さえた上で、筋道を立てて考えていけば、必ず正解につながります。では、もう１問練習しましょう。

TOEFL iBT

Exercise 3-C

強調表示されたセンテンスの内容を最も適切に表している選択肢を選んでください。間違っている選択肢では、要点が異なっていたり抜けていたりします。

問題文

It was these problems, not charity or ethics, which led to the company's famous solution of paying its employees "$5 a day," which at that time was considered a handsome rate of pay. In the short run, the high wages worked. Within the space of a year, labor turnover fell from the phenomenally high levels of 370 percent to 54 percent, and absenteeism decreased from 10 to around 2.5 percent. <mark>In the long run, however, paying off workers with money was never to substitute for a more humane or people-friendly workplace, and Ford was to be plagued with labor unrest for the entire century.</mark>

選択肢

(A) Paying off Ford workers with more money substituted for a more people-friendly workplace, and it reduced labor unrest for an entire century.
(B) It took a long time to pay off workers with more money and to make the Ford workplace more humane, despite the labor unrest.
(C) Ford used the approach of paying its workers higher wages in an effort to reduce labor problems.
(D) Nevertheless, over time, raising worker salaries could not replace having a positive working environment, and Ford suffered from labor problems for an entire century.

戦略（1）&（2）

強調表示されている部分とその前を読みます。そして強調表示のセンテンスについて、意味の固まりに分けます。このセンテンスは、ふたつのセンテンスを and でつなげた重文なので、ポイントがふたつあると推測できます。実際に読んでみると、ここには、

1. 賃金を上げても、労働条件の改善にはつながらなかった
2. フォード社は 1 世紀の間、労働問題に悩まされた

の 2 点が書かれています。つまり、正解の選択肢にも、この 2 点が含まれているはずです。また、in the long run（長期にわたって）と for the entire century（1 世紀にわたって）という時間を表す表現にも注目します。

強調表示されているセンテンスの前の2センテンスは、内容が細かく複雑なので、とりあえず読まずに、戦略(3)へ進みます。

戦略(3)

andの前にあるカンマをヒントに、このセンテンスが重文だということがわかっています。こうした句読法にも注意を払って読みましょう。また、howeverは、話の流れが前文までとは異なることを表す接続詞ですが、文の先頭ではなく、このように文の途中に挿入されることがあります。むしろ、こうした用法のほうが多いぐらいです。ここでは、賃金を上げたが、労働問題の解決にはならなかったとつながっています。

戦略(4)&(5)

選択肢を読み、消去法も使って正解を探します。(A)はまず、問題文と同じ言い回しが多いことから、間違いである可能性が高いと考えられます。実際に読んでみると、やはりその通りだとわかります。(A)のitはpaying off Ford workers with more moneyを指しています。つまり、paying off Ford workers with more money reduced labor unrest(賃金を上げたので労働問題が減少した)ということです。これは、戦略(1)&(2)で挙げたひとつ目のポイントと矛盾します。よって、(A)は不正解です。

(B)には、賃金を上げて(to pay off workers with more money)、人間らしい職場にする(to make the Ford workplace more humane)のに、長い時間がかかった(It took a long time)とあります。このto make the Ford workplace more humaneが、問題文の内容と異なっています。また、despite the labor unrest(労働問題があったにもかかわらず)と、職場の改善と労働問題が共存しているかのような記述も正確ではありません。

(C)は、「フォード社は、労働問題を減少させるために賃上げという方法をとった」という部分は問題文と合っていますが、戦略(1)&(2)で挙げたふたつ目のポイント「(その方法ではうまくいかず)フォード社は1世紀の間、労働問題に悩まされた」が含まれていないため、答えとして適切ではありません。上で述べたように、簡素化されたセンテンスにも両方のポイントが入っていなければなりません。

(D)には、そのふたつのポイントが含まれています。ここではさまざまな言い換えや単純化が行われています。

1. howeverが、neverthelessと言い換えられている。
2. 時間を表すin the long runが、over timeと言い換えられている。
3. paying off workers with moneyがraising worker salariesと、never to substitute for a more humane or people-friendly workplaceがnot replace having a positive working environmentと、plagued with labor unrestがsuffered from labor problemsと、それぞれ簡単な言い回しを使った表現に言い換えられている。

選択肢(D)は、問題文に比べてセンテンスが短いわけではありませんが、表現はやさしくなっています。長さに惑わされずに、内容を吟味して解答を選びましょう。**正解は(D)**です。なお、Exercise 3の3問は便宜上、すべて(D)を正解としました。

Step 5：まとめの練習問題

Exercise 4

次のパッセージを戦略的に読んでください。その後、問題のタイプによって戦略を使い分け、設問に答えていきましょう。語彙問題、指示語問題、文簡素化問題では慎重に読むことが、主題問題、内容一致問題、内容不一致問題では、スキミングとスキャニングの技術を使って読むことが求められます。

Business Cycles

① Economists are frequently called on to make predictions regarding booms and slumps in the economy. This is a question of no little importance. From the small manufacturing business owner wondering whether to invest in a plant upgrade to government officials debating whether to loosen or tighten the nation's money supply, economic forecasts are the hinge upon which both private and national decisions turn.

② While research and experience have sharpened economists' predictions, making them somewhat more reliable than the astrological forecasting based upon the movement of the stars that was used centuries ago, accurate projecting of trends in business is still nearly as much an art as a science. It requires juggling not only hard factors such as interest rates, sales volumes, income levels, or unemployment statistics but also a corresponding understanding of soft human factors from psychology and sociology. Increasingly, however, economists are drawing on scientific support by relying on statistical analysis to sift and analyze the wealth of data now available from decades of market performance.

One well-documented fact now stands out clearly. Broadly speaking, there is a repetitive nature to the pattern of business cycles which has been charted and verified over nearly 200 years. It shows that any period of economic growth seems inevitably to be followed by a slump or recession. This in turn eventually blends into another growth period. Such a four-phase cycle—expansion, peak, recession, trough—exists in most spheres of economic life and is remarkable in its consistency for the overall American economy, averaging between eight and ten years for a full cycle.

④ Despite this somewhat stable factor, such forecasting does not answer the question of how long a specific expansion or recession will last, nor the range of the cycle's swings. Numerous other factors act to modify the overall curve. To illustrate, the traditional four-phase business cycle is compounded by a secondary cycle for construction which lasts approximately twice as long. The growth which takes place during the upside of this construction cycle will be more robust and last longer than when occurring during the downside since it isn't weighed down with a concurrent construction downturn. Conversely, when a recession occurs during the trough of a building cycle, it generally turns out to be long and deep. While these general outlines in the economic landscape seem plain, aligning all of the factors into a formula which yields forecasts with mathematical precision remains elusive.

訳例は p.334 にあります。

Q1. According to paragraph 1, who benefits from accurate economic forecasts?

(選択肢)

(A) Business people and government administrators
(B) Machine shop owners and clerical workers
(C) Consumers and merchants
(D) Economic experts and statisticians

Q2. The word It in the passage refers to

(選択肢)

(A) astrological forecasting
(B) an art
(C) projecting of trends in business
(D) a corresponding understanding

TOEFL iBT

Q3. Which of the following is NOT mentioned in paragraph 2 as a factor in predicting economic trends?

選択肢

(A) Economic studies
(B) Employment data
(C) Political policy
(D) Understanding of human behavior

Q4. The word sift in the passage is closest in meaning to

選択肢

(A) spread
(B) grade
(C) count
(D) sort

Q5. The word verified in the passage is closest in meaning to

選択肢

(A) confirmed
(B) derived
(C) removed
(D) denied

Q6. The phrase this somewhat stable factor refers to

選択肢

(A) another growth period
(B) a four-phase cycle
(C) economic life
(D) the overall American economy

107

Q7. In paragraph 4, what concept does the author most fully explain?

選択肢

(A) Exceptional growth after a peak
(B) Repeating highs and lows in the economy
(C) Sharp downturns during a recession
(D) Construction booms after a slump

Q8.
Which of the following best expresses the essential information in the highlighted sentence? Incorrect answer choices change the meaning in important ways or leave out essential information.

> To illustrate, the traditional four-phase business cycle is compounded by a secondary cycle for construction which lasts approximately twice as long.

選択肢

(A) The conventional four-part business cycle is influenced by a number of factors, such as a secondary construction cycle that runs twice its length.
(B) For instance, the traditional business cycle lasts twice as long as the secondary cycle for construction.
(C) The business cycle is an illustration of the secondary cycle for construction.
(D) Economists consider both the four-phase business cycle and the secondary cycle for construction when making precise forecasts.

解答と解説

Q1. (A)
　これは、疑問詞 who からわかるように内容一致問題です。スキミングとスキャニングをしていくと、From the small manufacturing business owner wondering whether to invest in a plant upgrade to government officials debating whether to loosen or tighten the nation's money supply, economic forecasts are the hinge upon which both private and national decisions turn. という記述が見つかります。第1パラグラフに出てくる人を表す表現は、下線が引いてある the small manufacturing business owner と government officials です。この人たちにとって、economic forecast が hinge（要）だとは、重要であるということ。従って、正確な経済予測の恩恵を受ける（benefit）のは (A) の Business people and government administrators（ビジネスをしている人たちと政府高官）です。

Q2. (C)
　これは指示語問題です。文法的な観点から、この It は直前にあるセンテンスの主語 accurate projecting of trends を指していると考えられます。また、意味をとらえて、消去法を使うことで、正解を確認できます。事実に基づいた要素だけではなく、それに対する推測に基づく人間的な要素をも考え合わせる（juggling not only hard factors . . . but also a corresponding understanding of soft human factors. . .）ことを求めるものは何かと考えます。ここから、(A) の astrological forecasting（占星術を使った予測）と (B) の an art（美術品）は当てはまらないと判断できます。また、requires の目的語に a corresponding understanding があるため、It が (D) だとすると、A corresponding understanding requires a corresponding understanding. と無意味なことを述べているセンテンスになってしまいます。従って、正解は (C) です。問題文では accurate projecting of trends in business とありますが、選択肢では accurate が省略されています。このように、問題文にあった修飾語句が選択肢では削除されている場合がありますので、スキャニングする時に惑わされないようにしましょう。

Q3. (C)
　設問に NOT とあるので、内容不一致問題だとわかります。つまり、スキミングとスキャニングでキーワードを見つけ、間違っている選択肢を消去していかなければなりません。
　パラグラフ冒頭に research and experience have sharpened economists' predictions とあります。この economists' predictions は (A) の Economic studies（経済研究）に当たるので、まず、(A) が消去できます。また、economic studies については、パラグラフ最後の economists are drawing on scientific support by relying on statistical analysis to sift and analyze the wealth of data now available from decades of market performance でも触れられています。
　ふたつ目のセンテンスにある unemployment statistics は (B) の Employment data（雇用データ）の一種で、soft human factors from psychology and sociology の psychology と sociology は (D) の Understanding of human behavior（人間行動の理解）

を研究する学問です。従って、正解は (C) です。このパラグラフで Political policy（政策）については触れられていません。

Q4. (D)

語彙問題です。sift の主な意味は、「ふるいにかける」「分離する」「分類する」で、最後の定義が (D) の sort に当たります。「分類する」という意味を知らなくても、消去法で正解を見つけることができます。問題文で sift は、economists are drawing on scientific support by relying on statistical analysis to sift and analyze the wealth of data now available from decades of market performance と使われています。sift and analyze の目的語は the wealth of data です。データを広めたり（spread）はしません。また、data を count の目的語にすることはできません。さらに、膨大なデータを格付けする (grade)のは現実的だとは言えません。こうして考えてくると、sortの定義を知らなくても、(D) を正解として選ぶことができます。

Q5. (A)

これも語彙問題です。この verified は辞書の最初に載っている意味で使われています。verify とは check（チェックする）や confirm（確認する）の同義語なので、正解は (A) です。また、消去法で解答することもできます。このセンテンスには、この景気循環パターン（the pattern of business cycles）がほぼ 200 年にわたって（over nearly 200 years）示され（charted）、verify されたとあります。さらに、その前のセンテンスには、それが十分に立証された事実(well-documented fact)として、注目を集めている(stands out clearly) と書かれています。the pattern of business cycles が、派生させられたり (derived)、取り除かれたり（removed）、否定されたり（denied）するものであれば、注目を集めることはありません。従って、残る (A) の confirmed が正解だとわかります。

Q6. (B)

これは指示語問題です。この this somewhat stable factor がパラグラフの冒頭にあるため、その指している内容は前のパラグラフから探さなくてはなりません。指示語問題としては特殊なものです。ただし、this なので、直前の内容を指していることはわかります。そこで、ひとつ前のセンテンス、つまり、前のパラグラフの最終文を読んでみます。Such a four-phase cycle—expansion, peak, recession, trough—exists in most spheres of economic life and is remarkable in its consistency for the overall American economy, averaging between eight and ten years for a full cycle. と長いセンテンスですが、修飾語などを取り除くと、Such a four-phase cycle exists in most spheres of economic life and is remarkable. という骨格が見えてきます。これを受けて、this somewhat stable factor と言っているので、(B) の a four-phase cycle（4 段階から成る循環）が適切だとわかります。

消去法を使って考えると、まず、(C) の economic life（経済圏）や (D) の the overall American economy（全般的なアメリカ経済）は factor（要素）ではないので削除できます。そして、(A) の another growth period は前パラグラフの最後から 2 センテンス目にあるため、this が指す対象としては位置が遠いといえます。従って、(B) を選ぶのが順当

な考え方です。

Q7. (B)

これは主題問題です。大抵の場合、重要な情報はパラグラフの最初か最後のセンテンスにあります。最初のセンテンスでは、such forecasting does not answer the question of how long a specific expansion or recession will last, nor the range of the cycle's swings と、経済予測には弱点があると言っています。また、最後のセンテンスには、aligning all of the factors into a formula which yields forecasts with mathematical precision remains elusive と、経済的要素をひとつの公式に当てはめることの難しさが書かれています。どちらにも共通するのは、経済循環が複雑であるという認識です。(A) の a peak（景気の山）、(C) の a recession（景気後退期）、(D) の a slump（不況時）といった、限定された時期に起きる現象については述べられていないことからも、(B) が正解だとわかります。

Q8. (A)

これは文簡素化問題なので、強調表示されたセンテンスを意味のまとまりで区切り、単純化していきます。ただし、ここでは To illustrate（具体的に言うと）で始まっているので、それ以前のセンテンスの内容も考慮に入れなければなりません。この部分全体をまとめると、景気循環には多くの要素が影響を与えており、その一例として、従来の景気循環が建設循環という第2の循環と組み合わさると書かれています。つまり、この点について触れている選択肢を選ばなければなりません。

その条件を満たしているのが、(A) の The conventional four-part business cycle is influenced by a number of factors, such as a secondary construction cycle that runs twice its length.（従来の4局面から成る景気循環は、その倍の期間続く建設循環をはじめとする多くの要素に影響を受ける）です。問題文と選択肢 (A) を比べてみましょう。

1. 問題文の To illustrate が、選択肢 (A) では such as と言い換えられている。
2. 問題文の lasts が、選択肢 (A) では runs と言い換えられている。
3. 問題文では approximately twice as long とあるが、選択肢 (A) ではこの approximately が省略されている。

言い回しは異なっていても、書かれている内容が合っているので、(A) が正解です。(B) は、強調表示されたセンテンスのポイント（ふたつの循環が組み合わさること）について触れられていません。また、the traditional business cycle と the secondary cycle for construction の長さの記述が逆になっています。(C) は、景気循環が第2の循環の具体的説明であると述べているので間違いです。(D) には問題文にはない情報（経済学者がふたつの景気循環を考慮する）が含まれています。

まとめのアドバイス

　この章ではまず、消去法について詳しく説明しました。また、次のような記号を使って、選択肢の種類分けする方法を紹介しました。

マーク	意味
✓	よい
↓	いまひとつ
?	わからない
○	一番よい
X	よくない

　消去法はほかのタイプの問題や、リスニングなどほかのセクションでも使ってみましょう。monkey score が上がり、高得点を獲得する可能性が高まります。

　この章では多くの戦略を紹介し、その実践練習をしました。特に、細かく慎重に読む必要のある語彙問題、指示語問題、文簡素化問題に対する戦略を中心に取り上げました。どのタイプの問題なのかは、指示文を見ればすぐにわかります。どの問題でも、語彙、文法、文脈理解の能力が問われますが、戦略は少しずつ異なります。また、問題の特徴やわなの仕掛け方も、問題のタイプによって違ってきます。

語彙問題に対する戦略

> （1）その語の一般的な意味を知る。
> （2）文脈から意味を推測する。
> （3）文法知識を利用する。
> （4）語源や関連語の知識を利用する。
> （5）消去法を使う。
> （6）答えに確信が持てない場合には、最初の数文字が同じつづりの選択肢は避ける。

指示語問題に対する戦略

(1) 代名詞や代名詞句を含むセンテンスの、ひとつもしくはふたつ前のセンテンスから読み始め、そこから自分で選んだ指示語が選択肢にあれば、それを解答とする。
(2) 自分で選んだ指示語が選択肢にない場合には、選択肢の意味をチェックし、最も意味の近いものを選ぶ。
(3) 選んだ選択肢が、並列構造、人称、単数・複数など、文法的にも整合性があるかどうかを調べる。
(4) 必要であれば、代名詞が指す語句を初出までさかのぼって確認する。
(5) 消去法を積極的に使い、間違っている選択肢を削除する。

文簡素化問題に対する戦略

(1) 強調表示されたセンテンスを慎重に読み、その後、前後の1、2センテンスにも目を通す。
(2) 強調表示されたセンテンスを、主語、動詞部分など、意味の固まりに区切り、修飾語などを取り除いて、文の骨格だけが見えるようにする。
(3) however、as well as、not only A but also B など、文の流れに変化をもたらす表現に注意する。
(4) 選択肢を注意深く読み、明らかに間違っているものを削除する（文簡素化問題では消去法を利用することが非常に大切である）。
(5) 残った選択肢の中から、最も適切だと思われるものを選ぶ。

また、次のような選択肢は正解にはなりません。
- 重要な情報が抜けているもの
- 間違っている情報を含むもの
- 元のセンテンスとは内容が矛盾するもの
- 元のセンテンスと同じ言い回しが多く使われていながら、実際には意味が異なるもの

以上の戦略に加え、皆さんにはぜひ第7章の語彙を覚えていただきたいと思います。リストに掲載されている語彙は、語彙問題に出そうなものばかりです。また、どのパッセージにも使われている語彙で、これまで学んだ主題問題、内容一致問題、内容不一致問題、語彙問題、指示語問題、文簡素化問題のみならず、これから取り上げる類推問題、修辞目的問題、要約問題、分類問題を解く際に必要になってきます。

Chapter 5

Reading "Between the Lines": Inference, Tone, Rhetorical Purpose, and Sentence Insertion Questions

行間を読む：類推問題、修辞目的問題、センテンス挿入問題

　第4章では細かく慎重に読む練習をしました。この章では、戦略的に「行間を読む」ことを中心に学習していきます。これは、パッセージの内容から、筆者の言いたいことを推し量る、トーンを読み取る、視点を理解するといった能力が求められる類推問題に必要なリーディング技術です。テーマに対する筆者の「考え方」やパッセージのトーンがはっきりと文面に表れていない場合には、いくつかのヒントからそれをくみ取らなくてはなりません。

　また、章の後半では、修辞目的問題やセンテンス挿入問題を取り上げ、「なぜここでその具体例が挙げられているのか」、または、「追加の記述を入れるとすればどこがふさわしいか」を推測することができるように、パラグラフや文章のテーマ、構造を理解する力をつけていきます。この章を通して、センテンス同士がどういう関係にあるか、そして、どういった表現からそうした関係を見抜くことができるかについても学んでいきます。

　以上の学習で、「行間を読む」技術を身につけ、類推問題、修辞目的問題、センテンス挿入問題に備えます。

Step 1: 類推問題

　実際に類推問題に取り組む前に、「分類」というものをどうとらえるかについて考えておく必要があります。そもそも、「分類」とは自然界に存在するものではなく、人間が作り出したものです。黒人、白人、アジア人といったrace（人種）は、既に常識となっている「分類」ですが、そこでは太平洋諸島に住む人々、ネイティブアメリカン、インド亜大陸に住む人々、中東の人々は対象になっていません。また、アジア人の肌は黄色ではなく、ネイティブアメリカンの肌はピンク色ではないにもかかわらず、人を色で分けるというのも、人間が分類をしたいと考える生き物だからです。ちなみに、人類学者によると、この場合肌の色に茶色がどれだけ入っているか（「非常に薄く」から「非常に濃く」まで）で段階分けするのが正確だそうです。

　TOEFLの「ふたつのタイプ」の問題にも、この段階分けの考え方を適用することができます。パッセージの内容を基に正解を推し量る（infer）問題を「類推問題」と分類していますが、実際には、内容一致問題と類推問題は同一線上にあると考えるのが正確なとらえ方です。図示すると下のようになります。

内容一致問題　←――――――――――――――――――→　類推問題

TOEFLの問題のうち、図の左端に位置するものが内容一致問題で、右端に位置するのが類推問題です。つまり、左に行けば行くほど、パッセージから直接答えが見つけやすく、右に行けば行くほど、パッセージの内容を基に推論を重ねなくてはならないということです。

ところが現実は、内容一致問題はもちろんのこと、類推問題もほとんどは図の左側に属しています。パッセージにその答えがはっきりと書かれている問題でも、表現や言い回しが異なるために、類推問題と分類されているのです。また、設問文にinfer（推論する）やimply（暗示する）という単語を使い、本当は内容一致問題であっても、受験者に類推問題であると思わせるような、いわゆる「にせ類推問題」もかなりあります。ですから、「類推問題」という区分けに惑わされてはいけません。

類推問題は大抵各パッセージに1～2問出題され、内容一致問題や語彙問題が数問続いた後に出てくる傾向があります。類推問題の設問文には次のようなものがあります。

> What can be inferred from paragraph 1 about . . . ?
> According to paragraph 2, what can be inferred about . . . ?
> In paragraph 3, the author implies that . . . .
> The discussion about . . . in paragraph 4 implies which of the following?
> It can be concluded from paragraph 5 that . . . .
> In paragraph 6 the author suggests that . . . .
> With which of the following statements would the author probably/likely agree?
>
> 　次のような主題問題タイプの類推問題もあります。
> Which of the following generalizations/statements/conclusions is supported by paragraph 7?
> Paragraph 9 supports which of the following generalizations/statements/conclusions?

設問にinfer、imply、conclude、suggest、support、statement、generalization、conclusion、probably、likelyという単語があれば、類推問題である可能性が高いといえます。まず、内容一致問題の場合と同様に、スキミングとスキャニングを通して、キーワードやその言い換え表現を探します。同時に、もっと複雑な言い換えがされていることも想定します。問題文から答えがすぐには見つからない場合には、そこに書かれた内容から類推する必要があります。また、どの選択肢を選べばよいかがはっきりしなければ、消去法を使ってできるだけmonkey scoreを上げた上で解答を選び、次の設問に移ります。

英文を読むのに時間がかかる人は、難易度が低めの設問にすべて解答してから、類推問題に取り掛かるほうがいいでしょう。

類推問題に対する戦略は以下のようになります。

類推問題に対する戦略

> (1) 設問と選択肢からキーワードや要点を抽出する。
> (2) (1)で見つけたフレーズや要点の言い換え表現を、対象となるパラグラフから探す。
> (3) キーワードや要点およびその類似表現（言い換え表現や同義語）を含むセンテンスのスキミング・スキャニングを通して、解答を選ぶ。
> (4) 明らかに間違っている選択肢を削除し、残った選択肢から最も適切なものを選ぶ。

それでは、新しいパッセージを使って類推問題を解く練習をしましょう。

Exercise 1-A

まず、パッセージを戦略的に読んでください。次に、設問を1問ずつ読み、それぞれ対象となるパラグラフのスキミング・スキャニングを行います。その後、消去法をうまく使って、正解を選んでください。

Monkeys

① Scientifically, the term "monkey" is applied to a wide variety of long-tailed primates. Although primatologists differ in their opinions about some classifications for the sub-orders, families, and sub-families of monkeys, the existing classification schemes recognize an important distinction between the Old and New World species, and all separate monkeys from the lower primates and from the apes.

② Even though Old World and New World monkeys resemble one another, they have for so long evolved independently from one another that they are actually two distinct groups. Moreover, most authorities on monkeys consider the Old World monkeys to be more closely related to humans than New World monkeys are. In addition, Old World monkeys are generally larger than New World monkeys, and some live mostly on the ground. Their tails are not prehensile, and their nostrils are close together and point downward.

Monkeys are found throughout the tropics of Central and South America, Africa, and Asia. However, they are not native to North America, Europe, or Australia. This is all the more unusual because several species of monkeys, such as the rhesus monkey of northern China and the Japanese macaque, occupy temperate habitats. While monkeys are forest inhabitants living in the trees, some of the Old World species are open-country ground dwellers by nature. Like the apes, most monkeys have thumbs and big toes that are opposable and can hold things. In addition, some species have a prehensile, or grasping, tail, like a fifth hand, which they use for clinging to branches. Color vision, acute hearing, and some form of vocalization are all characteristic of monkeys.

④ The fate of monkeys in their natural environment is uncertain, and primate populations are diminishing all over the world as their habitats are destroyed by human activities. Estimates indicate that only a few thousand orangutans are left in the wild and that the total number of gorillas may be as low as 5,000. The once extensive range of chimpanzees becomes smaller each year as their habitat is encroached upon. The extinction of the mountain gorilla will probably occur within the next decade if land-use practices, poaching, and human indifference continue unabated. Tragically, the same fate may ultimately befall most species of monkeys within a few decades unless human attitudes toward the problem change.

訳例は p.334 にあります。

Q1. In paragraph 1, the author implies that

(選択肢)

(A) experts disagree on some of the differences between types of monkeys
(B) all monkeys live in families
(C) some monkey species are similar to apes
(D) Old World monkeys predate New World monkeys

Q2. What can be inferred from paragraph 2 about New World monkeys?

選択肢

(A) They are larger than Old World monkeys.
(B) They principally live in trees.
(C) They live longer than Old World monkeys.
(D) They reproduce very quickly.

Q3. It can be inferred from paragraph 4 that the author would probably agree with which of the following statements?

選択肢

(A) Monkeys are the most interesting of all animals to study.
(B) Chimpanzees will be the first type of primate to go extinct.
(C) Steps should be taken to preserve the lives and habitats of monkeys.
(D) None of the current species of monkeys is likely to survive.

解答と解説

Q1. (A)

　Q1とQ2を見れば、「にせ類推問題」と本当の「類推問題」の違いがよくわかります。Q1は類推問題のように見せ掛けた、単純な内容一致問題です。パッセージ冒頭にmonkeyの定義（TOEFLではよく、導入部分で用語が定義されます）があり、その後、(Although) primatologists differ in their opinions about some classifications for the sub-orders, families, and sub-families of monkeys と続いています。このprimatologists（この単語を知らなくても、接尾辞 -ist から意味を推測することができます）を experts と、differ in their opinions を disagree on some of the differences と、some classifications ... of monkeys を types of monkeys と言い換えたのが選択肢(A)です。つまり、この設問は内容一致問題の解き方で十分正解することができます。

　類推問題の3分の1から4分の1は、このようにほとんど類推を必要とせず、内容一致問題と同様に解ける問題なので惑わされないようにしましょう。パラグラフをスキャニングして、キーワードとその言い換え表現を探せば正解が見つかります。

　また、消去法を使ってもいいでしょう。例えば、選択肢(B)には all monkeys live in families と極端な状態を表す all という単語が使われています。こういった言い回しが使われている場合は、削除の対象であることが多いのです。類推問題における消去法の活用については後で詳しく述べますが、極端に言い切る語が使われている選択肢や、全体を総括

するような選択肢が正解であることはまずありません。
Q2. (B)
　これに対して、Q2 はパラグラフの内容を基に判断する必要があるため、難易度の高い問題となっています。まず、第2パラグラフの修辞目的と構造原理を理解しなくてはなりません。ここでは、パラグラフ冒頭から、旧世界のサルと新世界のサルが対照されていることを把握してください。それを踏まえて続きを読むと、Moreover, most authorities on monkeys consider the Old World monkeys to be more closely related to humans than New World monkeys are. In addition, Old World monkeys are generally larger than New World monkeys, and some live mostly on the ground. とあります。この中で対照を表している部分は、some live mostly on the ground です。この some は some Old World monkeys のことです。「地上で生活しているサルもいる」ととりたてて述べているところから、それ以外は地上ではない場所にいるとわかります。従って、New World monkeys については、(B) の They principally live in trees. が正しいと判断できます。
　これは本当の意味での類推問題で、慎重に読むという高度なリーディング能力と確かな類推能力が試されます。しかし、心配するには及びません。これから、解き方のコツをお教えします。
　この例題からおわかりのように、本当の類推問題では、問題文にはっきりとは書かれていない点や情報を理解する力が求められます。とはいえ、類推の基となるのは問題文に書かれている情報です。幸いなことに、TOEFL で必要とされる類推は狭義の類推で、設問はパッセージに含まれる内容以外の一般常識や専門知識がなくても正解が得られるように作成されています。つまり、パッセージの中に正解が隠されているのです。
　また、うまく類推できず、正解が見つけられない場合には消去法が有効です。類推問題で消去法を使うときには、以下の点を考慮に入れましょう。

類推問題に対する消去法を使う際の注意点

- パッセージに書かれている情報と選択肢の要点に関連性があるかどうかをチェックする。一見よさそうに思えるものでも、この関連性をチェックせずに選んではいけない。
- 間違っている選択肢は、パッセージの要点と内容が矛盾する。詳細にとらわれて、全体の流れを見失わないこと。
- 間違っている選択肢は、情報の内容はパッセージと同じでも、主張や展開が異なる。
- 間違っている選択肢は、極端な言い回しを使っていることが多い。always、never、all、any、every、none、anyone、no one、everywhere、nowhere、best、worst のような単語があれば注意すること。

類推問題に取り組む時には、パッセージと選択肢を注意深く読まなくてはなりません。正解の選択肢では、パッセージに書かれた情報が巧みに言い換えられています。非常に手の込んだ問題なので、いったん解答してから、最後にまた見直すという方法を取るといいでしょう。

Q3. (C)

これは筆者の意見や見解を類推しなくてはならない問題です。出題頻度はさほど高くはないものの、こうした設問にも答えられるように準備しておく必要があります。

このパッセージは、全体的には客観的な文章です。テーマに関する科学的情報がバランスよく提示されています。しかし、最後のパラグラフでは様子が異なってきます。絶滅が懸念されている霊長類とその理由を挙げ、サルについても、Tragically, the same fate may ultimately befall most species of monkeys within a few decades unless human attitudes toward the problem change. と述べています。この tragically（悲惨なことに）から、絶滅しないでほしいという筆者の願いが感じられます。従って、これを言い換えた (C) の Steps should be taken to preserve the lives and habitats of monkeys.（サルの生命と生息地を保存するために対策をとるべきだ）が正解だとわかります。

ここでも消去法で正解を選ぶことができます。

(A) の Monkeys are the most interesting of all animals to study.（サルは動物の中で研究対象として最も興味深い動物である）は、一般的な内容の記述で、正解となり得る選択肢です。筆者が長年サルの研究をしてきたのは、興味があったからだと考えるのが普通だからです。しかし、消去法を使う際の注意点で述べたように、パッセージと選択肢に関連性があるかどうかをチェックせずに答えを選んではいけません。選択肢では、サルが the most interesting of all animals（最も興味深い動物）であると書かれていますが、パッセージにはその記述がありません。さらに、all という極端な形容詞からも怪しいと考えられます。従って、(A) はいまひとつな答えだとして、↓の印をつけておくのがいいでしょう（第4章参照）。

(B) には、Chimpanzees will be the first type of primate to go extinct.（チンパンジーは霊長類として最初に絶滅する種となるだろう）とありますが、パッセージではオランウータンについて only a few thousand orangutans are left と、ゴリラについて the total number of gorillas may be as low as 5,000 と、また、マウンテンゴリラに至っては extinction of the mountain gorilla will probably occur within the next decade と述べられています。つまり、チンパンジーが最初に絶滅するとは限らないことがわかり、ここから、(B) は完全に間違いだと判断できます。

(D) の None of the current species of monkeys is likely to survive.（現存する種のサルが生き残る可能性はない）は、none という語を見た瞬間に間違いではないかと考えられます。そこでパラグラフを見てみると、絶滅に関して the same fate may ultimately befall most species of monkeys とあります。この fate は「絶滅する運命」のことです。その対象は most species of monkeys であって、all species ではありません。「どの種

も生き残らない」とは「すべての種が絶滅する」ということ。ここから、やはり none と表現するのは間違いであり、(D) は不正解だと判断できます。

こうして考えれば、ふたつの選択肢を削除できたので monkey score は 50 パーセントに上がり、自信がなくても、正解 (C) を選べる確率が非常に高くなります。

類推問題は TOEFL の中でも難易度の高い問題です。練習問題を通して、もっと慣れていきましょう。

Exercise 1-B

まず、パッセージを戦略的に読んでください。次に、設問を1問ずつ読み、それぞれ対象となるパラグラフのスキミング・スキャニングを行います。その後、消去法をうまく使って、正解を選んでください。

Comets

① Unlike the planets which revolve around the Sun counter-clockwise in a relatively circular orbit on the same plane, comets approach the Sun in highly elliptical orbits from all directions. In addition, they have very small masses. Each comet has a nucleus that is probably like a large ball of ice mixed with dust and tiny pieces of solid matter. Although most comets are small, the icy core of a large comet may be up to 500 miles (800 km) wide.

② As a comet approaches the Sun, the warmed material at the surface of its nucleus evaporates and forms a coma and tail. Some of the material— for example, carbonates and silicates in the form of small grains and flakes—does not evaporate, however, but keeps moving along in association with the comet's main mass. When the Earth passes through a region of small cometary particles of this nature, a meteor shower is observed. More than 100,000 "shooting stars" may be seen lighting up the sky in the course of several hours.

③ This loss of particles by a comet, together with the loss of gas involved in forming a tail, slowly reduces the comet's mass. After many orbits around the Sun, the comet is likely to become a stream of small particles. The fact that new comets are sighted every year, and presumably have been appearing since the earliest days of the Solar System, indicates that somewhere there must be a large supply of their cometary material. This supply is thought to exist at the outer edges of the Solar System, beyond the orbit of the farthest planet, because most comets have orbits that take them out of the trans-Neptune regions.

訳例は p.335 にあります。

Q1. What can be inferred about planets from paragraph 1?

選択肢

(A) They circle around the Sun in a clockwise direction.
(B) They were created at the same time as the Sun.
(C) Their orbits are more irregular than those of comets.
(D) Their cores are denser than those of comets.

Q2. Paragraph 1 implies that the nucleus of a comet can best be compared to

選択肢

(A) a dirty snowball
(B) an inflated tire
(C) an erupting volcano
(D) a falling boulder

Q3. It can be inferred from paragraphs 2 and 3 that at the end of a comet's life it

選択肢

(A) burns up in the Sun
(B) gradually disintegrates
(C) crashes into the Earth
(D) becomes denser and colder

TOEFL iBT

Q4. According to paragraph 3, where do comets probably originate?

選択肢

(A) At the outer limits of the Solar System
(B) In the asteroid belt
(C) Just inside the orbit of Neptune
(D) Near the Sun

Q5. The tone of this passage could best be described as

選択肢

(A) anxious
(B) cynical
(C) objective
(D) speculative

　解説に入る前に、2点おさらいをしておきましょう。ここでは、以前のように第1パラグラフの最初と最後のセンテンスや第2パラグラフ以降の最初のセンテンスを強調表示していませんが、パッセージを最初に読む時にはいつもの戦略的リーディング技術を忘れずに使ってください。かつての逐語読みに戻っては元も子もありません。また、設問や選択肢がパッセージに出てくる順に並んでいることが多いと説明しましたが、覚えていますか。これは絶対的な法則ではなく、全般的な傾向ですが、スキミングとスキャニングに大いに役立ちます。

　さて、このパッセージはTOEFLによく出る天文学関連のすい星がテーマです。また、設問は典型的な類推問題で、5問のうち2問が、どちらかといえば内容一致問題に近い類推問題で、2問が「にせ類推問題」です。もう1問は、時々出題されるトーンを問う問題としてよくあるタイプで、比較的簡単なものです。

解答と解説

Q1. (D)

　Exercise 1-AのQ2と同様、この設問も本当の意味での類推問題です。つまり、第1パラグラフの修辞目的および構造原理を把握する必要があります。最初のセンテンス Unlike the planets which revolve around the Sun counter-clockwise in a relatively circular orbit on the same plane, comets approach the Sun in highly elliptical orbits from all directions. は、Unlike the planets...、comets approach...という構造になっています。つまり、ここでは「筆者は惑星とすい星を対照させている」とわかります。次に、In addition, they have very small masses. とあります。この they は comets のことです。惑星とすい星を対照させているパラグラフなので、comets have very small masses とあれば、それに対して planets（惑星）の質量は大きいはずだと推測できます。従って、これを言い換えた (D) が正解だとわかります。

これを消去法を使って解いてみましょう。

(A) は問題文の the planets which revolve around the Sun counter-clockwise とは正反対に、惑星は太陽の周りを時計回りに（in a clockwise direction）回っていると述べているので明らかに間違いです。(B) にある惑星が誕生した時期に関して、問題文では一切触れられていません。従って、これも間違いです。(C) は惑星とすい星の軌道を比較した記述ですが、問題文ではそれぞれ、in a relatively circular orbit on the same plane と in highly elliptical orbits from all directions と記されています。惑星の circular（円形の）とすい星の elliptical（だ円形の）を比べて、惑星の軌道のほうが不規則（irregular）だとはいえません。よって、(C) も間違いです。このように考えていっても、(D) が正解だと判断できます。

Q2. (A)

Q2 も類推問題で、文章の内容を映像化することが求められています。4つの選択肢をイメージとしてとらえ、問題文にあるすい星に関する描写と比べます。このパラグラフですい星の性質について書かれているのは、Each comet has a nucleus that is probably like a large ball of ice mixed with dust and tiny pieces of solid matter. の部分です。ball（球形）、ice（氷）、mixed with dust（ちりが混在した）から連想されるイメージは、(A) の a dirty snowball（汚れた雪の玉）しかありません。(B) の「膨らんだタイヤ」や (C) の「噴火している火山」を思わせる描写はありません。また、(D) の「落下している丸い大きな石」には球形のイメージがありますが、氷ではないため、積極的に選べる選択肢ではありません。従って、(A) が最も適切だとわかります。

Q3. (B)

Q3 は「にせ類推問題」で、本当の類推問題とはかけ離れたものです。第2パラグラフには、すい星が太陽に近づいた時の状態を the warmed material at the surface of its nucleus evaporates と、第3パラグラフでは This loss of particles by a comet, together with the loss of gas involved in forming a tail, slowly reduces the comet's mass. After many orbits around the Sun, the comet is likely to become a stream of small particles. と説明しています。このうち、the...material...evaporates と This loss...by a comet,...reduces the comet's mass.、そして the comet...become...small particles. の部分を見れば、すい星が (B) の gradually disintegrates（次第に分解していく）という状態になるとわかります。これは類推する必要のない、内容一致問

124

題だということがわかるでしょう。求められているのは、言い換え能力だけです。
　なお、第2〜3パラグラフでは、(A)の「太陽の中で燃え尽きる」こと、(C)の「地球に衝突する」こと、(D)の「密度が高くなり、気温が下がる」ことについては触れられていません。

Q4. (A)
　設問文に probably という単語が入っていますが、Q4 も「にせ類推問題」で、内容一致問題として解くべき問題です。ここでは、originate（源を発する）に関連した supply を含む第3パラグラフの最後の2センテンスに注目します。somewhere there must be a large supply of their cometary material および This supply is thought to exist at the outer edges of the Solar System, beyond the orbit of the farthest planet, because most comets have orbits that take them out of the trans-Neptune regions. と、すい星の物質の供給源（supply）が at the outer edges of Solar System（太陽系の外側）にあると書かれています。従って、この edges を limits と言い換えた (A) が最も適切な選択肢だとわかります。

Step 2：トーンと見解に関する設問

　すい星に関するパッセージの最後の問題は、パッセージの「トーン」を問う設問です。日本人の TOEFL 受験者は、こうした「トーン」に関する設問、また、同様の「考え方」や「意見」に関する設問を不得手としています。
　しかし、こうした種類の問題はあまり出題されません。5本のパッセージについて1問出るか出ないか、もしくは、まったく出ないこともあります。ただし、たまにしか出題されないとはいえ、準備するに越したことはありません。
　また、この種の設問は、TOEFL に出るパッセージの種類を理解し、選択肢の語彙を知っていれば、かなりの確率で正解できます。

Q5. (C)
　皆さんの TOEFL に関する知識から、仮にまだ受験したことはなくても、パッセージがどのような「トーン」で書かれているかは見当がつくでしょう。TOEFL のパッセージは学術的かつ中立的で、強い感情が表されていたり、予期せぬ展開を見せたりすることはほとんどありません。バランスが取れ、客観的で、比較的中立の立場で書かれていて、物議を醸したり、極論に走ったりしていないものが選ばれています。その点から見ると、北米の大学で1年次に読むようなテキストの内容がすべて反映されているわけではありません。TOEFL の作成機関である ETS は、TOEFL でも時々「議論系」のパッセージが出題されると言っていますが、実際には極めてまれです。パッセージの大多数が、情報提供を目的とした説明文で、既知の事実に対する考え方、理論、情報、証拠を記したものになっており、従って anxious（心配な）や cynical（皮肉な）内容であることはなく、speculative（思惑的な）や passionate（情熱的な）ということもほとんどありません。

最後のパラグラフにある、the comet is likely to become...（すい星は……となる可能性が高い）、The fact... indicates that ～（……という事実から～といったことがわかる）、... is thought to ～（……は～すると考えられている）などの言い回しから、Q5の答えは、(C) の objective（客観的な）であると判断できるでしょう。トーンに関する設問で objective やその類語が出てきたら、それが正解である確率はかなり高いと言えます。

　「トーン」「考え方」「意見」に関する設問のうち、典型的な例を挙げておきます。

> The <u>tone</u> of this passage could best be described as...
> Which of the following best describes the <u>author's tone</u> in paragraph 1?
> What is the <u>author's attitude</u> toward the claims of... in paragraph 2?
> Which of the following statements most accurately reflects the <u>author's opinion</u> about... in paragraph 3?
> To which <u>profession</u> does the <u>author</u> <u>probably</u> <u>belong</u>?（まれな設問）
> <u>Where</u> would this <u>text</u> <u>most likely appear</u>?（極めてまれな設問）

　こうした設問では、パッセージに明確には書かれていなくても、言葉の意味合いによって暗示されていることを、類推したり、判断したりしなければなりません。また、上の例にもあるように、この種類の設問では probably や likely のように類推を促す単語が使われることも覚えておいてください。

　それでは、「トーン」に関する設問を見ていきましょう。トーンに関する設問は、類推問題であると同時に語彙問題であると考えることもできます。文章の「トーン」を表す単語はあまり多くありませんが、選択肢の単語の意味を知らないか、または、それが原因で消去法がうまく使えないために、答えを間違えてしまうことが多いのです。以下に、選択肢に使われる「トーン」を表す単語を一部挙げておきます。できるだけ、覚えてしまいましょう。

否定的なトーン を表す語	肯定的なトーン を表す語	批判的なトーン を表す語	客観的なトーン を表す語
angry（怒っている） hostile（敵対的な） disillusioned （幻滅している） emotional （感情的な） distressed （苦しんでいる） anxious （心配している） regretful （後悔している）	*sympathetic* （同情的な） *enthusiastic* （情熱的な） admiring （称賛している） appreciative （感謝している） confident （自信がある）	*critical*（批判的な） *skeptical* （懐疑的な） argumentative （議論を呼ぶような） ironic（風刺的な） sarcastic （嫌みな） cynical（皮肉な）	*objective* （客観的な） *balanced* （バランスの取れた） *neutral*（中立的な） *speculative* （思惑的な）

　この単語のほとんどは、間違っている選択肢に使われていて、意味がわからないがために つい選んでしまうといった類いのものです。まず「否定的なトーンを表す語」が正解に なることはまずありません。TOEFL のパッセージが否定的な感情を表すことはないからで す。しかし、例えば anxious の意味を知らなければ、消去法を使った場合に削除すること ができず、最終的に解答として選んでしまうかもしれません。ですから、間違った選択肢 に使われる単語の意味も覚えておく必要があります。

　「肯定的なトーンを表す語」は正解となる選択肢に使われないとも限りませんが、その頻 度は非常に低いといえます。例えば、イタリック体になっている sympathetic と enthusiastic は、What is the author's attitude toward the claims of...in paragraph 2?（第 2 パラグラフの……という主張に対して、筆者はどのような見方をしていますか） といった設問に対しては、正解となることがあるでしょう。その主張に強く賛成してい れば、sympathetic や enthusiastic と表現することもできるからです。

　「批判的なトーンを表す語」のうち、イタリック体になっている critical と skeptical は、 上記の設問や Which of the following words best describes the author's opinion about...in paragraph 3?（第 3 パラグラフに書かれている……に関する筆者の意見を、 最も適切に表している語はどれですか）といった設問に対する正解となり得ます。筆者が、 そこに書かれた主張内容を疑っているのであれば、その見解は critical または skeptical であるといえます。しかし、TOEFL のパッセージが ironic だったり、sarcastic だったり、 cynical だったりすることはありません。また、argumentative であることもほぼないとい えます。

　TOEFL のパッセージの本質や特徴を考えれば、正解である可能性が最も高いのは「客 観的なトーンを表す語」を使った選択肢です。このことを覚えておけば、トーンに関する設 問での正解率が非常に高くなります。もちろん、直接正解を選べない場合には、上の表に ある単語を頼りに、消去法で選択肢を絞り、monkey score を上げるようにしましょう。

Exercise 2

初めに設問と選択肢を読み、その後、対象となっているパラグラフのスキミングおよびスキャニングを行ってください。消去法を使って、解答を選びましょう。

Q1. Which of the following best describes the author's tone in paragraph 1?

選択肢

(A) Cynical
(B) Hostile
(C) Neutral
(D) Admiring

問題文

① Scientifically, the term "monkey" is applied to a wide variety of long-tailed primates. Although primatologists differ in their opinions about some classifications for the sub-orders, families, and sub-families of monkeys, the existing classification schemes recognize an important distinction between the Old and New World species, and all separate monkeys from the lower primates and from the apes.

Q2. What is the author's attitude about the declining monkey populations discussed in paragraph 4?

選択肢

(A) Skeptical
(B) Regretful
(C) Enthusiastic
(D) Sarcastic

問題文

④ The fate of monkeys in their natural environment is uncertain, and primate populations are diminishing all over the world as their habitats are destroyed by human activities. Estimates indicate that only a few thousand orangutans are left in the wild and that the total number of gorillas may be as low as 5,000. The once extensive range of chimpanzees becomes smaller each year as their habitat is encroached upon. The extinction of the mountain gorilla will probably occur within the next decade if land-use practices, poaching, and human indifference continue unabated. Tragically, the same fate may ultimately befall most species of monkeys within a few decades unless human attitudes toward the problem change.

Q3. Where would this text most likely appear?

(選択肢)

(A) A laboratory manual
(B) A daily newspaper
(C) A scientific journal
(D) A rock collector's guide

(問題文)

Identifying Minerals

Minerals are chemical elements or compounds found naturally in the crust of the Earth. In contrast to organic chemicals made mainly of carbon, hydrogen, and oxygen typical of living things, minerals are inorganic. Some have a fixed chemical composition, others are a series of related compounds in which one metallic element may wholly or partly replace another. Only rarely will a single physical or chemical property identify a mineral. The complexity of their composition means that more qualities must be used to distinguish minerals. Identification of many rare minerals often requires expensive laboratory equipment and detailed chemical and optical tests which only an expert can conduct. However, there are some simpler physical and chemical tests which can be more easily applied by anyone interested in rocks.

Perhaps the easiest is the "hardness" test. There are more precise ways of measuring mineral hardness in industrial laboratories, but it is fairly straightforward and easy to apply Mohs scale of ten minerals. This scale ranks ten minerals—from talc as the softest to diamond as the hardest. Basically, one scratches the surface of the mineral, and if a mineral being tested will scratch the minerals softer than it, one can estimate its hardness. Of course, one should never test hardness on the face of a valuable crystal.

Another test is the specific gravity of a mineral; that is, the relative weight of the mineral compared to the weight of an equal volume of water. Since the weight of an equal volume of water is identical with the mineral's loss in weight when weighed in water, specific gravity is quickly determined. For instance, a corundum crystal weighing 55 grams dry weighs 42 grams when suspended in water. By analyzing the specific gravity of a mineral and comparing it to a specific gravity table, one estimates the specific gravity of the mineral as an aid to identification.

Yet another test is the "cleavage test." Since many minerals are crystalline, they can be split along planes related to the molecular structure and parallel to possible crystal faces. The perfection of the resulting cleavage is described in five steps from poor (as in bornite) to fair, good, perfect, and eminent (as in micas). "Fracture" is the breakage of a mineral specimen in some way other than along cleavage planes. Not all minerals show good cleavage; in fact, most show fracture.

Tests of the optical properties of minerals are used mainly by experts, but amateurs should know about them because they are fundamental in precise mineral identification. X-rays sent through thin pieces or powders produce a visual pattern dependent on the structure of the molecules and so are an aid to identification. To perform the analysis, pieces of minerals or rocks are first mounted on slides, then ground until they are as thin as paper. The bending of light rays as they pass through the minerals creates patterns that can often confirm their identity. Fragments of minerals can also be immersed in transparent liquids of different density to measure their index of refraction. This is distinct for each mineral and is related to its crystal system. Thus, an expert can tell if a diamond or emerald is real or false without doing any damage to the stone.

解答と解説

Q1. (C)

この第1パラグラフはサルに関する客観的な導入部分で、議論を始めようとするものではありません。primatologists differ in their opinions about some classifications と現

状を述べているだけで、それに対して意見しているわけではないのです。予想していたかもしれませんが、正解は (C) の neutral（中立的な）です。TOEFL のパッセージはほとんど中立的なトーンで書かれています。(A) と (B) は、それぞれ cynical（皮肉な）と hostile（敵対的な）の意味を知っていれば、決して選ぶことのない選択肢です。(D) の admiring（称賛している）は即座に削除できる選択肢ではないかもしれませんが、筆者がこのテーマを「称賛している（admire）」個所は見られません。単に、サルというテーマを提示しているだけで、個人的な見解は示していませんので、(D) は答えとして不十分です。

Q2. (B)

このパラグラフのキーワードや主要なコンセプトについては、類推問題を解いた際に探しました。Q1 よりは難しい問題です。まず、TOEFL に内容が「嫌みな」パッセージはありませんので、(D) の sarcastic は削除できます。次に、サルが絶滅するという見込みに対して、筆者が「熱心な」態度を取っているとは考えられません。従って、(C) の enthusiastic も正解候補から外します。(A) の skeptical（懐疑的な）は正解かもしれないと考えても問題ありません。筆者はサルの種のほとんどが生き残れるかどうかについて、確かに疑いを持っているからです。しかし、設問をよく読んでみましょう。ここでは the declining monkey populations（サルの数が減っていること）について筆者がどう考えているかが問われています。筆者はサルの数が減っていることを事実として認識しており、それをデータを基に文中で強調しています。これを「懐疑的な」態度とは呼べません。

このように消去法を使えば、残る選択肢は (B) の regretful（残念がっている）しかありません。パラグラフの最後に Tragically, the same fate may ultimately befall most species of monkeys within a few decades unless human attitudes toward the problem change. とありますが、この tragically（悲劇的なことに）から残念に思う気持ちがくみ取れます。なお、tragically は tragic（悲劇）の副詞形です。

Q3. (D)

Q3 は、かつての TOEFL ではよく出題されていましたが、iBT になってからはあまり見掛けなくなったタイプの問題です。しかし、出る可能性はありますから準備をしておいたほうがいいでしょう。この設問に答えるためにパッセージ全体を読み返すことはありません。各パラグラフの最初と最後の1～2センテンスを読む「戦略的リーディング技術」を使って、パッセージの構成と要点を見直す程度で構いません。解答に時間がかかったり、自信が持てなかったりする場合には、とりあえず答えを選び、後で見直しましょう。

まず、消去法で選択肢をいくつか削除するか、削除候補とします。このパッセージは (A) の「実験室マニュアル」というほどのものではありません。専門家を対象に細かい指示や情報を提供しているとは思えないからです。また、(C) の「科学雑誌」の記事のようにテーマに関する新しい研究や情報を紹介しているわけではありません。ですから、このふたつの選択肢は間違っている (X)、または、いまひとつである (↓) と判定できます。

それとは逆の理由、つまり、内容が一般的ではないことから、(B) の「(日刊の) 新聞」も間違いであると考えられます。普通の新聞には、鉱物の同定といった専門性の高い記事は掲載されません。従って、これも X、または、↓をつけられる選択肢です。

この結果残った (D) の「鉱物収集家向けガイド」が最も適切な選択肢であると言えます。このパッセージを部分的に読むとすれば、それは導入部分の最後の2センテンス (Identification of many rare minerals often requires expensive laboratory equipment and detailed chemical and optical tests which only an expert can conduct. However, there are some simpler physical and chemical tests which can be more easily applied by anyone interested in rocks.) です。ここから、このパッセージでこれからどんなことが述べられるかが最もよくわかります。対象は専門家ではなく、鉱物に興味のある人たち全体です。従って、(D) の A rock collector's guide が正解だとわかります。さらに、最後のパラグラフの第1センテンス Tests of the optical properties of minerals are used mainly by experts, but amateurs should know about them because they are fundamental in precise mineral identification. からも、鉱物収集家などのアマチュア向けに書かれた文章であることがはっきりします。

この設問から、アカデミックな英語を読む時にリーディングの戦略と技術が使えるかどうかがわかります。リーディングの技術を持っていないと、答えがそのままどこかに載っていることを期待して、パッセージ全体をゆっくりと読むしかありません。それに対して、技術を持っていれば、消去法を使って間違っている選択肢や削除の対象となり得る選択肢を見つけ、その後、(導入部分の最後や対象パラグラフの最初のセンテンスなど) パッセージの中で正解がありそうな個所だけを読んで、答えを絞り込むことができます。

Step 3: 修辞目的問題

修辞目的問題は類推問題の一種で、筆者はなぜそこでその点について触れているのか、または、なぜそこでその情報を提示しているのかが理解できるかどうかを試す問題です。内容一致問題では、どんな情報が示されているかが問われていましたが、修辞目的問題ではその情報が示されている理由を答えなければなりません。そのためには、パッセージ全体の構成、文章のタイプ、対象となるパラグラフの要点、パラグラフ内における各センテンスの役割を把握する必要があります。細かく見ていきましょう。

修辞目的問題は通常、各パッセージに1問出題されます。主な設問文は次のようなものです。

> Why does the author mention xxx?
> The author discusses xxx in paragraph 1 in order to . . . .
> The author uses xxx in order to . . . .
> The author mentions xxx as an example of . . . .

修辞目的問題では、センテンス同士の関係も問われますが、それよりも情報が提示されている理由を問う問題のほうが頻繁に出されます。幸いなことに、トーンを表す語と同様、センテンスの関係もその種類は限られています。ですから、センテンス同士の関係を問う問題についても、情報提示の理由を問う問題についても、少し勉強しただけでかなりの効果が出ます。修辞目的問題では、画面に設問とパッセージが現れ、問われているフレーズが強調表示されます。まず、戦略を整理しましょう。

修辞目的問題に対する戦略

> (1) 設問で強調表示されているフレーズを注意深く読む。
> (2) パッセージでそのフレーズが使われているセンテンス（そのセンテンスに答えが含まれている場合がある）を読み、その後、前後のセンテンス（特に前後2～3センテンスと、時には設問）を読んで、「その情報が提示されている目的は何か」「前後のセンテンスとどうつながっているか」を考える。この時、for instance や such as のような例を挙げる語句など、関連性を示す語句には特に注意を払う。
> (3) 選択肢を読み、明らかに間違っているものを削除する。
> (4) 残った選択肢から最も適切だと思われるものを選ぶ。

情報提示などの「目的」を表す語句には次のようなものがあります。

to define	to compare A with B
to describe	to contrast A with B
to show	to explain (how/that)
to indicate	to note a similarity between A and B
to demonstrate	to present a cause and an effect
to give an example	to emphasize the point that
to illustrate	to give an explanation (for/of)
to argue (that)	to provide a reason for
to distinguish	to provide evidence for
	to support an argument
	to summarize a point

さほど難しい語彙や表現はありませんね。修辞目的問題では、こうしたパラグラフやセンテンスの目的や情報提示の理由を表す言い回しが繰り返し出てきますので、しっかりと頭に入れておいてください。また、これらの語句は後で取り上げるパラグラフ構成問題や、最終的には、留学先でも必要になってくる表現です。

それでは練習問題に進みましょう。

Exercise 3

初めに設問と選択肢を読み、その後、対象となっているパラグラフのスキミングおよびスキャニングを行ってください。消去法を使って、解答を選びましょう。

Q1. Why does the author mention sales volumes ?

選択肢

(A) To give an example of a hard factor
(B) To define a trend in business
(C) To demonstrate an accurate prediction
(D) To indicate the role of psychology in sales

問題文

While research and experience have sharpened economists' predictions, making them somewhat more reliable than the astrological forecasting based upon the movement of the stars that was used centuries ago, accurate projecting of trends in business is still nearly as much an art as a science. It requires juggling not only hard factors such as interest rates, sales volumes, income levels, or unemployment statistics but also a corresponding understanding of soft human factors from psychology and sociology. Increasingly, however, economists are drawing on scientific support by relying on statistical analysis to sift and analyze the wealth of data now available from decades of market performance.

Q2. Why does the author mention that Old World monkeys are believed to be <mark>more closely related to humans</mark>?

選択肢

(A) To give an explanation for human evolution
(B) To contrast two general types of monkeys
(C) To provide a reason for scientists' interest in Old World monkeys
(D) To note a similarity between New World and Old World monkeys

問題文

Even though Old World and New World monkeys resemble one another, they have for so long evolved independently from one another that they are actually two distinct groups. Moreover, most authorities on monkeys consider the Old World monkeys to be <mark>more closely related to humans</mark> than New World monkeys are. In addition, Old World monkeys are generally larger than New World monkeys, and some live mostly on the ground. Their tails are not prehensile, and their nostrils are close together and point downward.

Q3. The author mentions <mark>tribal territory</mark> in order to

選択肢

(A) give an explanation for how conflict occurs between tribes
(B) indicate how social organization takes place
(C) describe the context for the beginning of trade
(D) provide a reason for the rise of hunting culture

問題文

Important cultural changes also took place among the populations of the Headwaters region during this time. Probably as a result of seasonal hunting and gathering, the concept of "tribal territory" emerged and with it regional differences appeared, such as variations in the design of hunting implements. These differences resulted in the first commerce. Trade networks began to be established among the Headwater tribes and exotic stone and copper from distant sources became highly prized for making tools such as curved knives, spear points, fish hooks, and axes, and unusual decorative pieces such as shell necklaces and feather ornaments became valued for their beauty.

Q4. The author discusses Charlie Chaplin's movie "Modern Times" in order to

選択肢

(A) illustrate how bad working conditions were in the Ford plant
(B) show how film can have a negative impact on society
(C) provide an example of Charlie Chaplin's most famous work
(D) contrast the imagination of film with the reality of the factory

問題文

The response to Ford's methods was predictable: Workers complained about the relentless pressure and deadly boredom of the assembly line. They likened the company's new Highland Park factory to a lunatic asylum. Indeed, the comic episode in Charlie Chaplin's movie "Modern Times" in which the character the Little Tramp goes crazy after experiencing the speed and pressure of work on an assembly line was actually inspired by Chaplin's 1923 visit to Ford's Highland Park auto plant. As a result of such treatment of workers, serious labor problems developed at the Highland Park plant. During the year that Ford introduced the assembly line, daily absentee rates averaged around 10 percent of the total work force, while labor turnover reached an amazing 370 percent. This meant that on any given day from 1,300 to 1,400 workers declined to go to work and that Ford managers had to hire more than 52,000 workers to maintain a workforce of about 13,600 employees. Needless to say, such problems seriously impaired the efficiency of Ford's operations.

解答と解説

Q1. (A)
　この設問は、sales volumes という語句を含むセンテンスを読んだだけで答えることができます。その中でも重要なのは、hard factors such as interest rates, sales volumes, income levels, or unemployment statistics の部分です。such as は例を示す時の表現。ここでは hard factors の具体例が続いています。従って、正解は (A) の「事実に基づいた要素の例を挙げるため」です。
　消去法を使って考えてみましょう。(B) の define は「定義する」の意味。sales volumes は何も定義はしていません。(C) には prediction とありますが、予測については何も書かれていません。(D) の psychology は、同じセンテンスの最後に、soft human factors from psychology and sociology（心理学や社会学から見た推測に基づく人間的な要素）とあることから、hard factor ではなく soft factor だとわかります。つまり、hard factor の例として挙げられている sales volumes とは無関係です。従って、残った選択肢 (A) が正解だとわかります。

Q2. (B)
　この設問に答えるには、more closely related to humans を含むセンテンスとその次のセンテンスを読む必要があります。Exercise 1-A の Q2 で取り上げた類推問題同様、この修辞目的問題でも、パラグラフの修辞目的と構造原理を把握しなくてはいけません。筆者は、Moreover, most authorities on monkeys consider the Old World monkeys to be more closely related to humans than New World monkeys are. In addition, Old World monkeys are generally larger than New World monkeys, and some live mostly on the ground. と、旧世界のサルと新世界のサルを対比して（contrast）います。従って、(B) が正解です。Old World monkeys と New World monkeys が two general types of monkeys と言い換えられています。
　消去法を使ってみると、まず、このパラグラフでは扱われていない human evolution とある (A) がすぐに削除できます。また、旧世界のサルについては触れられていますが、科学者らがそのサルに興味を持っているかどうかは明確ではないので、(C) は正解とはいえそうにありません。(D) については少し迷った人もいるかもしれません。冒頭に、Old World and New World monkeys resemble one another とあるので、similarities（類似点）について述べていると思いがちです。しかし、これは Even though... に続く従属節で、このセンテンスのポイントは主節に書かれた2種類のサルの違いです。そして、この後も

137

対比について述べていますので、(D) もやはり正解ではないと判断できます。

Q3. (C)

これは難易度の高い問題です。通常は、強調表示された語句を含むセンテンスとその前のセンテンスから答えがわかりますが、この設問では、後ろのセンテンスとのつながりのほうが重要です。Probably as a result of seasonal hunting and gathering, the concept of "tribal territory" emerged and with it regional differences appeared, such as variations in the design of hunting implements. の要点は「領域概念ができたと同時に地域差が生まれた」ということ。次のセンテンスでは、These differences resulted in the first commerce. と因果関係を述べています。つまり、「領域概念の出現」→「地域差の発生」→「商業の誕生」という流れで話が進んでいます。ここから、tribal territory が the first commerce の発端であることがわかり、正解は (C) の「商行為が始まった背景を説明するため」だと判断できます。なお、最後のセンテンスでは、商業ネットワークについて具体的に述べられています。

消去法を使って考えてみましょう。conflict（対立、衝突）に関する表現は見当たらないため、(A) は間違いだとわかります。最後のセンテンスに curved knives, spear points, fish hooks, and axes とあり、一見 hunting に関係あると思いがちですが、これは取引されていた道具（tool）の例で、tribal territory が狩猟文化出現の理由だというわけではありません。よって、(D) も答えとしては不適切です。商取引は social organization（社会の組織化）の側面でもあるため、(B) をすぐには削除できないかもしれません。しかし、問題文では tribal territory という概念が生まれたと言っているだけで、その後の焦点は社会の組織化ではなく、商取引やそこで取り扱われた商品です。従って、筆者が tribal territory に触れた理由として、(B) の内容は十分とは言えません。

Q4. (A)

Q4 では、まず、このパラグラフの目的（最初のセンテンスからテーマがわかります）を把握した上で、Charlie Chaplin's movie "Modern Times" がその目的に対してどういった役割を果たしているかを考えます。最初のセンテンスには、Workers complained about the relentless pressure and deadly boredom of the assembly line. とあります。assembly line（組立ライン）は工場にあるものですから、その工場での労働条件がよくなかったことがわかります。2番目のセンテンスでは、それを lunatic asylum（精神病院）のようだと言っています。そして、3番目のセンテンスで、その工場をモデルにした Charlie Chaplin's movie "Modern Times" を例として挙げています。従って、劣悪な労働条件について説明する（illustrate）ためにこの映画を引き合いに出したという (A) が正解です。また、パラグラフの最後で欠勤率、離職率、雇用状況に触れているところからも、このパラグラフはこの工場で働くことの過酷さを焦点としていることがわかります。このように、パラグラフの最初には要点が書かれ、最後には内容の要約や展開が示されていることを知っていると、修辞目的問題の正解率が上がります。

この設問も消去法で解答することができます。このパラグラフには『モダン・タイムス』

以外の映画は出てきません。ですから、映画に関する一般論を述べた(B)は不適切です。また、このチャップリンの映画はパラグラフの要点を明確にするための例として取り上げられているだけで、要点そのものではありません。従って、(C)も間違いです。ここでは、類似点を示すために、映画を例として挙げているので、「映画と現実を対比させている」という(D)も正解の候補から削除できます。

修辞目的問題は易しい問題ではありませんが、次のように準備すれば正解率を上げることができます。

> (1) 選択肢の語句を理解する
> (2) センテンス同士の関係を見抜くことに慣れる
> (3) 解答の練習をする
> (4) これまでに説明した戦略を使う(パラグラフのどの部分を読むべきか、どのようにして消去法を使うかという戦略を含む)

第8章の練習問題と第9章の模擬テストを通じて、修辞目的問題の練習を重ねましょう。

Step 4：センテンス挿入問題

この章で扱う最後の問題がセンテンス挿入問題です。行間を読まなくてはならない問題ですが、この章で学んだ解答方法や戦略が応用できます。修辞目的問題と同様、ここでもセンテンス同士の関係、特に前後のセンテンス同士の関係が焦点となります。パラグラフの要点と構造原理を把握し、その論理の流れを理解することが正解につながります。

センテンス挿入問題は各パッセージに1問出されます。形式と指示文はどれも同じです。画面には、太字で書かれたセンテンスと、センテンス間(4カ所)に黒い四角が入ったパッセージが表示されます。受験者は、太字のセンテンスを挿入するとすれば、その4カ所のうちどこが最も適切かを答えます。設問文は次のようになっています。

> Look at the four squares [■] that indicate where the following sentence can be added to the passage.
>
> [太字で表示されたセンテンス]
>
> Where would the sentence best fit?

この問題に答えるためには、論理の流れとセンテンス間の文法的なつながりを理解しなくてはなりません。センテンス挿入問題の中には、第4章で学んだ指示語問題と同様、文法、意味、話の流れの変わり目に注意すれば、ターゲットセンテンスをどこに入れればいいかがわかるものもあります。センテンス挿入問題の戦略をまとめておきましょう。

センテンス挿入問題に対する戦略

> (1) 話の変わり目、時間枠、センテンス同士のつながりを表す表現に特に注意を払いながら、ターゲットセンテンスを読む。
> (2) ひとつ目の黒い四角の前のセンテンスからパッセージを読み始める。意味と構造原理を考慮に入れつつ、ターゲットセンテンスが「具体例を加えているのか」「何かと対しているものなのか」「要点を指示しているのか」などについて考える。
> (3) 指示されたセンテンスを入れた場合、前後のセンテンスと文法的に整合性が取れているか確認する。その際、代名詞や下の表にあるつながりを示す表現に注意する。
> (4) 消去法を活用して、センテンスを挿入するのに最も適した個所を選択し、次の問題へと進む。時間があれば、最後にもう一度見直す。

つながりを表す表現

追加	例示	対比	類似
in addition	for example	however	similarly
further	for instance	nevertheless	likewise
furthermore	in this case	in contrast	in this way
moreover	in particular	on the contrary	along these lines
also	in fact	on the other hand	
	this xxx		
	that xxx		

原因と結果	時間的流れ
as a result	to begin with
for this reason	initially
consequently	next
therefore	after that
due to	then
thus	first/second/third/finally
accordingly	at the present time
though	eventually
even though	in time/over time
while	
whereas	
in spite of this	

センテンス挿入問題のおよそ半分で、こうしたつながりを示す表現が使われています。文法的、意味的な関係が明確に示されているため、正解を知る上での鍵となります。

Exercise 4

ターゲットセンテンスと、パラグラフを読んでください。黒い四角で示されたいずれか1カ所に、センテンスを挿入することができます。不適切な3カ所を削除し、正解を導いてください。

Q1. Look at the four squares [■] that indicate where the following sentence can be added to the passage.

Next, these thin sections are examined through ordinary and polarized light.

Where would the sentence best fit?

> 問題文

Tests of the optical properties of minerals are used mainly by experts, but amateurs should know about them because they are fundamental in precise mineral identification. (A) ■ X-rays sent through thin pieces or powders produce a visual pattern dependent on the structure of the molecules and so are an aid to identification. (B) ■ To perform the analysis, pieces of minerals or rocks are first mounted on slides, then ground until they are as thin as paper. (C) ■ The bending of light rays as they pass through the minerals creates patterns that can often confirm their identity. (D) ■ Fragments of minerals can also be immersed in transparent liquids of different density to measure their index of refraction. This is distinct for each mineral and is related to its crystal system. Thus, an expert can tell if a diamond or emerald is real or false without doing any damage to the stone.

Q2. Look at the four squares [■] that indicate where the following sentence can be added to the passage.

Moreover, it was in this third center that jazz expanded into "big band jazz" and was first played in ballrooms and theaters.

Where would the sentence best fit?

> 問題文

(A) ■ The third major jazz center was New York City, and it soon became the most exhilarating. (B) ■ In New York, jazz pianists created the "stride" piano style by transforming rags and Southern black folk dances into lively, inspiring selections. (C) ■ The cornets, clarinets, and trombones of Dixieland became trumpet sections, saxophone sections, and trombone sections in these large jazz ensembles. Big band jazz was smoother, with lighter rhythms, but no less exciting than Dixieland. (D) ■

Q3. Look at the four squares [■] that indicate where the following sentence can be added to the passage.

They encouraged more workers to stay on the job.

Where would the sentence best fit?

> 問題文
>
> It was these problems, not charity or ethics, which led to the company's famous solution of paying its employees "$5 a day," which at that time was considered a handsome rate of pay. (A) ■ In the short run, the high wages worked. (B) ■ Within the space of a year, labor turnover fell from the phenomenally high levels of 370 percent to 54 percent, and absenteeism decreased from 10 to around 2.5 percent. (C) ■ In the long run, however, paying off workers with money was never to substitute for a more humane or people-friendly workplace, and Ford was to be plagued with labor unrest for the entire century. (D) ■

Q4. Look at the four squares [■] that indicate where the following sentence can be added to the passage.

Among these were the one-celled protozoa from which all plants and animals eventually evolved.

Where would the sentence best fit?

> 問題文
>
> This process could not have occurred, however, unless the Earth were located at an appropriate distance from the Sun. By comparison, the Earth's neighboring planet Venus, located nearer the Sun, has extremely high daytime temperatures in which carbon compounds and water necessary to sustain life remain as gas and water vapor. (A) ■ Mars, located farther away from the Sun, probably had water at one time but is now a frozen planet with little capacity for life. (B) ■
> Earth's "just right" distance from the Sun meant that after the Earth

cooled, the stage was finally set for early forms of life to develop. (C) ■ Yet, the question still remains, where did life come from? (D) ■ Since the Earth was able to sustain life, and did, there must have been organic subunits from which it could develop.

解答と解説

Q1. (C)

まず、挿入すべきセンテンス Next, these thin sections are examined through ordinary and polarized light. をよく読んでください。ここから、キーワード、重要な文法事項、要点、構造原理を見つけましょう。

このセンテンスは Next と始まっていますから、ある話の流れの途中に入れるべきものだとわかります。おそらく、何かの中期段階に位置するものでしょう。また、these thin sections の these は、指示語問題でも取り上げたように、それより前のものを指す語です。つまり、thin sections に当たる表現がその前になくてはならないことになります。ここで意味に注目します。このセンテンスは、一連の過程における一段階を説明していて、それが ordinary and polarized light（常光と偏光）によって検査されるものだと書かれています。そこで、この検査の内容が書かれている部分を探しながらパラグラフを読んでいくと、3番目のセンテンスに To perform the analysis, pieces of minerals or rocks are first mounted on slides, then ground until they are as thin as paper. とあります。ここには、検査の段階とその順番が書かれています。特に、first と then から、Next で始まるセンテンスがこれより前には入らないことがわかります。従って、these thin sections の these が指す語句は、3番目のセンテンスにある（these は近くのものを指すため）と考えられます。最後に同じ thin を使った as thin as paper という表現があり、その主語 they はスライドに乗せられ、細かくすりつぶされた pieces です。つまり、these thin sections とは「スライド上の見本」のことです。

次の文を読むと、答えがよりはっきりしてきます。そこには、The bending of light rays as they pass through the minerals creates patterns that can often confirm their identity. と、この見本を光で検査した後に起こることが書かれています。こうして考えていくと、ターゲットセンテンスを挿入するのに最も適切なのは、(C) だとわかります。

このように、p.140 の戦略を活用して正答を導きます。

Q2. (C)

初めにターゲットセンテンスを読みますが、Q1同様、話の変わり目を表す moreover に注目します。このセンテンスは、それまでに述べられた要点や要点を支持する例を追加するものです。そこで、このセンテンスの内容と論理的につながる要点、考え、例のどれかを見つけなければならないことがわかります。

次に、キーワードや重要な文法事項について考えます。it was in this third center

that...（……は、まさにこの第3の中心地でのことだった）とあるので、これより前にthird centerについて述べられているはずです。
　さらに、センテンスの意味を把握します。ジャズが発展してbig band jazzとなったこと、そして、それがballrooms and theatersといった大きな会場で演奏されたことが書かれています。このセンテンスがMoreover...と始まり、これ以前にthird centerについて触れられていなければいけないので、最初のセンテンスの前に挿入することはできません。
　最初のセンテンスは、このパラグラフへの導入の役割を果たすものです。「ニューヨークが第3のジャズの中心地となり、最も活況を呈することとなった」と要点がまとめられています。次のセンテンスでは、話が展開され、新しい演奏形式やそれに伴う楽曲について語られています。この「新しい演奏形式」が要点を支持するひとつ目の例で、「楽曲」がふたつ目の例です。この後なら、Moreover...で始まり、もうひとつの例を提示している、ターゲットセンテンスを入れることができます。
　その次のセンテンスでは、ふたつ目の例である「楽曲」について具体的な楽器を挙げながら説明し、最後のセンテンスでは、リズムに関して多少詳しく述べながら、最初のセンテンスの内容をまとめています。従って、この後にターゲットセンテンスを入れても、話はつながりません。
　パラグラフがどのように構成されているかを理解していることも、解答の際に役立ちます。ターゲットセンテンスの内容は論点や詳細を支持するものであることから、パラグラフの最初や最後には挿入できないとわかるからです。これだけでも、monkey scoreを50パーセントに上げることができます。

Q3. (B)
　ターゲットセンテンスには、話の変わり目を表す語句がありません。その代わりに鍵となるのは、主語である代名詞Theyです。それが、「仕事を続ける人たちを増やした」と書かれているので、パラグラフからそれらしき名詞を探し、主語の部分に入れてみます。

・[these problems] を主語とした場合
These problems encouraged more workers to stay on the job.
これでは意味が通じません。

・[not charity or ethics] を主語にした場合
Not charity or ethics encouraged more workers to stay on the job.
これも意味は通じませんし、そもそも複数名詞ではありません。

・[the company's famous solution] を主語にした場合
The company's famous solution encouraged more workers to stay on the job.
意味は通じますが、複数名詞ではないので不適切です。

・[a handsome rate of pay]を主語にした場合
A handsome rate of pay encouraged more workers to stay on the job.
意味は通じますが、これも複数名詞ではないため不適切です。

・[the high wages]を主語にした場合
The high wages encouraged more workers to stay on the job.
これが意味的にも文法的にも合います。

　つまり、(B)が適切だと考えられます。さらに、この次のセンテンスで、離職率も欠勤率も下がったことが数字とともに書かれていて、The high wages encouraged more workers to stay on the job. の内容を支持する形になります。
　この3つ目のセンテンスにはTheyが指す複数名詞がなく、the high wagesを指すとしても、その間に多くの情報が入り込むことになるので、(C)にセンテンスを挿入すると、Theyがthe high wagesを指すことがはっきりしない文章になってしまいます。また、これでは、要点の後にそれを支持する詳細が続くといったアカデミックな英文の基本構成になりません。
　4つ目のセンテンスにも、Theyの内容を表す適当な複数名詞がなく、また、最後のFord was to be plagued with labor unrestと挿入するセンテンスとは意味がつながらないため、(D)も挿入個所としては不適切であることがわかります。

Q4. (C)

　ターゲットセンテンスに話の変わり目を表す語句はありませんが、theseという指示語がヒントになります。Among theseは複数名詞を指す表現です。protozoa（原生動物）という単語を知らなくても、one-celled（単細胞の）から、そこからすべての植物や動物が進化した単細胞生物のことだと推測できます。
　この設問では、ふたつのパラグラフが対象になっているため、構造原理を探るにしても、代名詞の指示対象を見つけるにしても、これまでの問題より難しいと感じるかもしれません。しかし、Among theseが指す表現の有無に注目すれば、最初の2カ所は適切でないことがすぐにわかります。ひとつ目のパラグラフには、単細胞生物に関する記述はありません。ここでは、惑星、気温、物質について述べられているだけです。
　ふたつ目のパラグラフには、early forms of lifeという「原始的な動物」を意味する複数名詞があります。(C)にターゲットセンテンスを入れてみると、

　　...the stage was finally set for early forms of life to develop. Among these were the one-celled protozoa from which all plants and animals eventually evolved.

と、Among theseが指している対象が明確な文章になります。また、挿入したセンテンスが前のセンテンスを受けて、early forms of lifeについて説明を加えている形になっています。従って、ここが適切な挿入個所であることがわかります。
　(D)にこのセンテンスを挿入しても、その前のセンテンスにAmong theseが指す複数名詞がありません。また、意味としてもつながらないため、ここは挿入個所としては適切では

ないと判断できます。

Step 5：まとめの練習問題

Exercise 5

次のパッセージを戦略的に読んでください。その後、適切な戦略を使って、それぞれの設問に解答してください。

Circadian Rhythms

① Many physical phenomena have their own rhythms, patterns, and timing. There are day-night cycles, cycles of the moon , cycles of the seasons, and many others. Living organisms often display similar rhythmic activities. Among animals there are many physiological and behavioral processes that occur on a regular cycle. One of the most obvious examples of an apparently timed behavior is the sleep-wakefulness cycle of mammals, reptiles, and birds. Another is the return of hunting animals to a particular area 24 hours after a successful hunt there. There are also more subtle physiological processes that have their own periodic changes. For instance, the pulse, blood pressure, and temperature of the body show day-night variations in humans as well as in many other animals. These are all examples of a circadian rhythm, which comes from the Latin *circa*, meaning "approximately," and *dies*, meaning "day." Thus, a circadian rhythm is one that varies with a cycle of roughly 24 hours.

② So much rhythmic activity in behavior suggests control by some internal biological clock. The presence of such an internal time-keeping mechanism has been demonstrated experimentally. If it were true that these repetitive 24-hour changes are simply a function of the regular changes in light and temperature that occur in a normal day-night cycle, then an environment with constant light or constant dark should disrupt basic behavior cycles, such as sleep-wake cycles, because there would be no changing cues in the amount of light to indicate the passage of time. However, in numerous studies both animal and human subjects have been found to adjust relatively quickly to an artificial environment with constant light or darkness; they soon begin to live a day-night cycle that is approximately 25 hours long.

③ Yet, if the internal biological clock is set for about 25 hours, why do our internal and behavioral rhythms continue on a 24-hour cycle? Why doesn't our daily activity cycle drift out of phase with local time? The answer is because there is a mechanism that synchronizes the internal timer with local time. From the behavioral point of view, the most salient aspect of local time is the alternation of light and dark cycles. For there to be an accurate reference against local time, an internal biological clock must be synchronized with the external and local day-night cycle and it must have a stable period that is relatively free of unpredictable environmental fluctuation. This process of synchronization is called "entrainment." This is, of course, what occurs when a person travels by air through several time zones. Initially, the internal clock is still set according to the time at the location the person departed from. But for most people this jet lag is gradually resolved at a rate of 1/2 to 1 hour per day through the entrainment of the biological clock to the local sunlight-to-darkness cycle, though some individuals are able to adjust twice as quickly.

訳例は p.335 にあります。

Q1. The author mentions cycles of the moon as an example of

選択肢

(A) a pattern of natural phenomena
(B) a day-night cycle
(C) seasonal cycles
(D) physiological process

Q2. Why does the author mention hunting animals in paragraph 1?

選択肢

(A) To demonstrate that all animals are capable of learning
(B) To offer an example of a circadian behavior
(C) To show the necessity of food in animal survival
(D) To argue that animals must eat at regular intervals

Q3. It can be inferred from paragraph 2 that if animals possessed no internal timing mechanism and were kept in the dark

選択肢

(A) they eventually would be unable to fall asleep
(B) their normal activities would be greatly reduced
(C) they would have irregular periods of activity and rest
(D) their body temperatures would fluctuate wildly

Q4. Paragraph 3 implies that for the process of entrainment to operate effectively a person needs

選択肢

(A) a steady interval free from erratic environmental changes
(B) extensive experience adjusting to different time zones
(C) an objective awareness of daily routines
(D) equal periods of night and day in the local time zone

Q5. It can be inferred from paragraph 3 that the quickest that a person could overcome jet lag associated with traveling through four time zones is

選択肢

(A) one day
(B) two days
(C) four days
(D) eight days

Q6. Look at the four squares [■] that indicate where the following sentence can be added to the passage.

Among plants, flowers, for instance, open and close at particular times of the day.

Where would the sentence best fit?

問題文

   Many physical phenomena have their own rhythms, patterns, and timing. There are day-night cycles, cycles of the moon, cycles of the seasons, and many others. (A) ■ Living organisms often display similar rhythmic activities. (B) ■ Among animals there are many physiological and behavioral processes that occur on a regular cycle. (C) ■ One of the most obvious examples of an apparently timed behavior is the sleep-wakefulness cycle of mammals, reptiles, and birds. (D) ■ Another is the return of hunting animals to a particular area 24 hours after a successful hunt there. There are also more subtle physiological processes that have their own periodic changes.

TOEFL iBT

Q7. Look at the four squares [■] that indicate where the following sentence can be added to the passage.

In people, in particular, there is more than a 1 degree Celsius difference in body temperature between the coolest point, which occurs during the night, and the warmest point, which occurs during the afternoon.

Where would the sentence best fit?

(問題文)

Many physical phenomena have their own rhythms, patterns, and timing. There are day-night cycles, cycles of the moon, cycles of the seasons, and many others. Living organisms often display similar rhythmic activities. Among animals there are many physiological and behavioral processes that occur on a regular cycle. One of the most obvious examples of an apparently timed behavior is the sleep-wakefulness cycle of mammals, reptiles, and birds. (A) ■ Another is the return of hunting animals to a particular area 24 hours after a successful hunt there. (B) ■ There are also more subtle physiological processes that have their own periodic changes. (C) ■ For instance, the pulse, blood pressure, and temperature of the body show day-night variations in humans as well as in many other animals. (D) ■ These are all examples of a circadian rhythm, which comes from the Latin *circa*, meaning "approximately," and *dies*, meaning "day." Thus, a circadian rhythm is one that varies with a cycle of roughly 24 hours.

Q8. Which of the following best describes the author's tone in paragraph 2?

(選択肢)
(A) Hostile
(B) Admiring
(C) Ironic
(D) Objective

> 解答と解説

Q1. (A)

　これは修辞目的問題です。設問には cycles of the moon as an example とありますので、何に対する例なのかを見つければいいことがわかります。まず、cycles of the moon を含むセンテンスを、次にその前のセンテンス、つまり、このパラグラフの最初のセンテンスを読みます。パラグラフやパッセージの冒頭には主題が書かれていることが多く、ここでも Many physical phenomena have their own rhythms, patterns, and timing. と主題を述べ、次のセンテンスで There are day-night cycles, cycles of the moon, cycles of the seasons と physical phenomena の例を挙げるという流れになっています。つまり、cycles of the moon は physical phenomena の例であることがわかります。しかし、選択肢に physical phenomena はありません。そこでもう少し詳しく読み込んでみましょう。

　一般的に英文では、まず大枠が述べられ、その後に例が続きます。これを最初のセンテンスに当てはめると、physical phenomena が大枠で、rhythms, patterns, and timing がその例となります。言い換えれば、rhythms of physical phenomena、patterns of physical phenomena、timing of physical phenomena というものがあるということです。そして、この具体例が次のセンテンスで挙げられているのです。従って、この patterns of physical phenomena の physical phenomena を natural phenomena と言い換え、単数形で表した (A) が正解となります。

　(B) の a day-night cycle と (C) の seasonal cycles は、cycles of the moon 同様、physical phenomena の例なので解答としては不適切です。(D) は cycles of the moon の後に述べられ、さらにそこでは Among animals と対象が狭められています。話の流れから、cycles of the moon が physiological process の例だと考えるのには無理があります。

Q2. (B)

　これも修辞目的問題です。ただし、Q1 と違って、広範囲を読まなくてはならないため、難易度が高い設問といえます。時間がかかるようなら、とりあえず解答を選び、後で見直すことにしましょう。このパッセージに関するほかの設問を解くことで、テーマである Circadian Rythms「概日リズム」に関する理解が深まります。その後でこの設問に戻り、再度取り組めば、正解を見つけやすくなります。

　そうはいっても、まず、対象となるフレーズ hunting animals を含んだセンテンスをきちんと読み、これが修辞目的問題だと認識することが大事です。このセンテンスが Another . . . と始まっていることから、その前に One . . . などの表現があるはずです。そこで 前 のセンテンスを読むと、やはり One of the most obvious examples of an apparently timed behavior . . . とありました。つまり、Another は timed behavior（設定された時刻に起こす行動）の another example のことだとわかります。

　次に、example とは何の例なのかを知るために、さらにその前のセンテンスを読みます。ここから、many physiological and behavioral processes that occur on a regular cycle が timed behavior と言い換えられていたことがわかります。また、Among animals（動物には）と始まっているので、その前提となる記述を求めて、さらにその前のセンテンスを読むと、動物を含むすべての生命体について、Living organisms often display similar rhythmic activities. と書かれています。こうしてさかのぼってみると、hunting animals が rhythmic activities（周期的な活動）を取り、physiological and behavioral processes（生理的および行動的な過程）を持つ生命体の例として取り上げられている流れが見えてきます。従って、この内容を表した (B) が正解だと判断できます。

　消去法を使って考えてみましょう。このパラグラフでは、(A) の learning（学習）については触れられていません。また、all という極端な形容詞が使われていることからも、これは間違いである可能性が高い選択肢です。同様に、(C) の necessity of food in animal survival（生存のための食料の必要性）や (D) の that animals must eat at regular intervals（動物が規則的に食事を取る必要があること）も、このパラグラフの主題ではありません。よって、残る選択肢は (B) だけになります。

　このパッセージには Circadian Rhythms というタイトルがついていますが、その定義はこのパラグラフの最後まで読まないとわかりません。しかし、事前に戦略的リーディング技術を使ってパッセージを読んでいれば、第1パラグラフの最初と最後のセンテンスの内容は把握しているはずですので、設問に解答する前にその定義を知ることができるのです。

Q3. (C)

　第2パラグラフは体内時計が存在する証拠について書かれたものです。設問の kept in the dark がパッセージでは an environment with . . . constant dark と表現されています。そのセンテンスを読むと、「外的要因だけで24時間の概日リズムができているとしたら、常に明るかったり、常に暗かったりする環境では、睡眠覚醒サイクルなどの基本的な行動サイクルが狂うはずである（an environment with constant light or constant dark should disrupt basic behavior cycles, such as sleep-wake cycles）」という記述があります。この設問は内容一致問題と類推問題の中間にある問題で、このセンテンスから、「体内時計があるから、常に明るかったり、常に暗かったりする環境でも、基本行動サイクルは狂わない」、つまり、「体内時計がなければ、基本行動サイクルが狂う」と推測できます。従って、これと同じ内容の (C) の they would have irregular periods of activity and rest が正解です。(A) の unable、(B) の greatly、(D) の wildly はいずれも極端な形容詞もしくは副詞なので、この3つの選択肢は不正解である可能性が高いと考えられます。

　また、このパラグラフの最後のセンテンス in numerous studies both animal and human subjects have been found to adjust relatively quickly to an artificial environment with constant light or darkness; they soon begin to live a day-night cycle that is approximately 25 hours long. にもヒントが隠されています。体内時計のおかげで、人工的な環境に対して、比較的早く適応し（adjust relatively quickly to an artificial environment）、およそ25時間の昼夜周期での生活を始める（begin to live a day-night cycle that is approximately 25 hours long）とあります。つまり、逆にそれがなければ、(C) に書かれているように、生活周期が乱れるということです。

Q4. (A)

設問の implies からわかるように、これは類推問題です。まず、スキミングとスキャニングを通して、entrainment など設問のキーワードを探すと、6番目のセンテンスに、This process of synchronization is called "entrainment." とあります。次に、この This process of synchronization の内容を求めて、その前のセンテンスを読みます。For there to be an accurate reference against local time, an internal biological clock must be synchronized with the external and local day-night cycle and it must have a stable period that is relatively free of unpredictable environmental fluctuation. と synchronization が動詞 synchronize で表現されています。この文中の it はセンテンスの前半の内容、つまり、synchronization の内容を指すものです。つまり、the process of entrainment (= synchronization) には a stable period that is relatively free of unpredictable environmental fluctuation が必要だとわかります。よって、この period を interval と、unpredictable environmental fluctuation を erratic environmental changes と言い換えた (A) が正解です。

なお、(B) extensive experience adjusting to different time zones (さまざまな時間帯に適応したさまざまな経験)、(C) an objective awareness of daily routines (日常的行動を客観的にとらえること)、(D) equal periods of night and day in the local time zone (その地域の時間帯で昼と夜の時間が同じであること) については、このパラグラフのどこにも述べられていません。

Q5. (B)

これは類推問題です。設問や選択肢にある jet lag、time zones、days (または、hours) といった語句を、スキミングとスキャニングを通してパラグラフの中から探します。ここでは、jet lag と day を含む最後のセンテンス But for most people this jet lag is gradually resolved at a rate of 1/2 to 1 hour per day through the entrainment of the biological clock to the local sunlight-to-darkness cycle, though some individuals are able to adjust twice as quickly. に類推の手掛かりを見つけることができます。ほとんどの人は一日につき30分から1時間の割合 (a rate of 1/2 to 1 hour per day) で時差ぼけを解消するとありますが、中にはその倍の割合で克服 (adjust twice as quickly) できる人もいると書かれています。つまり、最も早い人は一日につき2時間の速さで時差ぼけが解消できることになり、時差が4時間であれば必要な日数は2日だとわかります。従って、正解は (B) です。

Q6. (B)

ターゲットセンテンスには、Among plants と for instance というふたつのキーフレーズがあります。Among plants からはパッセージ全体で植物以外にも触れられていることが、for instance からはこのセンテンスがひとつの例を挙げていることがわかります。flowers, ... open and close at particular times of the day (毎日決まった時間に花が開いたり閉じたりする) という内容を把握した上で、パラグラフを読んでみましょう。

最初の2センテンスでは動植物について触れられていません。つまり、この後に Among

plants（植物の中では）と続けることはできないとわかります。
　それに対して、3 番目のセンテンスでは、Living organisms often display similar rhythmic activities. と生命体全体について述べられています。plants が living organisms の、opening and closing が rhythmic activities の例であると考えることができます。よって、このセンテンスの後が挿入個所の強力な候補になります。念のため、次のセンテンスを読んでみると、Among animals . . . と同じ書き出しで始まっています。また、その次のセンテンスでも . . .mammals, reptiles, and birds と、さらにその次のセンテンスでも Another is the return of hunting animals. . . と動物について触れられているので、Among animals. . . のセンテンス以降に植物に関する記述を入れるわけにはいきません。つまり、次のような構成にするしかないことがわかります。
　　Living organisms with rhythmic activities
　　　Example 1: plants such as flowers
　　　Example 2: animals such as mammals, reptiles, birds, and hunting animals
従って、(B) が正解です。

Q7. (D)
　ターゲットセンテンスに In people, in particular（特に人においては）とあることから、ここには人だけに関係ある例が述べられているとわかります。また、「1日のうち、最も冷える夜と最も暖かい昼で、体温の差が1度ある」と、体のリズムに関する説明であることを把握しておきましょう。
　(A) と (B) の前のセンテンスには、動物のことしか書かれていません。(B) の後のセンテンスにある subtle physiological processes that have their own periodic changes（独特の周期的変化を持つ、より微妙な生理的過程）という記述は、動物に特定したものではありませんが、人に関するものであるともいえません。
　その次の For instance, the pulse, blood pressure, and temperature of the body show day-night variations in humans as well as in many other animals. で、話題が動物から人に変わります。ここで触れられている体温 (temperature of the body) に関して具体例を挙げているターゲットセンテンスは、このセンテンスの後に入れるのが適切だと考えられます。
　(D) の後に、These are all examples of a circadian rhythm. . . とそれまでの具体例をまとめる記述があるので、ここからも体温の変化という具体例を挙げているターゲットセンテンスを入れるのに最適なのはこの個所だと確信できます。

Q8. (D)
　この章で取り上げたトーンを表す語句を知っていれば、この設問は簡単に解けます。(A) の hostile（敵対的な）、(B) の admiring（称賛している）、(C) の ironic（風刺的な）はいずれもこのパラグラフのトーンの説明にはなりません。このパラグラフは、動物や人には体内時計があると考えられている理由を、論理的かつ直接的に記述したものです。つまり、neutral や balanced の同義語である (D)objective（客観的な）が正解です。

まとめのアドバイス

　この章で取り上げたのは、最も難しいタイプの問題です。設問によってリーディングの戦略を変えることに慣れてきたと思います。TOEFLでは、戦略的に素早く読むべき時と、じっくりと慎重に読むべき時の両方があるとおわかりいただけたはずです。また、TOEFLは時間との戦いです。それに打ち勝つための速読のコツを次の章で紹介します。

　ここまでは、実際よりも短めのパッセージを読んできました。パッセージの長さを調節することで、解法のポイントをわかりやすくするためです。マラソン選手も、練習の時からフルマラソンを走っているわけではありません。トレーニングは半分ぐらいの距離で行っています。しかし、次の章からは走る距離を長くし、より厳しいトレーニングを積んでいただきます。

　1本のパッセージにかけられる時間は20分です。ひとつの設問を除いて、どれも配点は1問1点ですが、難易度はさまざまです。皆さんの目標は全体の点数を上げることです。難しい問題に時間をかけ過ぎて、易しい問題をやり残すことがないようにしましょう。本書では問題のタイプによって難易度の目安を示してきましたが、これには個人差もあります。ですから、練習を重ねていく中で、自分にとってどのタイプの問題が正解しやすいかといった感触をつかみ、そこから解き始めるようにするといいでしょう。

　また、正しい選択肢を探すより、間違っている選択肢を探したほうが簡単な場合があります。設問によって臨機応変に解答方法を変え、必要な時には消去法を活用しましょう。

TOEFL iBT

Chapter 5 行間を読む：類推問題、修辞目的問題、センテンス挿入問題

Chapter 6

Returning to Strategic Reading

戦略的リーディング再学習：要約問題、分類問題、パラグラフ構成問題

　T. S. エリオットは、その著名な詩集『四つの四重奏曲』の中で、「我が終わりに我が始まりあり（In My End is My Beginning.）」と言っています。これは、最後になって初めて最初の部分を理解するものだという意味です。これは、人生にも、TOEFLにも当てはまる言葉です。

　これまでさまざまな解法や問題の種類を見てきましたが、この章では第2章で取り上げた戦略的リーディングに戻り、それをパラグラフ構成問題と要約問題に加えて、分類問題にも応用していきます。スキミング・スキャニング技術や、細かく慎重に読む技術にばかり注意を向けていると、TOEFLパッセージ全体の構成や構造原理を忘れてしまいがちです。ですから、ここで初心に立ち返って、もう一度、戦略的リーディングを見直したいと思います。

　この章では、素早く戦略的に読む技術とスキミング・スキャニングの技術を統合し、配点が2点以上の要約問題および分類問題に効果的に取り組めるよう指導しています。また、章の最後では、第2章から第5章にかけて段階的に身につけてきた技術を、ほかのタイプの問題にも応用する練習をします。

　ETSでは要約問題と分類問題を Reading to Learn questions と呼んでいます。パッセージの目的、要点、構造を理解しているかどうかを試す問題だからです。必要とされる能力は、次の通りです。

> (1) 要点を抜き出せること
> (2) 詳細に関する記述の中から、どれが重要な証拠や支持内容なのかを判別できること
> (3) 因果関係、比較対比、経過説明、立論などの、修辞目的と構造原理が理解できること
> (4) パッセージの要点と情報を整理して、頭の中で骨格を作れること

　こう書くと難しく思えますが、実際には既に本書で実践していることです。この章でのアドバイスと練習問題を通して、そうした力を伸ばしていきましょう。

Step 1：要約問題

　要約問題では、要点をそれ以外の論点や詳細内容と区別することが主な課題です。パッ

セージの構造を理解し、要点を述べている選択肢とそうでない選択肢とをえり分ける必要があります。一般的に、詳細はパラグラフの中間部分に書かれていて、その内容が再度述べられることはほとんどありません。既に学んだように、要点はパラグラフの最初か最後にあり、また、その内容は何度か繰り返されることがあります。要点は、詳細な点を「頭の中の枠組み」にまとめる役割を果たし、同時に、パッセージの構造原理を表しています。

　第2章でも説明しましたが、要約問題では6つの選択肢の中から、パッセージの要点を述べているものを3つ選ぶことになります。ほかの問題では配点が1問1点ですが、要約問題では最大2点獲得することができます。選んだ選択肢のうち、正解数が0～1個の場合は0点、2個の場合は1点、そして、3個すべて正解すると2点がもらえます。理由はわかりませんが、選択肢をどの順番で選ぼうと点数には影響ありません。正解していれば、パッセージの流れの順に並べなくてもいいのです。しかし、重要度の高いものから選んだほうが、話の流れを追いやすく、また、正解を見つけやすいといえます。

　要約問題では、何がパッセージの要点か、そして、パッセージの中で重要度の高い情報はどれかを理解できるかどうかが試されます。ですから、要点をまとめたり、言い換えたりしている選択肢が正解となります。パッセージと同じ言い回しが使われている選択肢は間違いである可能性が高いと言えます。類推問題の場合と同様に、要点の言い換え表現を選択肢から探す必要があります。

要約問題に対する戦略

(1) ひとつ目の要約文として与えられているセンテンスを読む。このセンテンスは、大抵パッセージの主題を表したもの、第1パラグラフを要約したもの、重要度の高い要点ふたつをまとめたもののいずれかである。

(2) 次に、パッセージのタイトル、第1パラグラフの全体、第2パラグラフ以降の最初と最後のセンテンスの順で読む。ここで、パッセージの枠組みをとらえ、全体構造（時系列、比較、経過説明など）を考える。

(3) 6つの選択肢を読む。(2)で考えた枠組みに当てはまる選択肢がひとつかふたつはあるはずなので、この時点でそれを解答欄にドラッグする。

(4) その後、残りの選択肢をよく読み、それぞれを、「パッセージの内容と合っている」「パッセージの内容と矛盾する」「パッセージには書かれていない」に振り分ける。場合によっては、パッセージをスキミングまたはスキャニングして、選択肢のキーワードを探す必要もある。この時点で、矛盾する選択肢とパッセージ内容とは異なる選択肢を削除する。

(5) 最後に残った選択肢について、主題に関係あるか、詳細を述べているだけかを判断する。ここで再度、パッセージをスキミングまたはスキャニングして、選択肢のキーワードを探す必要もある。消去法で答えを選んで、次の問題に移り、最後に時間があれば見直してもよい。

要約問題は、各パッセージに関する最後の設問（Q13〜14）なので、「後回しにする」ことはできませんが、Q1〜12を解いているので、パッセージの要点はかなりよくわかっているはずです。特に、戦略的リーディング技術を使って、パッセージの主題を枠組みとしてとらえていれば、要点を見つけるのは難しいことではありません。

それでは、第5章で既に読んだパッセージを題材に、練習してみましょう。

Exercise 1-A

上記の戦略を使って、次の要約問題を解いてみましょう。

Circadian Rhythms

Many physical phenomena have their own rhythms, patterns, and timing. There are day-night cycles, cycles of the moon, cycles of the seasons, and many others. Living organisms often display similar rhythmic activities. Among animals there are many physiological and behavioral processes that occur on a regular cycle. One of the most obvious examples of an apparently timed behavior is the sleep-wakefulness cycle of mammals, reptiles, and birds. Another is the return of hunting animals to a particular area 24 hours after a successful hunt there. There are also more subtle physiological processes that have their own periodic changes. For instance, the pulse, blood pressure, and temperature of the body show day-night variations in humans as well as in many other animals. These are all examples of a circadian rhythm, which comes from the Latin *circa*, meaning "approximately," and *dies*, meaning "day." Thus, a circadian rhythm is one that varies with a cycle of roughly 24 hours.

So much rhythmic activity in behavior suggests control by some internal biological clock. The presence of such an internal time-keeping mechanism has been demonstrated experimentally. If it were true that these repetitive 24-hour changes are simply a function of the regular changes in light and temperature that occur in a normal day-night cycle, then an environment with constant light or constant dark should disrupt basic behavior cycles, such as sleep-wake cycles, because there would be no changing cues in the amount of light to indicate the passage of time. However, in numerous studies both animal and human subjects have been found to adjust relatively quickly to an artificial environment with constant light or darkness; they soon begin to live a day-night cycle that is approximately 25 hours long.

Yet, if the internal biological clock is set for about 25 hours, why do our internal and behavioral rhythms continue on a 24-hour cycle? Why doesn't our daily activity cycle drift out of phase with local time? The answer is because there is a mechanism that synchronizes the internal timer with local time. From the behavioral point of view, the most salient aspect of local time is the alternation of light and dark cycles. For there to be an accurate reference against local time, an internal biological clock must be synchronized with the external and local day-night cycle and it must have a stable period that is relatively free of unpredictable environmental fluctuation. This process of synchronization is called "entrainment." This is, of course, what occurs when a person travels by air through several time zones. Initially, the internal clock is still set according to the time at the location the person departed from. But for most people this jet lag is gradually resolved at a rate of 1/2 to 1 hour per day through the entrainment of the biological clock to the local sunlight-to-darkness cycle, though some individuals are able to adjust twice as quickly.

Q.

Directions: An introductory sentence for a brief summary of the passage is provided below. Complete the summary by selecting the THREE answer choices that express the most important ideas in the passage. Some answer choices do not belong in the summary because they express ideas that are not presented in the passage or are minor ideas in the passage. *This question is worth 2 points.*

Throughout the natural world there are many cycles and patterns.

-
-
-

選択肢

(A) Both animals and humans have been found to adapt quickly to environments of total dark or total light.

(B) An internal biological clock is responsible for maintaining circadian rhythms of 24 to 25 hours in length.

(C) The pulse, blood pressure, and temperature of the body show day-night variations in humans as well as in many other animals.

(D) Cycles in humans also reflect the movements of the planets.

(E) Through the process of entrainment, a person's internal bodily clock is kept synchronized with local time.

(F) Plants and animals exhibit a variety of important physiological and behavioral rhythms.

　まず、第1パラグラフの最初と最後の数センテンスを読みます。すると、設問で提示されているひとつ目の要約文 Throughout the natural world there are many cycles and patterns. が最初のセンテンス Many physical phenomena have their own rhythms, patterns, and timing. の言い換えであることがわかります。
　また、3つ目のセンテンス Living organisms often display similar rhythmic activities. は、選択肢の (F) Plants and animals [Living organisms] exhibit a variety of important physiological and behavioral rhythms. と趣旨が同じです。これは、パッセージの要点のひとつで、要約文として選ぶべき選択肢です。

その後、第1パラグラフではある種類のリズムについて話が展開されます。それは、タイトルでもある「概日リズム」というもので、第1パラグラフの最後の2センテンスにその定義が記されています。
　第2パラグラフでは、最初にトピックセンテンスがあり、「行動には多くの律動的活動があり」、「それが体内時計によって制御されているのではないか」と書かれています（このパラグラフでは、後に「体内時計」によって管理されている24時間周期の律動が存在すると説明しています）。この第2パラグラフの最初のセンテンスと第1パラグラフの最後のセンテンスは、選択肢の (B) An internal biological clock is responsible for maintaining circadian rhythms of 24 to 25 hours in length. と同じ内容です。
　こうして、パラグラフの最初と最後のセンテンスを読むという戦略的リーディング技術で、正解をふたつ見つけることができました。しかし、もうひとつの正解は、最後のパラグラフの最初と最後のセンテンスを読んだだけではわかりません。そこで、戦略 (4) を使って考えると、選択肢の (D) Cycles in humans also reflect the movements of the planets. については、パッセージでは述べられていないため、削除できることがわかります。
　次に、戦略 (5) で、選択肢に書かれていることが要点なのか、それとも、詳細にかかわることなのかを見極めます。選択肢の (A) と (C) は、具体的な記述なので、要点とは呼べません。まず、(C) では The pulse, blood pressure, and temperature of the body show day-night variations in humans as well as in many other animals. と具体例が述べられています。具体例は要点にはなり得ません。また、パッセージと同じ言い回しを使っている選択肢は間違いである可能性が高いといえます。従って、(C) は不正解です。選択肢の (A) は、人間には体内時計があるという第2パラグラフの要点に対するひとつの例なので、正解である確率は低いといえます。
　残った (E) の選択肢は、人間が 24〜25 時間の周期を維持するための同調という過程について書かれているものです。これは第3パラグラフで述べられている重要な概念です。従って、(E) が3つ目の正解となります。しかし、これまでとは異なり、解答の鍵となる情報はパラグラフの最初や最後ではなく、中盤に隠されていました。このように例外もあることを覚えておきましょう。パラグラフの最初や最後だけでは答えが見つからない場合には、消去法に頼るか、時間があれば、関連のある情報を探し出してみてください。
　この要約問題の答えは、最終的にこのようになります。

Throughout the natural world there are many cycles and patterns.
(F) Plants and animals exhibit a variety of important physiological and behavioral rhythms.
(B) An internal biological clock is responsible for maintaining circadian rhythms of 24 to 25 hours in length.
(E) Through the process of entrainment, a person's internal bodily clock is kept synchronized with local time.

おわかりの通り、要約問題は難しく、時間がかかります。最後のひとつの選択肢を選ぶ時には、消去法を使って monkey score を上げるしか手がないかもしれません。その場合には、次のことを覚えておいてください。

要約問題で消去法を使って削除すべき選択肢

- 内容が具体的過ぎるもの：具体的な事実や詳細な内容が書かれた選択肢には気をつけましょう。具体例は要点を述べるのではなく、ただ支持するだけです。例が述べられている選択肢を選んではいけません。
- パッセージにはないことが書かれているもの：選択肢に含まれる情報がパッセージあるかどうかを確認しましょう。
- パッセージ内容と矛盾するもの：一見パッセージの概要を表しているように見えても、実際には主題と矛盾する選択肢があります。文簡素化問題でも使われていた「わな」です。
- 同じ言い回しを使ったもの：パッセージと同じ表現や言い回しが使われている選択肢は、おそらく間違いだと考えられます。しかし、100パーセント間違いであるとは限りませんので、内容をチェックする必要はあります。

Exercise 1-B

適切な戦略を使って、次の要約問題を解いてください。

Monkeys

Scientifically, the term "monkey" is applied to a wide variety of long-tailed primates. Although primatologists differ in their opinions about some classifications for the sub-orders, families, and sub-families of monkeys, the existing classification schemes recognize an important distinction between the Old and New World species, and all separate monkeys from the lower primates and from the apes.

Even though Old World and New World monkeys resemble one another, they have for so long evolved independently from one another that they are actually two distinct groups. Moreover, most authorities on monkeys consider the Old World monkeys to be more closely related to humans than New World monkeys are. In addition, Old World monkeys are generally larger than New World monkeys, and some live mostly on the ground. Their tails are not prehensile, and their nostrils are close together and point downward.

Monkeys are found throughout the tropics of Central and South America, Africa, and Asia. However, they are not native to North America, Europe, or Australia. This is all the more unusual because several species of monkeys, such as the rhesus monkey of northern China and the Japanese macaque, occupy temperate habitats. While monkeys are forest inhabitants living in the trees, some of the Old World species are open-country ground dwellers by nature. Like the apes, most monkeys have thumbs and big toes that are opposable and can hold things. In addition, some species have a prehensile, or grasping, tail, like a fifth hand, which they use for clinging to branches. Color vision, acute hearing, and some form of vocalization are all characteristic of monkeys.

The fate of monkeys in their natural environment is uncertain, and primate populations are diminishing all over the world as their habitats are destroyed by human activities. Estimates indicate that only a few thousand orangutans are left in the wild and that the total number of gorillas may be as low as 5,000. The once extensive range of chimpanzees becomes smaller each year as their habitat is encroached upon. The extinction of the mountain gorilla will probably occur within the next decade if land-use practices, poaching, and human indifference continue unabated. Tragically, the same fate may ultimately befall most species of monkeys within a few decades unless human attitudes toward the problem change.

Q.

Directions: An introductory sentence for a brief summary of the passage is provided below. Complete the summary by selecting the THREE answer choices that express the most important ideas in the passage. Some answer choices do not belong in the summary because they express ideas that are not presented in the passage or are minor ideas in the passage. *This question is worth 2 points.*

Monkeys include a wide range of long-tailed primates, but are distinct from apes and lower primates.

-
-
-

選択肢

(A) New World monkeys and humans have a close relationship and have evolved from a common ancestor.

(B) Two species of monkeys, the rhesus monkey of northern China and the Japanese macaque, live in non-tropical regions.

(C) Old World and New World monkeys have a number of different characteristics, including habitat, size, and physiological characteristics.

(D) Two of the widely accepted main classifications of monkeys are New World and Old World monkeys.

(E) Both monkeys and apes have opposable thumbs and can grasp objects.

(F) Monkey populations are declining throughout the world and their survival will probably be threatened in the next few decades unless humans change their ways of treating them.

設問で提示されているひとつ目の要約文とパッセージのタイトルの内容を把握してから、パッセージを戦略的に読むと、全体の骨格が見えてきます。ひとつ目の要約文は第1パラグラフの概要を表したものです。ただし、第1パラグラフはそれでお役御免ではありません。最後のセンテンス (the existing classification schemes recognize an important distinction between the Old and New World species) に書かれた「旧世界のサルと新世界のサルは別々に分類されている」ことが、第2パラグラフの最初のセンテンス (Old World and New World monkeys . . . have for so long evolved independently from one another that they are actually two distinct groups.) でも繰り返されています。ここで選択肢を見ると、(D) と内容が一致していることがわかります。

次に、最後のパラグラフのひとつ目のセンテンスに The fate of monkeys in their natural environment is uncertain, and primate populations are diminishing all over the world as their habitats are destroyed by human activities. と、最後のセンテンスに the same fate may ultimately befall most species of monkeys within a few decades unless human attitudes toward the problem change とあることから、選択肢の (F)Monkey populations are declining throughout the world and their survival will probably be threatened in the next few decades unless humans change their ways of treating them.「世界中でサルの数が減り、人間がその扱い方を変えなければ今後数十年後には生息が危ぶまれるだろう」がパッセージの要点のひとつであると考えられます。このように、パッセージを戦略的に読み、その「枠組み」をとらえることで、答えがふたつ見つかります。

ここで戦略(4)に移ります。残りの選択肢をしっかりと読み、それぞれが、パッセージの内容と一致しているか、矛盾しているか、それとも、無関係なのかを確認していきます。スキミングとスキャニングを通して、選択肢の (A) にある humans（または people）という語を探すと、第2パラグラフに most authorities on monkeys consider the Old World monkeys to be more closely related to humans than New World monkeys are という記述が見つかります。これは、「新世界のサルと人間は関係が深く、同じ祖先から進化したものだ」という選択肢 (A) の内容とは矛盾するため、(A) は正解ではありません。

これで残る選択肢は3つになりました。しかし、選択肢の (B) と (E) 番は内容が具体的過ぎるため、要約文とはいえません。どちらもパッセージの中盤で述べた、概要を支持する記述です。つまり、正解の可能性があるのは (C) しかないことになります。第2パラグラフでは、旧世界のサルと新世界のサルの違いが述べられていますので、Old World and New World monkeys have a number of different characteristics, including habitat, size, and physiological characteristics.「旧世代のサルと新世代のサルは、生息地、大きさ、生理的特徴など、多くの点で異なる特徴を持つ」という (C) が、要約文として適切だとわかります。要約文をまとめると次のようになります。

Monkeys include a wide range of long-tailed primates, but are distinct from apes and lower primates.
(D) Two of the widely accepted main classifications of monkeys are New World and Old World monkeys.
(C) Old World and New World monkeys have a number of different characteristics, including habitat, size, and physiological characteristics.
(F) Monkey populations are declining throughout the world and their survival will probably be threatened in the next few decades unless humans change their ways of treating them.

　要約問題については、この章の最後でさらに練習問題を2題解きます。ここで、分類問題に移りましょう。分類問題では、要約問題と同様に要点を把握する能力と、スキミングとスキャニングを通してその要点を支持する証拠や詳細内容を把握する能力の両方が求められます。

Step 2：分類問題

　分類問題は要約問題の変形だといえます。要点を把握して、それを枠組みに入れるのではなく、出題者側が（2～3点の）枠組みを用意し、それに副次的なポイントや詳細をはめ込む問題だからです。要約問題では、副次的なポイントや詳細を取り除いて正解を見つけますが、分類問題では副次的なポイントや詳細を見つけなければなりません。この問題に対処するためには、パッセージを戦略的に読み、短時間で指定された分類に当てはまる情報を選択する力、そして、その後、スキミングとスキャニングを通して、それぞれの分類の下位区分に当たる詳細内容（性質、特徴、事実など）を見つける力が必要です。

　分類問題では個々のポイントがわかるだけではなく、全体的な構成の枠組みの中で、要点と支持情報をとらえられるかどうかが試されています。この問題に正解できる人は、文章の要点を把握できた上で、それを支持している副次的なポイント、事実、詳細がわかることになります。複雑な問題なので、要約問題を含むほかの問題より多くの配点がつきます。分類問題では、それぞれ配点（大抵は、選択肢が5つの場合は3点、7つの場合は4点）が明記されています。要約問題同様、分類問題は最後に出されます。ひとつのパッセージについて、要約問題と分類問題の両方が出されることはありません。

分類問題に対する戦略

> (1) 分類項目（ほとんどはふたつで、3つの場合もある）をきちんと把握してから、5つまたは7つの選択肢を読む。
> (2) パッセージを戦略的に読み、分類項目を探す（ほとんどの場合、パラグラフの最初のセンテンスにある）。
> (3) 分類項目を見つけたら、その特徴を裏づけたり説明したりしている文章をスキミングし、そこに書かれている情報が選択肢にあれば、解答欄にドラッグする。
> (4) 残った選択肢をよく読み、パッセージに書かれているかどうか、書かれていてもテーマが合っているかどうかを判断する。消去法を使って、適切ではない選択肢を消去する。
> (5) それぞれの分類項目について、パラグラフを最後にもう一度スキミングして内容を確認する。

　分類問題は難しい問題で、解答にかなりの時間を要します。しかし、出題数は最も少なく、大抵はリーディングセクションで1問、多くても2問しか出ません。また、分類問題を解くころにはパッセージを既に何度も読んでいることになり、その分、理解度も増しているはずです。それに加えて、上に挙げた戦略を使えば、正解率はかなり上がります。

　第5章で読んだパッセージ（ポイントや情報が追加され、多少長くなったものですが）を使って、分類問題の練習をしましょう。既に内容がわかっているパッセージを使って練習することで、解法の習得に集中できます。

Exercise 2-A

　適切な戦略を使ってパッセージを読み、次の分類問題とパラグラフ構成問題に答えてください。

Comets

Unlike the planets which revolve around the Sun counter-clockwise in a relatively circular orbit on the same plane, comets approach the Sun in highly elliptical orbits from all directions. In addition, they have very small masses. Each comet has a nucleus that is probably like a large ball of ice mixed with dust and tiny pieces of solid matter. Although most comets are small, the icy core of a large comet may be up to 500 miles (800 km) wide.

As a comet approaches the Sun, the warmed material at the surface of its nucleus evaporates and forms a coma and tail. Some of the material—for example, carbonates and silicates in the form of small grains and flakes—does not evaporate, however, but keeps moving along in association with the comet's main mass. When the Earth passes through a region of small cometary particles of this nature, a meteor shower is observed. More than 100,000 "shooting stars" may be seen lighting up the sky in the course of several hours.

This loss of particles by a comet, together with the loss of gas involved in forming a tail, slowly reduces the comet's mass. After many orbits around the Sun, the comet is likely to become a stream of small particles. The fact that new comets are sighted every year, and presumably have been appearing since the earliest days of the Solar System, indicates that somewhere there must be a large supply of their cometary material. This supply is thought to exist at the outer edges of the Solar System, beyond the orbit of the farthest planet, because most comets have orbits that take them out of the trans-Neptune regions.

Another celestial body of somewhat enigmatic origin is the true meteor—not the particles left by comets. The speeds and directions of meteors indicate that most revolve around the Sun but in a much tighter orbit than comets. Moreover, most meteors, unlike comets, have solid cores. When meteors enter the Earth's atmosphere they tend to burn up, but ones which are large or extremely dense may land on the Earth's surface. The meteor fragments that actually reach the surface of the Earth are of two kinds: dense stony meteorites and even denser and more numerous meteorites consisting mostly of iron. The iron meteorites are probably fragments of asteroids that once were at least as large as Ceres, the biggest of all asteroids in the Solar System.

Yet another important celestial object in our Solar System is the asteroid. They are larger than meteors and do not behave like comets. Asteroids vary greatly in size from hundreds of kilometer in diameter to rocky clumps ten or twenty meters wide. Several of the largest are round in shape and similar to miniature planets. The vast majority, however, are much smaller in size and irregularly shaped. Most asteroids revolve around the Sun in a region called the "asteroid belt" between Mars and

Jupiter. The fact that so many asteroids are found in the same vicinity leads astronomers to believe that they are the remains of a planet that disintegrated. The physical make-up of asteroids is varied. Some have bodies with a solid rocky core, with a greater or lesser metallic content, while others are piles of stony rubble barely held together by gravity.

訳例は p.336 にあります（最初の 3 パラグラフは p.121 の Comets と同じ内容です）。

Q1.

Directions: Complete the table below by indicating which of the answer choices describe characteristics of comets and which describe characteristics of meteors. *This question is worth 3 points.*

Comets
-
-
-

Meteors
-
-

（ 選択肢 ）

(A) Have highly irregular orbits
(B) Partly evaporate when nearing the Sun
(C) Probably the remains of a demolished planet
(D) Possess dense cores
(E) Often made of iron
(F) May be hundreds of miles in diameter
(G) Cause great destruction if they collide with the Earth

Q2. What principle does the author use to organize paragraph 4?

選択肢

(A) Comparison
(B) Chronology
(C) Cause and effect
(D) Spatial orientation

Q3. Which of the following phrases best characterizes the organization of the passage?

選択肢

(A) A narrative
(B) An argument
(C) Cause and effect
(D) Division and classification

解答と解説

Q1. Comets (A)、(B)、(F)　Meteors (D)、(E)

まず、戦略(1)に沿って、分類項目が「すい星」と「流星」であることを把握し、それぞれの「特徴」を表している選択肢を探します。

戦略(2)として、第1パラグラフの最初と最後のセンテンス、および、それ以外のパラグラフについても最初と最後のセンテンスを読み、頭の中でパッセージの枠組みを組み立てます。これが、分類問題に役立ちます。

- Unlike the planets which revolve around the Sun counter-clockwise in a relatively circular orbit on the same plane, comets approach the Sun in highly elliptical orbits from all directions. . . . Although most comets are small, the icy core of a large comet may be up to 500 miles (800 km) wide.
- As a comet approaches the Sun, the warmed material at the surface of its nucleus evaporates and forms a coma and tail.
- This loss of particles by a comet, together with the loss of gas involved in forming a tail, slowly reduces the comet's mass.

- Another celestial body of somewhat enigmatic origin is the true meteor—not the particles left by comets.
- Yet another important celestial object in our Solar System is the asteroid.

これらのセンテンスから、以下の枠組みが見えてきます。

[枠組み]
太陽系に存在する物体（天体）
　すい星（comet）
　流星（meteor）
　小惑星（asteroid）

　このパッセージからは、「すい星」「流星」「小惑星」3つの分類項目を抽出することが可能ですが、設問にはふたつの項目しかありません。つまり、小惑星について書かれた最後のパラグラフは読まずに済むかもしれないのです。
　ここで、戦略(3)を用いて、すい星と流星の性質に関する記述をスキミングとスキャニングを通して探し、それが選択肢と合致するかどうかを見てみましょう。すい星については第1～3パラグラフで、流星については第4パラグラフで取り上げられています。
　そこで、第1～3パラグラフを読むと、すい星に関する詳細や性質には次のものがあることがわかります。
- highly elliptical orbits from all directions
- very small masses
- a nucleus . . . like a large ball of ice mixed with dust and tiny pieces of solid matter
- the icy core of a large comet may be up to 500 miles (800 km) wide
- As a comet approaches the Sun, the warmed material at the surface of its nucleus evaporates
- This loss of particles by a comet, together with the loss of gas involved in forming a tail, slowly reduces the comet's mass

第4パラグラフからは、流星に関して次のような詳細や性質がわかります。
- revolve around the Sun but in a much tighter orbit than comets
- solid cores
- dense stony meteorites and even denser and more numerous meteorites consisting mostly of iron. The iron meteorites. . .

　従って、選択肢は次のように分類することができます。

Comets
- (A) Have highly irregular orbits
- (B) Partly evaporate when nearing the Sun
- (F) May be hundreds of miles in diameter

Meteors
- (D) Possess dense cores
- (E) Often made of iron

　ここでは、解答として求められている5つの特徴（すい星3つ、流星ふたつ）すべてを分類することができたので、戦略(4)を使う必要はないでしょう。しかし、念のため、残りの選択肢をチェックしてみます。
　最後のパラグラフにある The fact that so many asteroids are found in the same vicinity leads astronomers to believe that they are the remains of a planet that disintegrated. から、a planet that disintegrated「分解された惑星」とはすい星や流星ではなく小惑星のことだとわかるため、これに近い内容を表す (C) は正解にはなりません。
　選択肢 (G) の Cause great destruction if they collide with the Earth「地球と衝突すると大規模な破壊を引き起こす」ことについては、パッセージで触れられていません。実際にはありそうなことでも、パッセージに書かれていなければ正解にはなり得ません。TOEFLで求められているのは、パッセージの内容と一致するかどうかを判断する力です。一般教養や専門知識（この問題では天文学）を試しているわけではありません。
Q2. (A)
　第4パラグラフの最初の3センテンスで、流星とすい星が比較されています。従って、(A) の「比較」が正解です。続く3センテンスは直接両者を比較するものではありませんが、その前の内容から、流星とすい星の性質の違いを述べていると理解することができます。このパラグラフでは、流星とすい星を「対比」させているとも言えますので、contrast という選択肢があれば、それが正解になります。
Q3. (D)
　戦略的リーディング技術を使ってパッセージを読めば、ここでは、すい星、流星、小惑星という3種類の「天体」が取り上げられていることがわかります。従って、(D) の「区分と分類」が正解です。

　次の例題に取り掛かる前に、iBT で出題される分類問題の種類を紹介しましょう。

表の種類

表には欄が2〜3つあり、答えの数（5つと7つの場合がある）だけ、表の中に黒丸が表示されています。考えられる組み合わせは以下の通りです。

タイプ1　　ふたつの欄に合計5つの選択肢が入る
タイプ2　　3つの欄に合計5つの選択肢が入る
タイプ3　　ふたつの欄に合計7つの選択肢が入る
タイプ4　　3つの欄に合計7つの選択肢が入る

正しい選択肢を選ぶだけではなく、それを適切な欄に入れないと得点にはなりません。答えが全部合っていなくても、正解した分だけ点数がもらえることがあります。また、選択肢は正解数より多く用意されていますので、使わない選択肢もあります。

正解数と得点の関係

正解総数が5つの場合（タイプ1とタイプ2）
正解数	スコア
0〜2	0点
3	1点
4	2点
5	3点

正解総数が7つの場合（タイプ3とタイプ4）
正解数	スコア
0〜3	0点
4	1点
5	2点
6	3点
7	4点

それでは、新しいパッセージを使った練習問題をしましょう。問題の種類はさまざまで、最後には分類問題が入っています。これまでは比較的短めのパッセージで練習してきましたが、ここではそれよりも100〜200語多い、本番と同じ長さのパッセージを使います。

Exercise 2-B

次のパッセージを戦略的に読み、適切な戦略を使ってそれぞれの設問に答えてください。

Volcanic Materials

① Volcanoes are vents or openings in the Earth's crust through which hot gases, liquids, and solid materials pour out from the planet's molten core to its surface. They may form on the surface of continents or on the ocean floor, and depending upon their state of activity, they are classified in three different ways. When a volcano is actually erupting or has erupted recently it is said to be active; when it has not erupted for a long time it is said to be dormant; and when it is believed to no longer be even potentially active it is said to be extinct. Regardless of which category a volcano is placed in, its state can change unexpectedly.

② When volcanoes do erupt, they throw out several types of materials. The first type, molten lava, is usually the most abundant. However, depending upon its varied composition, lava may be thin and flow easily or be very thick and flow slowly. Though it will solidify more quickly than thick lava, thin lava is much more destructive because it will flow farther and potentially destroy villages or settlements near the volcano's base. Regardless of type, before it begins to cool, the temperature of lava usually reaches an amazing 1,000-1,200° Celsius; it is the hottest substance on the face of the Earth.

③ Gases are a second kind of material produced during volcanic eruptions, and steam is by far the most profusely extruded gas. There are two ways that it is formed: when water beneath the ground meets the hot magma, and from the water vapor that is dissolved in the magma itself. Many other kinds of gas are also given off but in much smaller amounts than the steam. Around or near volcanoes, there are often fissures or holes from which steam and other gases escape. These are called "fumaroles." Some volcanic gases such as carbon monoxide, sulfur dioxide, and hydrogen sulfide are poisonous, and when these pour out of fumaroles before or during an eruption they pose significant danger to any animals or humans that are near. Starting a few days before major eruptions, some volcanoes emit large amounts of gas from their fumaroles.

④ The third kind of material thrown out by volcanoes consists of rock fragments of varying sizes. These are actually pieces of solidified lava shot out by the force of the escaping gases. The smallest of the rock particles are volcanic ash. A powerful eruption may send out great clouds of these onto the surrounding lands and may even change global weather patterns if enough scorched dust is spewed high enough into the atmosphere. For instance, the massive explosions of Mt. St. Helens in Washington in 1980 and Krakatoa in Indonesia in 1883 spread ash into the jet stream and had measurable effects on climate patterns worldwide. Cinders are slightly larger and heavier particles of rock which are extruded from a volcano and tend to settle around its base. Various sized rock fragments with a rounded shape are called volcanic bombs, and even several-ton boulders can be flung many miles away from an erupting volcano.

⑤ The lava and solid materials that are produced during eruptions create massive rock piles, called cones, around a volcano. These are classified into three main varieties. Shield cones are built up from layer upon layer of lava slowly flowing out around the volcanic opening. As the lava spills out and then cools, the surrounding cone comes to look like a shield lying on the ground. Shield volcanoes are usually not very tall and they erupt slowly over time. By contrast, explosive eruptions form what are called cinder cones. Since these are essentially a pile of solid fragments flung out during an eruption they have fairly narrow bases and steep sides; because their materials are loosely arranged, cinder cones are seldom very high. Composite cones are a combination of rock fragments and alternating layers of cooled lava that has solidified at different times, and they reach the greatest heights. Some of the world's best known volcanic mountains, such as Mount Fuji in Japan and Mount Rainier in the United States, are examples of these.

訳例は p.336 にあります。

Q1. According to paragraph 1, what kind of volcano is thought to be incapable of erupting again?

選択肢

(A) Active
(B) Dormant
(C) Sleeping
(D) Extinct

Q2. What does paragraph 1 mainly discuss?

選択肢

(A) The dangers of volcanoes
(B) Materials produced by volcanoes
(C) Where volcanoes occur
(D) The states of volcanoes

Q3. What can be inferred about lava from paragraph 2?

選択肢

(A) It has limited destructive power.
(B) It flows slowly and cools quickly.
(C) It eventually creates rich soils.
(D) It exists in a variety of forms.

Q4. The word pose in the passage is closest in meaning to

選択肢

(A) present
(B) signal
(C) position
(D) evade

Q5. The word these in the passage refers to

選択肢
(A) rock fragments
(B) pieces of solidified lava
(C) escaping gases
(D) rock particles

Q6. The word massive in the passage is closest in meaning to

選択肢
(A) sudden
(B) gigantic
(C) loud
(D) astonishing

Q7. Which type of volcanic cone is NOT mentioned in paragraph 5?

選択肢
(A) Symmetrical
(B) Shield
(C) Cinder
(D) Composite

Q8. In paragraph 5, the author implies that the highest volcanic cones are produced by what kind of eruption?

選択肢

(A) An explosive eruption
(B) A gaseous eruption
(C) A gradual eruption
(D) An intermittent eruption

Q9. Paragraph 5 is generally organized according to which principle?

選択肢

(A) Argument with supporting points
(B) Comparison
(C) Division and classification
(D) Cause and effect

Q10. The following sentence can be added to the passage.

Obviously, because of their sheer size and the distance they can travel in the air, these larger fragments present the greatest threat to population centers located some distance away from the immediate base of the mountain.

Where would it best fit in the passage?

Click on the square [■] to add the sentence to the passage. Scroll the passage to see all of the choices.

問題文

The third kind of material thrown out by volcanoes consists of rock fragments of varying sizes. (A) ■ These are actually pieces of solidified lava shot out by the force of the escaping gases. The smallest of the rock particles are volcanic ash. (B) ■ A powerful eruption may send out great clouds of these onto the surrounding lands and may even change global weather patterns if enough scorched dust is spewed high enough into the atmosphere. For instance, the massive explosions of Mt. St. Helens in Washington in 1980 and Krakatoa in Indonesia in 1883 spread ash into the jet stream and had measurable effects on climate patterns worldwide. Cinders are slightly larger and heavier particles of rock which are extruded from a volcano and tend to settle around its base. (C) ■ Various sized rock fragments with a rounded shape are called volcanic bombs, and even several-ton boulders can be flung many miles away from an erupting volcano. (D) ■

Q11.

Directions: Complete the table below by indicating which features are associated with each of the three types of materials produced by volcanoes. *This question is worth 4 points.*

Lava
-
-

Gas
-
-
-

Rock fragment
-
-

Features of Volcanic Materials

選択肢

(A) Contains steam
(B) Sometimes in the form of cinders
(C) Emitted only at the end of an eruption
(D) Reaches the highest temperatures
(E) May influence climate
(F) May precede an eruption
(G) Found only on the ocean floor
(H) Can be toxic
(I) Most plentiful

解答と解説

　パッセージが長くなり、問題数も増え、要約問題や分類問題が含まれるため、戦略的リーディング技術がこれまで以上に重要となります。

　Volcanic Materials というタイトルから、このパッセージの内容が火山に関するものであることと、構造が「種類」、つまり、区分と分類であることがわかります。導入部分である第1パラグラフには、予想した通り、主題である「火山」の定義があります。また、3種類の活動状態についても触れられています。そして、第2～5パラグラフの最初のセンテンスを読めば、次のような枠組みが見えてきます。

① 第1パラグラフで火山の定義とその活動状態の説明が提示されている。
② 火山が噴火すると数種類の物質が放出される。1種類目は溶岩である。
③ 噴火時に発生する2種類目の物質が気体で、その中でも水蒸気の噴出が圧倒的に多い。
④ 火山が放出する3種類目の物体はさまざまな大きさの岩の破片である。
⑤ 噴火時に出現した溶岩や固体物質が、火山の周りに火山円すい丘と呼ばれる巨大な岩の山を造る。

　つまり、このパッセージは、主に3種類の火山物質について述べ、最後にその物質が形成する「火山円すい丘」に触れられているといった構成になっています。ここから、分類問題が出されるだろうという予想もできます。

Q1. (D)

予想した通り、最初の問題は第1パラグラフに関する内容一致問題でした。パラグラフ中盤で火山の状態が説明されています。ここにあるのは、active、dormant、extinct なので、まず、(C) の Sleeping は正解にはなり得ません。3種類の状態のうち、設問の incapable of erupting again「二度と噴火することができない」を表す記述をパラグラフから探すと、is believed to no longer be even potentially active it is said to be extinct とありますから、正解は (D) の「死火山の」だとわかります。

Q2. (D)

第1パラグラフは、最初のセンテンスで火山を定義し、その後は最後まで、火山活動について説明するという構造になっています。従って、このパラグラフで主に述べられているのは、(D) の「火山の状態」についてです。

Q3. (D)

設問に can be inferred とありますが、これは内容一致問題に近いタイプの類推問題です。第2パラグラフでは溶岩に関して、depending upon its varied composition, lava may be thin and flow easily or be very thick and flow slowly と述べ、その後、thin lava「粘度の低い溶岩」の例が続いています。ここから、「溶岩にはさまざまなタイプがある」という (D) が正解だと判断できます。

(A) の「破壊力には限界がある」は、パラグラフ中盤の potentially destroy villages or settlements near the volcano's base と、(B) の「ゆっくり流れ、急速に冷える」は lava may be thin and flow easily or be very thick and flow slowly と矛盾します。rich soil「肥よくな土地」については触れられていないため、(C) も不正解です。

Q4. (A)

この pose は第3パラグラフの後半にあります。そのセンテンス全体を読むと、Some volcanic gases . . . are poisonous, and when these pour . . . they pose significant danger to any animals or humans. . . というつながりが見えます。つまり、「火山から噴出される気体には有毒なものもあるので、それが出ると、動物や人間に危険が pose する」ということ。この流れから、「提示する、引き起こす」の意味を持つ (A) の present が正解だと判断できます。

before . . . an eruption から、気体噴出が噴火の兆候に当たると考えると、(B) の signal を選んでしまうかもしれません。しかし、before or during an eruption「噴火前もしくは噴火中に」と書かれているので、気体の噴出は必ずしも前もって起きることではありません。この選択肢は一種の「引っ掛け」です。pose と position は「姿勢(を取らせる)」という意味では同義語なので、文脈を考えないで選ぶと (C) が正解だと思ってしまいます。(D) は evade「逃れる、脱税する」という単語を知らない受験者を惑わせる選択肢です。

Q5. (D)

these の前にある複数名詞で、send out「送り出す」の目的語となるものを探します。これに当たるのは、(D) の rock particles だけです。パッセージには、The smallest of the rock particles are volcanic ash. A powerful eruption may send out great clouds

183

of these onto the surrounding lands and may even change global weather patterns if enough scorched dust is spewed high enough into the atmosphere. とありますが、選択肢では the smallest of が省かれているため、見つけづらかったかもしれません。また、great clouds of these からそれが雲状になることが、enough scorched dust から粉じんであることが、into the atmosphere から大気中に舞うものであることがわかります。このように文脈と照らし合わせることで、these は「岩石粒子」を指していると確認できます。

Q6. (B)
　パッセージの massive の代わりに、どの選択肢を入れても、explosions とはつながります。しかし、このセンテンスは、前のセンテンスにある may even change global weather patterns if enough scorched dust is spewed high enough into the atmosphere「大気中に大量の粉じんがまかれると天候パターンが変わることもある」という記述の例なので、量の多さにつながるのは (B) の gigantic「巨大な」だけです。

Q7. (A)
　ここでは第5パラグラフのスキミングとスキャニングを通して、選択肢の4語を探せば答えが見つかります。volcanic cones の種類として挙げられているのは、shield volcanoes、cinder cones、composite cones の3つです。従って、(A) が正解となります。

Q8. (D)
　これは、intermittent「断続的な」の意味を知っている必要があり、その上で alternating layers of cooled lava that has solidified at different times「異なった時期に冷えて固体化した溶岩が交互に層を成したもの」という文脈から intermittent の意味につなげなければならないので、内容一致問題と類推問題の中間にある問題だと言えます。
　まず、スキミングとスキャニングを通して、設問文にある the highest volcanic cones の同義語を探すと、パラグラフ後半の they reach the greatest heights という表現を見つけることができます。その前には、Composite cones are a combination of rock fragments and alternating layers of cooled lava that has solidified at different times とあります。「別々の時に固まった溶岩が、最大の高さに達した」というつながりです。溶岩が別の時期に固まるということは、噴火も別の時期にあるということ。従って、その噴火は explosive「爆発的な」でも、gaseous「ガス状の」でも、gradual「徐々に起こる」でもなく、intermittent「断続的な」と形容するのが適切だとわかります。

Q9. (C)
　第5パラグラフの構造原理は、ほかのパラグラフと同様、(C) の Division and classification（区別と分類）です。パラグラフの冒頭で、The lava and solid materials that are produced during eruptions create massive rock piles, called cones, around a volcano. These are classified into three main varieties. と、火山円すい丘には3種類あることが述べられています。この2センテンスを読んだだけで、このパラグラフではこの後、詳しい説明や具体例が続くと予測できます。実際に読んでみると、やはり、

それぞれの種類の形成方法が書かれています。従って、このパラグラフは「区別と分類」を構造原理としていることがわかります。

Q10. (D)

指示語問題の戦略を使って、ターゲットセンテンスの these larger fragments が何を指しているか考えます。火山の話なので、fragments が噴火時に放出されるものだということはすぐにわかります。それに larger という形容詞がついていることに注目し、パラグラフをスキミングしてみると、最後のセンテンスに volcanic bombs や several-ton boulders という表現が見つかります。

また、ターゲットセンテンスの their sheer size and the distance they can travel in the air「その巨大さと空中を飛んで移動できる距離」と、パラグラフの even several-ton boulders can be flung many miles away from an erupting volcano「数トンもの巨石が噴火した火山から何マイルも離れた所まで飛ばされることさえある」は、構文や語彙は違っていても、同じことを表しています。ターゲットセンテンスの their と they が volcanic bombs や several-ton boulders を指していると考えれば、present the greatest threat to population centers...「人口密集地に最大の脅威を与える」と話がつながります。従って、ターゲットセンテンスは (D) の部分に入れればいいとわかります。

Q11. Lava：(I)(D)、Gas：(A)(H)(F)、Rock fragments：(E)(B)

この分類問題は、3つの欄に7つの選択肢を入れるもので、TOEFL の中で最も難しい問題です。しかし、戦略的リーディング技術を使って、頭の中にパッセージの枠組みを作ってしまえば、手も足も出ないということはありません。

まず、3つの分類である lava、gas、rock fragments は、火山が噴出する物質（volcano materials）として、それぞれ第2〜4パラグラフで説明されていることを把握します。そこでこの3パラグラフのトピックセンテンスを読んだ上で、詳細を見ていくことにします。

Lava「溶岩」については、第2パラグラフに usually the most abundant とあり、これが (I) most plentiful に当たります。また、最後の the hottest substance on the face of the Earth は (D) reaches the highest temperatures のことです。

次に、Gas「気体」に関する詳細を第3パラグラフから読み取ります。最初のセンテンスの steam is by far the most profusely extruded gas は (A) contains steam と、中盤の Some volcanic gases . . . are poisonous は (H)can be toxic と、最後のセンテンスの a few days before major eruptions, some volcanoes emit large amounts of gas は (F) may precede an eruption と同じ内容を表す記述です。

最後の Rock fragments「岩の破片」は第4パラグラフのテーマです。ここでは中盤で、セント・ヘレンズ山やクラカトアの大噴火を例に、even change global weather patterns と述べています。これは、(E) may influence climate と同じことです。また、後半のセンテンスに、Cinders are slightly larger and heavier particles of rock とあります。パラグラフ冒頭の rock fragments of varying sizes を踏まえて、larger や heavier と述べているので、cinder も rock fragments の一種だということはわかります。従って、

(B) sometimes in the form of cinders も、Rock fragments の欄に入れることができます。

この分類問題では、まず、パッセージの枠組みをとらえ、その後、詳細内容を適切な分類項目の欄に入れることが求められています。

この章では、分類問題や要約問題の対策として、頭の中で枠組みを作る練習をしていますが、長い目で見ると、これは留学を含む学業全般に必要な技術といえます。記事や書物を読んだ時に、重要なポイントを頭の中で整理することができれば、学問研究に非常に役立ちます。また、新しい状況にも対処できます。枠組みでとらえる能力を持っていると、教科書などから要点やそれを指示する情報を再構築することができ、試験やレポート作成にもよい効果をもたらします。

Step 3：まとめの練習問題

これから読むパッセージは、iBT のリーディングパッセージと同じ長さ（700 語）です。設問の数もまったく同じですが、問題のタイプの構成は、要約問題と分類問題の両方を入れた点だけが異なります。時間を計りながら解答し、終わった時点で正確に何分かかったかを書き留めてください。

Exercise 3

次のパッセージを戦略的に読み、問題のタイプによって戦略を使い分けながら解答していきましょう。解答にかかった時間を忘れずに計ってください。

The Study of Light

Although in contemporary physics light can be considered either a wave or a particle, depending upon one's theoretical or experimental perspective, broadly speaking it is best conceived simply as a form of energy. Light moves in a straight line through space, except when space is curved by gravity, and where its path is blocked a shadow is created. The darkness of this shadow depends upon the density and the make-up of the matter that is blocking the light, such as a white curtain or large building. The more solid and opaque the material that is blocking its path, the darker the shadow.

② It is much easier to describe the interaction of light with matter than to explain what light is. One reason for this is that light cannot be seen until it interacts with matter, such as by striking an object. A beam of light is invisible to humans unless there are physical particles that reflect some of its rays to the eye. Moreover, light travels very fast. Of course, we now know that light moves at the speed of 300,000 kilometers, or about 186,000 miles, per second.

③ One of the first experiments to measure the speed of light was designed by Galileo and carried out by his colleagues in 1667. According to the scheme, two men were stationed across from each other on facing hilltops. Each had a shaded lantern. The first man was to uncover his lantern, and as soon as the second man saw the light he was to uncover his own lantern. By measuring the time that elapsed between the moment the first lantern was uncovered and the moment a return beam was detected, the scientists hoped to determine whether any time had elapsed. However, the speed of light is much too fast to be measured over this short of a distance and with this simple a methodology, and the scientists wrongly concluded that light traveled instantaneously.

④ Later in the 17th century, Olaus Roemer, a Danish astronomer, discovered by accident the first viable approach to measuring the speed of light. During his studies of the eclipses of Jupiter's moons he noticed that the time between eclipses varied by several minutes. For example, as the Earth approached Jupiter, the time between eclipses grew shorter. And as the Earth receded from Jupiter, the time between eclipses grew longer. As a result of his observations made with no other instrument than a telescope, Roemer proposed that these discrepancies could be used to calculate the time required for light to travel the diameter of the Earth's orbit. However, because the precise size of the Earth's orbit was still unknown, because Jupiter's orbit is elongated, and because Jupiter's irregular surface caused variation in timing the eclipses, he did not arrive at an accurate estimate of the speed of light. Nevertheless, he demonstrated the tremendously important principle that light actually took time to travel and that its speed was too fast to measure on Earth with the instruments available to his contemporary scientists.

⑤ It was not until 1849 that a relatively precise way to measure the speed of light was found. This method relied not upon astronomical observations but upon carefully controlled conditions on Earth. Armand Fizeau, a French physicist, designed an experimental apparatus by which a beam of light was sent through a notch in a disk rotating at high speed, reflected from a mirror, and then returned to the disk. The disk had 720 notches. When the returning light passed through a notch, an observer could detect it; if it hit between notches it would not be observed. The distance and time light would travel from the open notch to the mirror and back to the point where a tooth could block the light was measured. With this information Fizeau calculated that the speed of light in air was 313,000 kilometers per second. Later investigators refined this method. In 1862, Jean Foucault, for instance, replaced the disk with rotating mirrors and arrived at a value of 298,000 kilometers per second. Since the speed of light in a vacuum is 299,792 kilometers per second, both Fizeau's and Foucault's findings were nothing less than remarkable, given the level of technology that was available to them.

訳例は p.337 にあります。

Q1. The phrase broadly speaking in the passage is closest in meaning to

選択肢

(A) in this case
(B) at times
(C) in general
(D) by experts

Q2. According to paragraph 2, what must be present for light to be seen by the human eye?

選択肢

(A) Matter
(B) Radiation
(C) Color
(D) Dispersion

Q3. What does paragraph 2 mainly discuss?

選択肢

(A) The speed of light
(B) The interaction of light and matter
(C) How light affects the human eye
(D) What light is made of

Q4. Paragraph 3 implies that Galileo's experiment with light was a failure because

選択肢

(A) light travels too fast to be measured in such a way
(B) the lanterns were not bright enough to serve as light sources
(C) light travels instantaneously under such conditions
(D) the scientists failed to follow Galileo's precise directions

Q5. The word colleagues in the passage is closest in meaning to

選択肢

(A) assistants
(B) fellow scientists
(C) competitors
(D) paid workers

Q6. According to paragraph 4, what was unusual about Olaus Roemer's invention of a method for measuring the speed of light?

(選択肢)

(A) It was achieved only after years of painstaking study.
(B) It was originally proposed by Galileo.
(C) It was widely criticized by other scientists of his day.
(D) It was discovered by chance while doing other research.

Q7. Which of the following factors is NOT mentioned in paragraph 4 as making it difficult for Olaus Roemer to calculate the speed of light?

(選択肢)

(A) No one knew the actual size of the Earth's orbit.
(B) Jupiter's orbit is elliptical.
(C) Light travels more quickly in space.
(D) The surface of Jupiter is uneven.

Q8. The word it in the passage refers to

(選択肢)

(A) a disk
(B) the returning light
(C) a notch
(D) an observer

TOEFL iBT

Q9. In paragraph 5, what is the author's attitude toward the research of Armand Fizeau and Jean Foucault?

選択肢
(A) Admiring
(B) Critical
(C) Sarcastic
(D) Distressed

Q10. What principle does the author use to organize paragraph 5?

選択肢
(A) Chronology
(B) Cause and effect
(C) Classification
(D) Definition

Q11. Look at the four squares [■] that indicate where the following sentence can be added to the passage.

In fact, it moves so fast that for centuries scientists disputed whether it required any time at all to move from one point to another.

Where would the sentence best fit?

It is much easier to describe the interaction of light with matter than to explain what light is. (A) ■ One reason for this is that light cannot be seen until it interacts with matter, such as by striking an object. (B) ■ A beam of light is invisible to humans unless there are physical particles that reflect some of its rays to the eye. (C) ■ Moreover, light travels very fast. (D) ■ Of course, we now know that light moves at the speed of 300,000 kilometers, or about 186,000 miles, per second.

Q12.

Directions: An introductory sentence for a brief summary of the passage is provided below. Complete the summary by selecting the THREE answer choices that express the most important ideas in the passage. Some answer choices do not belong in the summary because they express ideas that are not presented in the passage or are minor ideas in the passage. *This question is worth 2 points.*

Historically light has been difficult to study because it travels so quickly and it can only be seen when it interacts with matter.

-
-
-

選択肢

(A) The darkness of a shadow is determined by the density and opaqueness of the object that is blocking the light.

(B) Olaus Roemer used astronomical observation to discover that light actually took time to travel across space.

(C) Galileo and his colleagues were the first scientific team to successfully measure the speed of light.

(D) Galileo's early experiment with light came to the wrong conclusion that light traveled instantaneously.

(E) Armand Fizeau and Jean Foucault designed machinery that led them to approximate the actual speed of light.

(F) Early experiments in measuring the speed of light helped scientists such as Einstein realize that the speed of light was constant.

Q13.

Directions: Complete the table below by indicating which of the answer choices describe characteristics of Olaus Roemer's experiment and which describe characteristics of Armand Fizeau's experiment. *This question is worth 3 points.*

Olaus Roemer's Experiment
-
-
-

Armand Fizeau's Experiment
-
-

(選択肢)

(A) Carefully observed the eclipses of the Earth's moon
(B) Employed a rotating disk
(C) The first realistic method to measure the speed of light
(D) Made a specific estimate of the speed of light
(E) Concluded that light traveled instantaneously
(F) Demonstrated the principle that light takes time to travel
(G) Relied mainly on a telescope

Q14. The time it took you to read the passage and answer the questions.

読むのにかかった時間：＿＿＿＿＿＿＿

解答と解説

Q1. (C)
　この語彙問題では、語句自体の意味とそれが使われている文脈を理解しているかどうかが問われています。broadly speaking は in general の同義語なので、正解は (C) です。ここでは light を a form of energy と説明しています。(A) の「この場合は」、(B) の「時々」、(D) の「専門家によって」では話がつながりません。また、Although in contemporary physics light can be considered either a wave or a particle, depending upon one's theoretical or experimental perspective という「専門的な」見方に対して、it is best conceived simply as a form of energy と述べていることからも、(C) の「一般的に」が適切だとわかります。

Q2. (A)
　これは最も単純な内容一致問題で、パラグラフ中に少なくとも3回ヒントが出てきます。スキミングとスキャニングを通して選択肢の語句を探していくと、light cannot be seen until it interacts with matter, such as by striking an object と A beam of light is invisible to humans unless there are physical particles that reflect some of its rays to the eye とあります。この下線部から正解が (A) の「物体」だとわかります。ほかの3つの選択肢については、同義語も含めて、このパラグラフでは触れられていません。

Q3. (B)
　これは、主題問題のうち、やや引っ掛かりやすい典型的な問題といえます。まず、パラグラフの最初と最後のセンテンスを読むことから始めましょう。最初のセンテンスには It is much easier to describe the interaction of light with matter than to explain what light is. と、最後のセンテンスには Of course, we now know that light moves at the speed of 300,000 kilometers, or about 186,000 miles, per second. とあるので、この時点では (A) の (B) のどちらが正解か判断できません。そこで、パラグラフをもう少し丁寧に読む必要が出てきます。ふたつ目と3つ目のセンテンスでは、最初のセンテンスで提示された「光と物質の相互作用」について掘り下げていて、最後の2センテンスでは「光の速さ」について書かれています。

　さらに、このパラグラフでは、最初のセンテンスの内容に対する理由を、ふたつ目のセンテンスで One reason for this is... と、4つ目のセンテンスで Moreover... と述べています。ここから、Moreover 以下に書かれたことは、このパラグラフの主な内容ではなく、副次的なポイントであるとわかります。英語ではほとんどの場合、まず要点を述べ、その後、詳細や解釈を使ってその要点を支持する書き方をしますが、ここでもその様式が取られています。このパラグラフで主に（mainly）述べられているのは (B) についてだとわかります。

　(C) の「光が人間の目に与える影響」は詳しく述べられてはおらず、(D) の「光の構成要素」についてはまったく触れられていません。

Q4. (A)
　これは、「にせ類推問題」です。implies ... とありますが、答えはこのパラグラフの最

後に、the speed of light is much too fast to be measured over this short of a distance and with this simple a methodology, and the scientists wrongly concluded that light traveled instantaneously と明記されています。これをまとめた(A)が正解です。(B) と (D) は、このパラグラフで触れられていません。最後の the scientists wrongly concluded that light traveled instantaneously は、light traveled instantaneously というのは間違った結論だということ。つまり、(C) とは矛盾します。

Q5. (B)
この問題を解くのに必要なのは、戦略ではなく語彙の知識です。colleague は coworker「同僚」の意味で、ここでは (B) の「一緒に働いている科学者」を指します。
単語単体の意味と文法的なことを考えれば、colleagues の代わりにほかの3つの選択肢を入れても、文としては成立します。パラグラフの最後にある、the scientists wrongly concluded that . . .「その科学者たちは……という間違った結論を出した」が、colleagues が scientists であるというヒントになります。ただし、ここまで読まないといけないことを考えると、これはあまりよい解答方法とはいえません。

Q6. (D)
この内容一致問題はスキミングを使って解きます。オロース・レーマーの発明（Olaus Roemer's invention）に関する記述を探すと、最初のセンテンスに、Roemer. . . discovered by accident the first viable approach to measuring the speed of light とあり、次のセンテンスから、それが During his studies of the eclipses of Jupiter's moons であったとわかります。この by accident を by chance と、during his studies of the eclipses of Jupiter's moons を while doing other research と言い換えた (D) が正解です。TOEFL の典型的な問題と言えるでしょう。ほかの3つの選択肢に書かれた内容は、このパラグラフでは触れられていません。

Q7. (C)
内容不一致問題は難易度が高い問題ですが、スキミングとスキャニングを通して削除できる選択肢を見つけていきましょう。すると、中盤の However, because the precise size of the Earth's orbit was still unknown, because Jupiter's orbit is elongated, and because Jupiter's irregular surface caused variation in timing the eclipses, he did not arrive at an accurate estimate of the speed of light. に、3つの選択肢の内容がまとまっていることがわかります。(A) の No one knew the actual size of the Earth's orbit. は the precise size of the Earth's orbit was still unknown の、(B) の Jupiter's orbit is elliptical. は Jupiter's orbit is elongated の、(D) の The surface of Jupiter is uneven. は Jupiter's irregular surface の言い換えです。従って、(C) が正解だとわかります。

Q8. (B)
この it を含むセンテンス When the returning light passed through a notch, an observer could detect it; if it hit between notches it would not be observed. を読むと、it hit. . . の it と、その前の detect it の it が指しているものも見つけなければならな

いことがわかります。ここで説明されている「光の速さを測る実験装置」について、Armand Fizeau, a French physicist, designed...の部分から読んでみましょう。光を鏡に当て、反射した光が、光源と鏡の間にある円盤の切り込みを通るタイミングを利用して、光の速さを測る実験であることを把握した上で、When the returning light...のセンテンスを読めば、3つのitはどれもthe returning lightを指していることがわかります。

ここで消去法を使って確かめてみます。itはものを指す代名詞なので、人である(D)はすぐに削除できます。(A)の「円盤」と(C)の「切り込み」は装置の一部で、感知できたり(could detect it)、観察できなかったり(would not be observed)するものではありません。従って、(B)が正解だとわかります。

Q9. (A)
これはトーンに関する問題ですから、行間を読む必要があります。筆者は最後にSince the speed of light in a vacuum is 299,792 kilometers per second, both Fizeau's and Foucault's findings were nothing less than remarkable, given the level of technology that was available to them. と結んでいます。このnothing less than remarkableから、筆者は2人の発見に感心していることがわかります。従って、正解は(A)の「称賛している」です。

(B)の「批判的な」はトーンに関する問題では正解となり得る選択肢ですが、ここでは文脈上適切ではありません。TOEFLのパッセージには、(C)の「嫌みな」内容のものはほぼないと言っていいでしょう。(D)の「苦しんでいる」もあまり正解にはならない形容詞で、この設問に対しても不適切です。

Q10. (A)
これまでの設問を解くために既にパッセージを戦略的に読んでいますので、その構造が全体的にほぼ時系列であることはおわかりでしょう。最後の3パラグラフのトピックセンテンスを並べると、次のようになります。

- One of the first experiments to measure the speed of light was designed by Galileo and carried out by his colleagues in 1667.
- Later in the 17th century, Olaus Roemer, a Danish astronomer, discovered by accident the first viable approach to measuring the speed of light.
- It was not until 1849 that a relatively precise way to measure the speed of light was found.

第5パラグラフでも、まず1849年の出来事に触れ、その後、Later...、そして、In 1862...と、時間の経過を追っています。従って、正解は(A)の「年代順配列」です。

Q11. (D)
このセンテンス挿入問題では、ターゲットセンテンスにいいヒントが隠されています。In fact...と始まっていることから、要点を明確にしたり、具体例を使って説明したりするセンテンスであるとわかります。指示語itが何を指しているかを考える必要がありますが、it moves so fast...や話の流れから、それがlightであることは明らかです。次に、意味をとらえます。In fact, it moves so fast that...「実際に光は速度が速いため……」の前に

は、光の速さを述べているセンテンスがなければいけません。

この3点を総合すると、ターゲットセンテンスは (D) の部分に挿入し、Moreover, light travels very fast. In fact, it moves so fast that for centuries scientists disputed whether it required any time at all to move from one point to another. とするのが適切だと判断できます。これで、it moves... の it が直前の light を指し、前のセンテンスに対してターゲットセンテンスが In fact... と具体例を述べるという関係が成り立ち、意味も通じます。

Q12. (D)(B)(E)

この要約問題を解く鍵は、パラグラフのトピックセンテンス（特に各パラグラフの最初のセンテンス）にあります。第1パラグラフと第2パラグラフの内容は設問で提示されているひとつ目の要約文にまとめられていますから、第3パラグラフ以降に注目します。そこでは、光に関する主要な実験が古い順に説明されています。

それぞれのパラグラフのトピックセンテンスは以下の通りです。

③ One of the first experiments to measure the speed of light was designed by Galileo and carried out by his colleagues in 1667.

④ Later in the 17th century, Olaus Roemer, a Danish astronomer, discovered by accident the first viable approach to measuring the speed of light.

⑤ It was not until 1849 that a relatively precise way to measure the speed of light was found.

ここで、それぞれに呼応する選択肢を選ぶと、このようになります（必要に応じて、スキミングとスキャニングを通して、パラグラフの内容を確認しましょう）。

(D) Galileo's early experiment with light came to the wrong conclusion that light traveled instantaneously.

(B) Olaus Roemer used astronomical observation to discover that light actually took time to travel across space.

(E) Armand Fizeau and Jean Foucault designed machinery that led them to approximate the actual speed of light.

この3点がパッセージの要点を最も適切に要約しています。

それに対し、(A) The darkness of a shadow is determined by the density and opaqueness of the object that is blocking the light. は、要約としては内容が具体的過ぎます。(C) Galileo and his colleagues were the first scientific team to successfully measure the speed of light. は、ガリレオが「光は瞬時に移動する」という間違った結論を出したという事実と矛盾します。(F) Early experiments in measuring the speed of light helped scientists such as Einstein realize that the speed of light was constant. は、このパッセージでは触れられていません。

Q13.

Olaus Roemer's Experiment: (C)(G)(F)
Armand Fizeau's Experiment: (B)(D)

典型的な分類問題です。分類項目にあるオロース・レーマーの実験については第4パラグラフで、アルマン・フィゾーの実験については第5パラグラフで説明されています。それぞれの内容から、次の選択肢を選ぶことができます。

オロース・レーマーの実験（第4パラグラフ）
・Olaus Roemer, a Danish astronomer, discovered by accident the first viable approach to measuring the speed of light
　→ (C) the first realistic method to measure the speed of light（viable approach が realistic method と言い換えられている）
・As a result of his observations made with no other instrument than a telescope,
　→ (G) relied mainly on a telescope（no other instrument than a telescope が relied mainly on a telescope と言い換えられている）
・he demonstrated the tremendously important principle that light actually took time to travel
　→ (F) demonstrated the principle that light takes time to travel（表現が簡素化されている）

アルマン・フィゾーの実験（第5パラグラフ）
・designed an experimental apparatus by which a beam of light was sent through a notch in a disk rotating at high speed
　→ (B) employed a rotating disk（表現が簡素化されている）
・With this information Fizeau calculated that the speed of light in air was 313,000 kilometers per second.
　→ (D) made a specific estimate of the speed of light（calculated に続く数値が a specific estimate と言い換えられている）

まとめのアドバイス：より早くより効率的に読む

　パッセージの長さも設問数（13〜14問）も本番と同じ問題を解くと、時間管理の重要性がわかります。全問を20分以内で解けましたか。自信のない問題については、とりあえず答えを選び、後で見直すという方法を取りましたか。自分の解答を確認する時間はありましたか。そして、自分がどれだけの速さで読んでいるか、どのぐらいの速さで読まなければいけないかがわかっていますか。

　平均的なアメリカの大学生が読む速さは毎分250〜300語です。TOEFLのパッセージなら、およそ2分半で最初から最後まで読める計算です。もちろん、これには設問に解答したり、頭の中で枠組みを作ったりする時間は含まれていません。それには、かなりの時間がかかり、本書で練習してきたような技術が必要になります。しかし、母語であれ、外国語であれ、リーディングの効率を高める方法があります。

　子どもが初めて本を読む時には、一語一語読むところから始まります。小学校高学年になるとリーディング技術が身につき、中学校、高校と進むにつれ、より向上していきます。そうなるともう一語一語読んだりはしません。雑誌でも新聞でも結構ですから、200〜300字程度の日本語の記事を選び、自分がどのように読むかを客観的に観察してみましょう。

　おそらく、4〜7字程度のまとまりごとに目を動かしていることに気づいたと思います。一語ずつではなく、単語の固まりでとらえているのです。また、必ずしも先へ先へと進んでいるわけではありません。前に戻って内容を確認することもあるはずです。逆に、既に理解したポイントの具体例などは、飛ばしてしまうこともあるでしょう。

　しかし、外国語を読む場合には、子どものように一語一語読む方法に戻ってしまいます。日本の英語教育では100パーセント理解することを求めているので、なおさらこの傾向は強くなります。英語のクラスでは、「完全に」「一語一語」「間違えることなく」訳していったのではないでしょうか。こうした教育を受けてくれば、英語はゆっくりじっくりと読むのが当然であると考えるのも無理はありません。この完全主義こそが、速く効果的に読む技術の習得にとって「敵」になるのです。

　英語はゆっくりと慎重に読んだほうが理解度が上がると考えている人が大勢います。しかし、調査ではまったく逆の結果が出ています。読むのが速い人に比べて、遅い人の理解度はかなり下がります。これまでに読んできた英文の量、経験の差が、その理由のひとつです。英文を多く読んできた人たちはスピードも速く、遅く読むという悪い癖から既に抜け出しています。

　正確に意味を取るには、一語一語読むのではなく、「固まりで読むこと」「全体の枠組みを頭の中で構築したり、予測したりすること」「どの部分をどのようにして読むかを知ること」が欠かせません。

　iBTのリーディングパッセージをより効率的に読むために、次の4つのコツを覚えておきましょう。

(1)「ゆっくり読んだほうが理解度が上がる」という考えを捨てましょう。センテンス挿入問題や指示語問題のように、一語ずつ丁寧に読まなければいけないこともありますが、それは限られた場合のみです。本書で学んだリーディング戦略を応用しましょう。

(2) 文字を音声化してはいけません。頭の中であれ、小声であれ、読んでいる単語を発音していては、音読する時と同じ速さでしか読めません。黙読すれば、ほとんどの人は音読の２〜３倍の速さで読めるものです。音声化する癖がある人は、唇に指を当てて、発音しないで読む練習をしましょう。また、読むスピードを速めていく際には、すべての単語を均等に扱うのではなく、重要な情報が書かれていそうな語句表現に注意を払うようにします。

(3) 一度読んだ部分を再度読まないようにしましょう。これは「退行」と呼ばれる行為です。読むのがうまい人でも、時には前に戻ることがありますが、それは意識した退行です。無意識に退行すると、全体的なスピードが落ちます。また、退行する必要性はまずありません。最初に読んだ時に意味は取れていますし、先に進んだほうがより詳しい説明が読めるからです。後戻りせずに読み進めていけば、制限時間内に iBT のパッセージを読んで設問に答えることは十分可能です。そうすることで、見直したい設問については１回目より慎重に読む時間も生まれます。

(4) 広い範囲を見るようにしましょう。つまり、日本語を読む方法で英語を読んでみるということです。一語一語に同じように注意を払うのではなく、ある考えや概念に関する単語をまとめて、「思考の固まり」ごとに読むようにします。

このリーディング技術は、新聞、小説、教科書など、種類を問わず、英語の文章すべてに応用してみましょう。実際に英語を読んで、自分の読み方を観察してみてください。一語一語読んでいませんか。文字を音声化していませんか。無意識のうちに後戻りしていませんか。そうした悪い癖があれば、直しておきましょう。短期的には TOEFL に、長期的には留学してからの学習に役立ちます。

Section 3

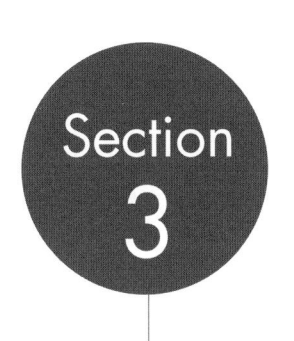

Vocabulary
必修アカデミック語彙リスト

- 7章 アカデミック語彙力を伸ばす

Chapter 7

Boosting Your Academic Vocabulary for the TOEFL

アカデミック語彙力を伸ばす

　以下に掲載する The TOEFL Word List は、これまでにはなかったタイプの TOEFL 向け必須アカデミック語彙リストです。それぞれの語句には日本語訳と関連語がついています。このリストは実証的研究に基づいて作成されたもので、難易度が Level 1 から Level 3 まで 3 段階に分かれています。TOEFL の 97 ～ 99 パーセント、アメリカやイギリスの大学で使われている文献や教科書の 95 パーセントの語彙をカバーしているため、短期的には TOEFL のリーディングおよびリスニングセクションに、長期的には留学期間における学習に欠かせない語彙リストだといえます。

　The TOEFL Word List は、英語学の分野で最も権威のある2種類の語彙リストを参考に作成しました。ひとつは、北米の大学で使用される学術文献を広範にカバーした University Word List (Paul Nation、Xue Guoyi 著)、もうひとつは、イギリスの大学で使用される学術文献をカバーした Academic Word List (Averil Coxhead 著) です。どちらのリストも、経済学から天文学、美術史、アメリカ文学に至るまで、ありとあらゆる学問分野を対象に、大学で採用されている数多くのテキストからよく使われる語彙を抽出し、大学生を中心に英語学習者にとって役に立つ語彙をまとめたものです。こうした研究成果を利用できる私たちは幸せです。

　このリストには、誰でも知っているような語彙(中学校や高校で習う基本 2000 語)は載っていません。その 2000 語とは、最も使用頻度が高い the、be、and、of、a から始まり、難易度が上がってもせいぜい annoy、toy、shallow、repetition、soup、scenery 程度です。

　上記の語彙リストに大幅に手を加えたのが、本書の The TOEFL Word List です。

　第一のポイントは、派生語の追加です。abandon「あきらめる、見捨てる」に対しては abandonment「放棄」を、abstract「抽象的な」に対しては abstraction「抽象概念、抽象化すること」を加えるといった具合です。このように重要語とその派生語を同時に覚えることで、一石二鳥の効果があります。

　第二のポイントは、語幹が同じ反意語の追加です。例えば、accurate「正確な」には inaccurate「不正確な」を、attribute「(性質、原因が) ～にあるとする、帰する」には misattribute「間違って～のせいにする」を加え、効率的に語彙を増やせるようにしました。

　最後のポイントは、日本語訳の追加です。未知の単語は、日本語訳の助けを借りることでより覚えやすくなります。訳語は TOEFL のリーディングで使われる可能性が高いものを選んであります。

　The TOEFL Word List には 975 語 (派生語と反意語を含めると約 1900 語) があり、難易度別に約 325 語ずつ 3 段階 (Level 1 ～ Level 3) に分かれています。

Level 1 に掲載されている語彙は、*University Word List* と *Academic Word List* の両方に載っているものです。Level 2 や Level 3 の語彙よりも使用頻度は高く、また、学問分野においてより一般的に使われています。Level 1 には既に知っている語彙もかなりあるでしょう。しかし、知っている、いないにかかわらず、(派生語、反意語を含め) どれも重要度は非常に高く、TOEFL のパッセージをはじめ、学術文献で何度も目にする語彙なので、絶対に覚えておかなければならないものばかりです。

Level 2 の語彙は Level 1 ほど使用頻度は高くありません。また、*University Word List* か *Academic Word List* のどちらか一方にしか掲載されていないものです。しかし、だからといって重要ではないということではなく、知らない語彙があれば必ず覚えるようにしましょう。

Level 3 は難易度が上がります。40 ～ 60 パーセントは知らない語彙だと思います。しかし、こののレベルの語彙を知っていれば、TOEFL での自己最高点獲得につながります。現在の語彙力によっては、ここから読み始めたほうがいいかもしれません。

語彙学習の方法は人によってさまざまです。覚えたり単語を一覧表にしたり、例文をノートに写したり、音声を MP3 プレーヤーに録音して聞いたりなど、自分に最も合ったやり方を見つけることが大事です。

私たちが学生に勧めているのは、この語彙リスト (または、そのうち1レベル分だけ) にさっと目を通し、知らない単語に印をつけて、それを単語カードにする (表に英語、裏に日本語訳) という方法です。単語カードならどこでも持って行けますし、(品詞ごとなど) グループ分けも簡単です。また、完全に覚えたカードを外すこともできます。単純でわかりやすく、かつ、便利な方法です。よろしければ、試してみてください。

リストの見方
・同形で複数の品詞を持つものには、v. (動詞)、n. (名詞)、adj. (形容詞) などで品詞を示しています。
・下線が引いてある語は、見出し語の反意語、またはそれに類する語です。

The TOEFL Word List

Level 1 Words

- [ ] **abandon** あきらめる、見捨てる　abandonment 放棄
- [ ] **abstract** 抽象的な　abstraction 抽象概念、抽象化すること
- [ ] **access** v. アクセスする／n. 接近方法、入手の権利　accessible 接近できる、入手可能な accessibility 接近できること、入手可能なこと inaccessible 近づきにくい、得難い
- [ ] **accompany** 同行する　accompaniment 付属物、伴奏 unaccompanied 連れのない
- [ ] **accumulate** 積み上げる、蓄積する　accumulation 蓄積、蓄積物
- [ ] **accurate** 正確な　accuracy 正確に accurately 正確さ inaccurate 不正確な inaccuracy 不正確性
- [ ] **achieve** 達成する　achievement 達成、成就
- [ ] **acquire** 習得する　acquisition 習得
- [ ] **adapt** 適応させる　adaptation 適応 adaptable 適応できる
- [ ] **adequate** 十分な、適当な　adequately 十分に inadequate 不十分な
- [ ] **adjust** 調節する　adjustment 調節
- [ ] **administer** 運営する、管理する　administration 行政、運営、管理
- [ ] **adult** n. 大人／adj. 成人した、大人らしい　adulthood 成人であること
- [ ] **affect** v. 影響を与える、感動させる／n. 情緒、感情
- [ ] **aggregate** v. 集める／adj. 集合した　aggregation 集合、集合体
- [ ] **aid** v. 手伝う／n. 救済
- [ ] **alter** 変える　alterable 変更可能な unalterable 変更できない
- [ ] **alternative** 二者択一の　alternate 交互の、ひとつおきの alternation 交互、交代
- [ ] **analyze** 分析する　analysis 分析 analyses（複数形）分析 analyst 分析者
- [ ] **annual** 年一回の　annually 年に一回
- [ ] **appreciate** 理解する、評価する　appreciation 理解、評価
- [ ] **approach** 接近
- [ ] **appropriate** 適当な　appropriately 適当に inappropriate 不適当な
- [ ] **approximate** おおよその　approximately おおよそ、約 approximation 見積もり、概算、接近

- [ ] **arbitrary** 恣意的な　arbitrarily 恣意的に
- [ ] **area** 地域
- [ ] **aspect** 局面、見地
- [ ] **assemble** 集める　assembly 集会
- [ ] **assign** 課する　assignment 課題
- [ ] **assist** 手伝う　assistance 助手
- [ ] **assume** 仮定する　assumption 仮定、推測
- [ ] **assure** 保証する　assurance 保証
- [ ] **attach** 添付する　attachment 添付 attached 添付した unattached 添付されていない、無所属の、独身の
- [ ] **attain** 獲得する　attainment 獲得
- [ ] **attitude** 態度
- [ ] **attribute**（性質、原因が）〜にあるとする、帰する　attribution 属性、起因 misattribute 間違って〜のせいにする
- [ ] **aware** 気がついて　awareness 認識、察知 unaware 気がつかずにいる
- [ ] **benefit** 利益　beneficial 有益な beneficiary 受益者、受取人
- [ ] **bite** v. 噛む　bit（過去形）、bitten（過去分詞形）／ n. かけら、一口
- [ ] **bottom** 底
- [ ] **bowl** 鉢、わん
- [ ] **capable** 能力がある　capability 能力 incapable 能力を欠いている
- [ ] **category** 範ちゅう、区分
- [ ] **central** 中央、中心の　centrally 中心に
- [ ] **challenge** v. 挑む／ n. 挑戦　challenger 挑戦者
- [ ] **chapter** 章
- [ ] **chemical** 化学の　chemically 化学的に chemistry 化学 chemist 化学者
- [ ] **circumstance** 状況、事情　circumstantial 状況による
- [ ] **clarify** 明らかにする　clarification 明らかにすること
- [ ] **classic** n. 一流の作品／ adj. 最高級の、古典的な　classical 古典的な classics 古典
- [ ] **code** v. 暗号にする／ n. 規約、記号、慣例
- [ ] **coincide** 偶然に一致する、同時に起こる　coincidence 偶然 coincidental 偶然の

205

- [ ] **collapse** v. 崩壊する／n. 倒壊
- [ ] **comment** 論評する、批評する　commentary 論評、解説
- [ ] **commit** 約束する、傾倒する　commitment 約束、傾倒、献身
- [ ] **commodity** 商品　commodify 商品化する
- [ ] **communicate** 伝達する、伝える　communication 伝えること、意思疎通 communicative 話し好きの、伝達の、通信の
- [ ] **compensate** 償う、補償する　compensation 補償、償い
- [ ] **complex** 複合物
- [ ] **comprise** 〜から成る
- [ ] **compute** 計算する　computation 計算
- [ ] **conceive** 思いつく　conception 心に抱くこと、想像 conceivable 考えられる、ありそうな inconceivable 想像もつかない、あり得ない
- [ ] **concentrate** 集中する　concentration 集中、集中力
- [ ] **concept** 概念　conception 概念、受胎 misconception 誤解、思い違い
- [ ] **conclude** 結論を述べる　conclusion 結論、結び conclusive 決定的な
- [ ] **confine** 限定する、閉じ込める　confinement 制限、監禁
- [ ] **conflict** v. 衝突する、矛盾する／n. 衝突、矛盾
- [ ] **consent** v. 同意する／n. 同意
- [ ] **consequence** 結果　consequent 必然的な consequently 結果として consequential 必然的な、結果上 inconsequential 非必然的な
- [ ] **consist** 〜から成る
- [ ] **constant** 絶え間ない、不変の　constantly 絶え間なく inconstant 不定の
- [ ] **construct** 建設する　construction 建設、建築物
- [ ] **consult** 相談する　consultation 相談 consultant 相談［する／受ける］人
- [ ] **consume** 消費する　consumption 消費 consumer 消費者
- [ ] **contact** v. 接触する、連絡する／n. 接触、連絡、縁故
- [ ] **context** 文脈
- [ ] **contract** v. 契約する、縮ませる／n. 契約　contraction 収縮
- [ ] **contrast** v. 対照させる／n. 対照
- [ ] **contribute** 貢献する　contribution 貢献
- [ ] **convention** 集会　convene 召集する
- [ ] **convert** 転換する　conversion 転換 converter コンバーター、変換器

- [ ] **cooperation** 協力　cooperate 協力する cooperative 協力的な uncooperative 非協力的な
- [ ] **coordinate** 調整する、まとめる　coordination 同調、調整
- [ ] **corporate** 法人組織の、団体の　corporation 法人、団体
- [ ] **correspond** 一致する、相当する、文通する　correspondence 一致、文通
- [ ] **create** 創造する、作る　creation 創造、創作 creative 創造的な
- [ ] **crowd** 群衆
- [ ] **crucial** 決定的な　crucially 決定的に
- [ ] **culture** 文化　cultural 文化的な
- [ ] **currency** 通貨、普及
- [ ] **cycle** 周期　cyclic 周期的な
- [ ] **datum** 資料、データ　data（複数形）
- [ ] **debate** v. 討論する、議論する／n. 討論、議論　debatable 議論の余地のある
- [ ] **decade** 10年間
- [ ] **decline** v. 断る、衰える／n. 衰え
- [ ] **dedicate** 捧げる　dedication 献身
- [ ] **define** 定義する　definition 定義
- [ ] **definite** 明確な、限定された　definitely 明確に indefinite 不明確な
- [ ] **demonstrate** 実証する、説明する　demonstration 実演、示威運動
- [ ] **deny** 否定する　denial 否定 undeniable 否定しがたい
- [ ] **depress** 落胆させる、不景気にさせる　depression 憂うつ、不景気
- [ ] **design** v. デザインする、設計する／n. 図案、デザイン
- [ ] **despite** 〜にもかかわらず
- [ ] **detect** 察知する、探知する　detection 探知 detective 探偵
- [ ] **devote** 捧げる　devotion 献身 devotional 信仰の深い
- [ ] **dimension** 局面、面
- [ ] **distinct** はっきりした、別の　distinction 差異 distinctive 区別した、特徴のある indistinct はっきりしない、特徴のない
- [ ] **distort** ゆがめる　distortion わい曲、ゆがみ
- [ ] **distribute** 配る、分配する　distribution 分配、配給
- [ ] **diverse** 異なった　diversity 多様性、変化 diversification 多様化
- [ ] **dominate** 支配する　domination 支配

- ☐ **drama** 演劇　dramatic 劇的な
- ☐ **dynamic** 活発な　dynamism 活発さ　dynamically 活発に
- ☐ **economy** 経済　economical 経済的な　economics 経済学　economist 経済学者
- ☐ **edition** 版　edit 編集する　editorial 編集の　editor 編集者
- ☐ **element** 要素、元素　elementary 初歩的な、初等の　elemental 要素の、自然の
- ☐ **emerge** 現れる　emergence 出現
- ☐ **emphasis** 強調　emphasize 強調する　emphatic 強調された、きっぱりした
- ☐ **enable** できる　disable 無力にする
- ☐ **energy** エネルギー　energetic 活動的な
- ☐ **environment** 環境　environmental 環境の
- ☐ **establish** 創立する、設立する　establishment 設立、施設、支配階層
- ☐ **estimate** 見積もる　estimation 見積もり
- ☐ **evaluate** 評価する　evaluation 評価
- ☐ **eventual** 最終的な　eventually 結局は
- ☐ **evident** 明らかな　evidently 明らかに
- ☐ **evolve** 進化する、発展する　evolution 進化、発展
- ☐ **exclude** 除外する　exclusive 排他的な、高級な　exclusion 排除
- ☐ **expand** 拡張する　expansion 拡張
- ☐ **expert** n. 専門家／**adj.** 熟達した　expertise 専門的知識　inexpert 未熟な
- ☐ **explicit** 明白な　explicitly 明白に
- ☐ **export** v. 輸出する／n. 輸出　exportation 輸出、輸出品　exporter 輸出業者
- ☐ **external** 外側の　internal 内側の
- ☐ **facilitate** 容易にする、促進する　facility 施設
- ☐ **factor** 要因
- ☐ **feature** 特徴
- ☐ **final** 最終の　finally 最後に
- ☐ **finance** 財政　financial 財政的な　financially 財政的に
- ☐ **finite** 有限の　infinite 無限の
- ☐ **fluctuate** 変動する　fluctuation 変動
- ☐ **focus** 焦点　foci（複数形）

- [ ] **found** 創立する
- [ ] **function** v. 機能する／n. 機能　functional 機能上の、機能的な dysfunctional 非機能的な
- [ ] **fund** v. 基金を出す／n. 基金
- [ ] **fundamental** 基本的な　fundamentally 基本的に
- [ ] **generate** 生み出す　generation 世代
- [ ] **goal** 目標、目的地
- [ ] **grant** v. かなえてやる、与える／n. 授与されたもの
- [ ] **guarantee** v. 保証する／n. 保証　guarantor 保証人
- [ ] **hierarchy** 階級制度　hierarchical 階級制度的な
- [ ] **identical** 同一の、等しい　identically まったく同様に、等しく
- [ ] **identify** （身元を）確認する、識別する、同一であるとする　identification 身分証明
- [ ] **identity** 本質、身元、独自性　identical 同一の identically 等しく
- [ ] **illustrate** 説明する、例示する　illustration 説明、挿絵 illustrative 説明の
- [ ] **image** 像、イメージ
- [ ] **impact** n. 影響、衝撃／v. 押しつける、衝撃を与える
- [ ] **implicit** 暗黙の　implicitly それとなく、暗に explicit 明確な
- [ ] **imply** 暗示する　implication 示唆
- [ ] **incline** 気が向く、〜したいと思う　inclination 好み、意向
- [ ] **income** 収入
- [ ] **incorporate** 合併する　incorporation 合同、合併
- [ ] **indicate** 指し示す　indication 指示、徴候 indicative 表す
- [ ] **individual** 個人の　individually 個人的に
- [ ] **infer** 推測する　inference 推論、推測 inferential 推論による
- [ ] **injure** 負傷する　injury 被害、損害 injurious 有害な
- [ ] **inspect** 調査する　inspection 調査 inspector 調査官
- [ ] **instance** 例
- [ ] **institute** v. 設ける／n. 協会、研究所　institution 設立、組織、施設 institutional 協会の
- [ ] **instruct** 教える、指図する　instruction 教えること、指示 instructor 教師 instructional 教育上の instructive 教育的な

- [ ] **intelligent** 知能の高い　intelligence 知能 unintelligent 知能の低い
- [ ] **intense** 強い、激しい　intensity 強さ intensive 強い、激しい
- [ ] **interact** 交わる　interaction 交流 interactive 相互に作用する
- [ ] **intermediate** 中間の
- [ ] **internal** 内部の　internally 内部で、内々に external 外部の externally 外部で
- [ ] **interpret** 通訳する、解釈する　interpretation 通訳、解釈 misinterpret 誤訳する、誤って理解する misinterpretation 誤訳
- [ ] **invest** 投資する　investment 投資 investor 投資者
- [ ] **investigate** 調査する　investigation 調査 investigator 調査者、調査官
- [ ] **involve** 巻き込む　involvement かかわり合い、介入 uninvolved 関係のない
- [ ] **isolate** 孤立する　isolation 孤立
- [ ] **issue v.** 発行する、発布する、流れ出る／ **n.** 発行、発布、流出
- [ ] **item** 項目、品目
- [ ] **job** 仕事
- [ ] **journal** 日誌、定期刊行物
- [ ] **justify** 正当化する　justification 正当化
- [ ] **label v.** ラベルを張る、レッテルを張る／ **n.** ラベル、張り紙
- [ ] **labor n.** 労働、仕事、陣痛／ **v.** 労働する　laborious 骨の折れる、勤勉な laborer 労働者
- [ ] **layer** 層
- [ ] **lecture** 講義、講演　lecturer 講演者
- [ ] **legal** 法律の、合法の　illegal 違法の
- [ ] **locate** 場所を定める、確認する　location 場所、位置
- [ ] **logical** 論理的な　logic 論理学、論理 logically 論理的に illogical 非論理的な
- [ ] **maintain** 維持する　maintenance 維持
- [ ] **major adj.** 主要な、専門の、長調の／ **n.** 専攻（minor の項目参照）
- [ ] **manipulate** 巧みに扱う、操る　manipulation 巧みな操作 manipulative 巧みに扱う、操作的な
- [ ] **margin** 縁、余白
- [ ] **mature v.** 熟す、大人になる／ **adj.** 熟した、発達した　maturation 成熟
- [ ] **medium n.** 中間、媒体／ **adj.** 中間の
- [ ] **mental n.** 精神病患者／ **adj.** 精神の　mentally 精神的に

- [ ] **method** 方法　methodic 方法的な methodical 方法によった、秩序立った
- [ ] **minimum** n. 最低限／ adj. 最低限の　minimal n. 最小／ adj. 最小の minimize 最小限にする
- [ ] **minor** adj. 小さいほうの、ささいな、短調の／ n. 副専攻　major 大きいほうの、過半数の、重大な、長調の
- [ ] **modify** 修正する、緩和する　modification 修正、調整
- [ ] **motive** n. 動機／ adj. 動機となる　motivation 動機づけ
- [ ] **network** 網状組織、放送網
- [ ] **neutral** n. 中立者／ adj. 中立の　neutrality 中立
- [ ] **normal** 普通の　normally 普通に norm 標準 abnormal 普通でない
- [ ] **notion** 概念、認識、見解
- [ ] **nuclear** n. 核兵器／ adj. 核の、原子力の
- [ ] **objective** n. 目的／ adj. 客観的な　objectively 客観的に
- [ ] **obtain** 得る
- [ ] **obvious** 明らかな　obviously 明らかに
- [ ] **occupy** 占拠する、(職、ポストに) 就く　occupant 占有者、占拠者
- [ ] **occur** 起こる　occurrence 発生
- [ ] **odd** 変わった、奇妙な、奇数の
- [ ] **option** 選択、選択の自由、選択できるもの
- [ ] **outcome** 結果
- [ ] **overlap** 重なる、重複する
- [ ] **participate** 参加する　participation 参加 participant 参加者
- [ ] **passive** 受け身の、消極的な
- [ ] **period** 期間　periodic 周期的な periodical adj. 定期刊行の／ n. 定期刊行物
- [ ] **persist** 固執する　persistence 固執、しつこさ
- [ ] **perspective** 観点
- [ ] **phase** 段階、時期
- [ ] **phenomena** 現象 (複数形)　phenomenon 現象 (単数形) phenomenal 現象の、驚異的な
- [ ] **philosophy** 哲学　philosopher 哲学者 philosophical 哲学的な
- [ ] **physical** 物理的な　physically 物理的に
- [ ] **policy** 政策

- ☐ **portion** v. 分配する／n. 一部、分け前
- ☐ **positive** 肯定的な　negative 否定的な
- ☐ **potential** 潜在的な、可能性のある　potentially 潜在的に
- ☐ **precede** 先導する、優先する　predecessor 前任者、先輩
- ☐ **precise** 正確な　precisely 正確に、正に imprecise 不正確な
- ☐ **predict** 予想する　prediction 予想 predictable 予測できる unpredictable 予測できない
- ☐ **preliminary** n. 準備／adj. 予備の、準備の
- ☐ **presume** 推定する、推測する　presumption 推定、推測
- ☐ **previous** 先の　previously 前に
- ☐ **principal** 主な、主要な　principally 主に
- ☐ **principle** 原則
- ☐ **priority** 重要であること、優先、優先事項
- ☐ **proceed** 続行する
- ☐ **process** n. 過程、方法／v. 処理する
- ☐ **project** n. 企画、事業
- ☐ **project** v. 投影する、投げ掛ける　projection 投射
- ☐ **proportion** 割合、比率、釣り合い　proportional 均整の取れた、比例して proportionate 釣り合った disproportionate 不釣り合いの
- ☐ **publish** 出版する　publication 出版、出版物 publisher 出版社
- ☐ **pursue** 追跡する、追求する　pursuit 追跡、追求
- ☐ **quote** 引用する　quotation 引用
- ☐ **radical** 根本的な、過激な
- ☐ **random** 無作為の　randomly 無作為に、手当たり次第に
- ☐ **range** 範囲
- ☐ **rational** 理性的な　rationally 理性的に rationalization 合理化 irrational 非合理的な
- ☐ **react** 反応する　reaction 反応
- ☐ **region** 地域　regional 地域の
- ☐ **reinforce** 補強する、強化する　reinforcement 補強、強化
- ☐ **reject** 拒絶する　rejection 拒絶
- ☐ **release** v. 解き放す／n. 解放

- [ ] **relevant** 関連がある、適切な　relevance 関連、関連性 irrelevant 無関係の、不適切な
- [ ] **reluctance** 気が進まないこと　reluctant 気が進まない
- [ ] **rely** 頼る　reliable 信頼できる reliability 信頼性、信ぴょう性 unreliable 信頼できない
- [ ] **remove** 取り外す、除去する　removal 除去
- [ ] **require** 必要とする、要求する　requirement 必要条件
- [ ] **research** v. 研究する、調査する／n. 研究　researcher 研究員
- [ ] **resource** 資源　resourceful 資源に富んだ
- [ ] **respond** 反応する　responsive すぐ反応して、敏感な unresponsive 反応が鈍い、鈍感な
- [ ] **restrict** 制限する　restriction 制限 restrictive 制限する unrestricted 無制限の
- [ ] **reveal** 明らかにする　revelation 暴露、判明
- [ ] **reverse** 反対にする、裏返す　reversal 反転、逆転
- [ ] **revise** 改定する　revision 改定
- [ ] **rigid** 硬い、厳格な、堅苦しい　rigidity 硬直性、厳密さ
- [ ] **role** 役割
- [ ] **route** 道筋
- [ ] **schedule** v. 予定する／n. 予定
- [ ] **section** 部分、区域、部門
- [ ] **secure** v. 確保する、守る／adj. 安全な　insecure 不安な、不安定な
- [ ] **seek** 捜す、求める、努める　sought（過去、過去分詞形）
- [ ] **select** 選択する　selection 選択 selective 選択的な、精選する
- [ ] **sequence** 連続、順序　sequential 連続的な、引き続く
- [ ] **series** ひと続き、続き物　serial 連続的な、通しの
- [ ] **sex** 性　sexual 性の、性的な asexual 性別のない、性と無関係の
- [ ] **shift** v. 移す、移る／n. 変化、交代
- [ ] **similar** 似通った、類似した　similarly 同様に similarity 類似性 dissimilar 異なる
- [ ] **site** 場所、用地、遺跡、現場
- [ ] **source** 源泉、情報源

- [ ] **specific** 特定の　specify 明細に述べる specifically 明確に、特に specificity 特異性
- [ ] **stable** 安定した　stability 安定性 unstable 不安定な
- [ ] **statistic** 統計　statistical 統計上の、統計学的な
- [ ] **status** 地位、身分
- [ ] **stress** n. 圧力、ストレス、強調／v. 強調する　stressful ストレスの強い
- [ ] **structure** 構造　structural 構造の
- [ ] **style** 様式、流行型、文体　stylish 流行の stylistic 文体の
- [ ] **subsequent** 次の、続いて起こる　subsequently その後
- [ ] **sum** 合計、総額　sum n. 合計、総和／v. 総計する、総括する
- [ ] **summary** 要約　summarize 要約する
- [ ] **survey** v. 見渡す、調査する／n. 見渡すこと、調査
- [ ] **suspend** つるす、一時停止する、保留する　suspension つるすこと、一時停止、保留
- [ ] **symbol** 象徴　symbolic 象徴的な
- [ ] **tape** v. 録音する、録画する、平ひもで結ぶ、粘着テープでふさぐ／n. 平ひも、磁気テープ、粘着テープ
- [ ] **task** 仕事
- [ ] **team** チーム、組
- [ ] **technique** 技術　technician 技術家、専門家、技巧家
- [ ] **technology** 科学技術　technological 科学技術の
- [ ] **temporary** 一時の、仮の　temporarily 一時的に、仮に
- [ ] **tense** 緊張した、張り詰めた
- [ ] **text** 本文、原文、原典　textual 本文の、原文の
- [ ] **theory** 理論　theoretical 理論的な theorize 理論化する theorist 理論家 theorem 原理、法則
- [ ] **topic** 話題
- [ ] **trace** n. 跡／v.（跡を）たどる、（由来、原因、出所などを）さかのぼる
- [ ] **tradition** 伝統　traditional 伝統的な
- [ ] **transfer** v. 移す、動かす、乗り換える、移る／n. 乗り換え、移転　transferal 移動 transference 移動、移転、転勤、譲渡、転移
- [ ] **transform** 変容させる、変換する　transformation 変容、変質、変換

- [ ] **transport** 輸送する、運送する　transportation 輸送、運送
- [ ] **trend** 傾向、流行
- [ ] **ultimate** 究極的な　ultimately 究極的には
- [ ] **uncertainty** 不明確さ　uncertain 不明確な certainty 明確さ certain 明確な
- [ ] **undergo** 経験する　underwent（過去形）
- [ ] **underlie** 下にある、基礎となる　underlay（過去形）
- [ ] **undertake** 引き受ける、着手する　undertook（過去形）
- [ ] **uniform** 同型の、一様な、一定の　uniformly 均一に、一律に
- [ ] **utilize** 利用する　utilization 利用すること
- [ ] **valid** 妥当な、有効な　validity 妥当性 validate 有効にする、批准する invalid 説得力に欠ける、無効な
- [ ] **vary** 変わる　various さまざまな variety 変化、多様性 variation 変動、変化 variable adj. 変わりやすい、可変的な／n. 変数
- [ ] **version** 翻訳、版、解釈
- [ ] **violate** 違反する、侵害する　violation 違反、侵害
- [ ] **virtual** 実質上の　virtually 実質的には、ほとんど
- [ ] **visual** 視覚の　visually 外見は、視覚的に visualize 心に描く、視覚化する visualization 想像、視覚化すること
- [ ] **volume** 本、巻、体積
- [ ] **voluntary** 自発的な　volunteer v. 進んで申し出る／n. 志願者、ボランティア voluntarily 自発的に involuntary 無意識の、不本意の

Level 2 Words

- [ ] **absorb** 吸収する　absorption 吸収
- [ ] **academic** 学術的な　academy 高等教育機関
- [ ] **accelerate** 加速する　acceleration 加速
- [ ] **accommodate** 適応させる、収容する　accommodation 便宜、収容設備
- [ ] **accomplish** 達成する　accomplishment 達成
- [ ] **acknowledge** 認める　acknowledgement 承認
- [ ] **adjective** 形容詞
- [ ] **aggression** 攻撃　aggressive 攻撃的な aggressor 攻撃者、侵略者

- [ ] **alcohol** アルコール、酒　alcoholic n. アルコール中毒患者／adj. アルコールの、アルコール中毒の　alcoholism アルコール中毒
- [ ] **anticipate** 予想する　anticipation 予想　unanticipated 予測していない
- [ ] **apparent** 明白な　apparently 明らかに
- [ ] **appeal** 訴える、求める　appealing 訴え掛ける、魅力的な　unappealing 魅力的でない、訴え掛けてこない
- [ ] **assert** 断言する、主張する　assertion 断言、主張　assertive 断定的な
- [ ] **atmosphere** 大気、雰囲気　atmospheric 大気の
- [ ] **author** 著者
- [ ] **authority** 権威、権力　authoritarian n. 権威主義者／adj. 権威主義の　authoritative 権威のある、命令的な
- [ ] **automatic** 自動的な　automate オートメーション化する
- [ ] **automation** 自動操作、オートメーション
- [ ] **available** 空いている、利用可能な　availability 有効性、入手可能性　unavailable 入手不可能な、利用不可能な
- [ ] **battery** 電池、バッテリー
- [ ] **behalf** 味方、支持
- [ ] **bore** 退屈させる　boredom 退屈
- [ ] **brief** 簡潔な　briefly 簡潔に
- [ ] **bulk** 容積、大部分
- [ ] **calendar** 暦、カレンダー
- [ ] **cancel** 取り消す　cancellation 取り消し、キャンセル
- [ ] **capacity** 容積、収容能力、力量　incapacity 無力、無資格
- [ ] **capture** 捕らえる、つかむ
- [ ] **career** 経歴、職業
- [ ] **catalog** カタログ、目録
- [ ] **channel** 海峡
- [ ] **chart** 図表、カルテ
- [ ] **circulate** 循環する、流通する　circulation 循環、流通、発行部数
- [ ] **clinic** 診療所　clinical 臨床の　clinician 臨床医
- [ ] **collide** 衝突する　collision 衝突
- [ ] **community** 地域社会、共同体　commune 共同社会、コミューン

- [ ] **compatible** 矛盾しない、気の合う　compatibility 矛盾のないこと、両立性 incompatible 矛盾する
- [ ] **competence** 能力　competent 能力のある incompetence 無能力
- [ ] **compile** 収集する、編集する　compilation 収集、編集
- [ ] **complicate** 複雑な　complication 複雑さ
- [ ] **comprehend** 理解する　comprehension 理解 incomprehensible 理解不能な
- [ ] **comprehensive** 包括的な
- [ ] **condense** 凝縮する　condensation 凝縮
- [ ] **confirm** 確認する、強める　confirmation 確認
- [ ] **conform** 従う、一致する　conformity 順応、服従
- [ ] **confront** 直面する、立ち向かう　confrontation 直面、対決
- [ ] **conserve** 保存する　conservation 保存
- [ ] **consider** 考慮する　considerable 考慮し得る consideration 考慮
- [ ] **consolation** 慰め　console 慰める
- [ ] **contemplate** 熟慮する　contemplation 熟慮 contemplative 熟慮する
- [ ] **contemporary** 同時代の、現代の
- [ ] **contend** 争う、主張する　contention 争い、主張
- [ ] **contradict** 矛盾する　contradiction 矛盾
- [ ] **controversy** 議論　controversial 議論の余地のある、意見の分かれる
- [ ] **convince** 説得する、納得させる　convincing 説得力のある unconvincing 説得力に欠ける
- [ ] **couple** 一対
- [ ] **credit** 信用、信望
- [ ] **crisis** 危機
- [ ] **critical** 批判的な、重大な　critic 批評家 criticism 批評 uncritical 無批判の
- [ ] **deduce** 演えきする　deduction 控除、演えき法、推論 deductive 演えき的な induce 帰納する、引き起こす induction 帰納法
- [ ] **defer** 延期する、従う　deference 服従、敬意
- [ ] **deficient** 不足した、欠陥のある　deficiency 不足、欠陥
- [ ] **deliberate** v. 熟慮する／adj. 慎重な、故意の　deliberation 熟慮、慎重さ deliberately 慎重に、故意に

- [ ] **democracy** 民主主義　democratic 民主主義的な undemocratic 非民主主義的な
- [ ] **dense** 密集した、濃い　density 密度
- [ ] **deprive** 奪う　deprivation はく奪
- [ ] **device** 装置
- [ ] **devise** 発明する、考え出す
- [ ] **diagram** 図表
- [ ] **digest** 消化する　digestion 消化 indigestion 消化不良
- [ ] **diminish** 減らす　diminishment 減らすこと
- [ ] **discriminate** 差別する　discrimination 差別 discriminatory 差別的な
- [ ] **display** 展示する、はっきりと示す
- [ ] **dispose** 配置する　disposal 配置
- [ ] **dispute** v. 議論する／n. 議論　disputable 議論の余地のある indisputable 議論の余地のない
- [ ] **dissolve** 解散する、溶かす　dissolution 解散、分解
- [ ] **diverge** 分岐する、異にする　divergence 分岐、相違
- [ ] **divine** 神聖な
- [ ] **document** v. 記録する／n. 書類、記録　documentation 文書の活用
- [ ] **draft** 設計図、草稿
- [ ] **drain** v. 排水させる／n. 排水溝、排水　drainage 排水
- [ ] **drug** v. 薬物を入れる／n. 薬、麻薬
- [ ] **duration** 継続、期間
- [ ] **efficient** 能率的な　efficiency 能率 inefficient 能率の悪い
- [ ] **elaborate** 精巧な　elaboration 精巧
- [ ] **elevate** 高める　elevation 高めること、高尚さ
- [ ] **elicit** 引き出す
- [ ] **eloquent** 雄弁な　eloquence 雄弁
- [ ] **embrace** v. 抱擁する／n. 抱擁
- [ ] **emotion** 感情　emotional 感情的な unemotional 感情的でない
- [ ] **enforce** 施行する、強要する　enforcement 施行、強要
- [ ] **enormous** 巨大な、莫大な
- [ ] **enrich** 豊かにする　enrichment 豊かにすること

- [ ] **equip** 備え付ける　equipment 備え付けること、装備
- [ ] **equivalent** 同等の　equivalency 同等物
- [ ] **error** 誤り　err 間違いをする
- [ ] **ethic** 道徳、倫理　ethical 道徳的な ethics 倫理学、道徳
- [ ] **ethnic** 民族の　ethnicity 民族
- [ ] **evaporate** 蒸発する　evaporation 蒸発
- [ ] **evoke** 引き起こす　evocation 誘発、喚起
- [ ] **exert** 発揮する、（影響力などを）及ぼす　exertion 発揮
- [ ] **exhaust** 疲れさせる、使い果たす　exhaustion 極度の疲労、枯渇
- [ ] **exhibit** 展示する　exhibition 展示会、展覧会
- [ ] **exploit** 搾取する　exploitation 搾取
- [ ] **expose** さらす、暴露する
- [ ] **fallacy** 当てにならないこと、欺まん性　fallacious 当てにならない
- [ ] **fare** 料金
- [ ] **fate** 宿命
- [ ] **feasible** 実行できる　feasibility 実行できること infeasible 実行不可能な
- [ ] **fee** 料金
- [ ] **fertile** 肥よくな　fertility 肥よく infertile 不毛の infertility 不毛
- [ ] **file** v. とじ込みにする、（告訴・申請書などを）提出する／ n. とじ込み帳、ファイル
- [ ] **flexible** 融通の利く　flexibility 柔軟性、融通性 inflexible 融通の利かない
- [ ] **fluent** 流ちょうな　fluency 流ちょうさ fluently 流ちょうに
- [ ] **fluid** n. 流体／ adj. 流動体の、流動性の　fluidity 流動性
- [ ] **format** 型
- [ ] **foundation** 創立すること
- [ ] **framework** 枠組み、構造
- [ ] **frustrate** 失望させる　frustration 挫折、失望
- [ ] **fuel** 燃料
- [ ] **fulfill** 果たす、満たす　fulfillment 満足感、実現
- [ ] **furthermore** さらに
- [ ] **generation** 出産、生殖　generate 生ずる、生む

- [ ] **genuine** 本物の
- [ ] **geography** 地理　geographic 地理的な
- [ ] **globe** 地球　global 世界的な
- [ ] **grade** 学年、成績
- [ ] **graph v.** グラフで示す／**n.** グラフ、図式、表
- [ ] **guideline** 指針
- [ ] **hero** 英雄　heroic 英雄的な、勇敢な　heroically 英雄のように、勇敢に
- [ ] **highlight** 目立たせる、強調する
- [ ] **horror** 恐怖　horrible 恐ろしい　horrific 恐ろしい、ものすごい
- [ ] **hostile** 敵意のある　hostility 敵意
- [ ] **huge** 巨大な
- [ ] **ignore** 無視する　ignorance 無知　ignorant 無知である
- [ ] **illuminate** 照らす、明らかにする　illumination 照明、説明
- [ ] **immigrate** 移住する　immigration 移住　immigrant 移民
- [ ] **implement v.** 実行する／**n.** 道具、手段　implementation 実行
- [ ] **import v.** 輸入する／**n.** 輸入　importation 輸入、輸入品
- [ ] **impose** 課す、押し付ける　imposition 課すこと、押し付け、負担
- [ ] **impress** 感銘を与える　impressive 印象的な
- [ ] **impulse** 衝動　impulsive 衝動的な
- [ ] **incident n.** 出来事／**adj.** 付随する　incidence 発生
- [ ] **incompatible n.** 性格の合わないもの／**adj.** 気が合わない、相いれない
- [ ] **inconsistent** 一貫性のない、一致しない　inconsistency 不一致　consistent 一致する、一貫した
- [ ] **inevitable** 避けられない、必然の　inevitably 必然的に　inevitability 必然性
- [ ] **inferior n.** 目下の者、劣った人／**adj.** 下位の、劣った　inferiority 劣っていること
- [ ] **inflation** 膨張、物価の暴騰　inflate 膨張させる、インフレになる
- [ ] **initial** 最初の　initially 最初に　initiate v. 始める／n. 新規加入者　initiative 主導権
- [ ] **innate** 生まれつきの
- [ ] **innovation** 刷新　innovate 刷新する　innovative 刷新的な　innovator 革新家
- [ ] **input v.** 入力する／**n.** 投入、入力　output v. 産出する、出力する n. 生産高、出力

- **insight** 洞察　insightful 洞察力のある
- **insist** 主張する　insistence 主張
- **instinct** 本能　instinctual 本能的な
- **integrate** 統合する　integration 統合 integral n. 全体／ adj. 不可欠な、全体の disintegrate 分解する disintegration 分解
- **integrity** 誠実
- **interrelate** 相互に関係する　interrelation 相互関係
- **interval** 間隔
- **intervene** 介在する、干渉する　intervention 介在、干渉
- **interview v.** 会見する／ **n.** 会見、インタビュー、面接　interviewer 聞き手
- **intuitive** 直観の　intuition 直観
- **invade** 侵略する　invasion 侵略 invader 侵略者
- **laboratory** 研究所、研究室
- **launch v.** 開始する／ **n.** 開始
- **legitimate** 適法の、正当な　legitimacy 合法性 illegitimate 違法の
- **leisure** 余暇
- **liberal n.** 自由主義者／ **adj.** 気前のよい、自由主義の
- **liberate** 解放する　liberation 解放 liberator 解放者
- **license** 免許、資格
- **likewise** 同様に
- **linguistic** 言語の、言語学の　linguistics 言語学
- **link v.** つなげる／ **n.** 輪、結びつき　linkage 連結
- **luxury** ぜいたく　luxurious ぜいたくな
- **magic n.** 魔法、魔術／ **adj.** 魔法の　magical 魔法の力による magician 奇術師
- **manual n.** 手引書、マニュアル／ **adj.** 手の、手を使う
- **material** 物質的な　materially 物質的に
- **maximum** 最高度、最大限　maximize 最大にする maximal 最大限の minimum 最小限
- **media** マスメディア
- **medical** 医療の、医学の　medically 医学上 medication 医療
- **migrate** 移住する、(鳥、魚が) 渡る　migration 移住、渡り migrant 渡り鳥
- **military n.** 軍人／ **adj.** 軍隊の　militaristic 軍国主義の

- ☐ **mobile** 動きやすい、可動性の　mobility 動きやすさ、可動性 immobile 動かない
- ☐ **mode** 様式　modality 様式性
- ☐ **moist** 湿った　moisture 湿気
- ☐ **monitor** v. 監視する／n. モニター、チェック装置
- ☐ **muscle** 筋肉　muscular 筋肉質の
- ☐ **mutual** 相互の　mutually 相互に
- ☐ **negative** 否定的な　positive 肯定的な
- ☐ **nevertheless** それにもかかわらず
- ☐ **nonetheless** それでもなお
- ☐ **notwithstanding** ～にもかかわらず、それでもなお
- ☐ **novel** 小説　novella 中編小説
- ☐ **novel** 新しい、奇抜な　novelty 斬新さ、目新しいもの
- ☐ **nutrition** 栄養　nutrient 栄養になる nutritious 栄養価の高い
- ☐ **oblige** 義務づける　obligation 義務 obligatory 義務的な
- ☐ **odor** におい
- ☐ **ongoing** n. 進行／adj. 進行中の
- ☐ **orbit** 軌道
- ☐ **orient** 関心をある方向に向ける、方向づける　disorient 方向感覚を狂わせる、混乱させる orientate = orient
- ☐ **output** v. 産出する、出力する／n. 生産高、出力　input v. 入力する／n. 投入、入力
- ☐ **overall** adj. 全体の、全般的な／adv. 全体としては、概して
- ☐ **overseas** n. 外国／adj. 海外の／adv. 海外へ
- ☐ **paragraph** 段落
- ☐ **parallel** 平行の
- ☐ **parenthesis** 挿入語句、丸かっこ　parenthetical 挿入句の、かっこに入った
- ☐ **partner** 仲間、相棒　partnership 提携、協力
- ☐ **perceive** 知覚する　perception 知覚 perceptible 知覚できる imperceptible 感知できない、微細な
- ☐ **percent** パーセント　percentage パーセンテージ、割合
- ☐ **perpetual** 永久の、絶え間ない　perpetually 永久に、絶え間なく

- [ ] **pertinent** 核心に関連する、要を得た　pertinence 要を得ていること
- [ ] **plot v.** たくらむ、構想を練る／ **n.** 陰謀、構想
- [ ] **plus n.** プラス（記号）、剰余／ **adj.** プラスの／ **prep.** 〜を加えた　minus n. マイナス、不足／ adj. マイナスの／ prep. 〜を減じた
- [ ] **pollution** 汚染　pollute 汚染する
- [ ] **port** 港
- [ ] **pose v.** ポーズを取る／ **n.** ポーズ、姿勢
- [ ] **practitioner** 開業医、弁護士
- [ ] **pragmatic** 実用的な、実用主義の　pragmatist 実用主義者
- [ ] **primary** 初期の、初等の、主要な　primarily 第一に、主に
- [ ] **prior**（時間・順序が）前の
- [ ] **professional n.** 玄人／ **adj.** 職業的な、玄人の、プロの　professionally 職業的に、専門的に
- [ ] **promote** 促進する、昇進する　promotion 昇進 promoter 後援者
- [ ] **prospect** 可能性、見通し　prospective 予想される、見込みのある
- [ ] **prosper** 栄える　prosperous 繁栄している
- [ ] **protest v.** 抗議する／ **n.** 抗議　protester 抗議する人
- [ ] **province** 州、地方　provincial 州の、地方の、田舎じみた
- [ ] **provoke** 怒らせる、刺激する　provocative 怒らせる、刺激する provocation 怒らせること、挑発
- [ ] **psychology** 心理学　psychological 心理学的な psychologist 心理学者
- [ ] **purchase v.** 購入する／ **n.** 購入　purchaser 購買者
- [ ] **rebel v.** 反抗する／ **n.** 反逆者　rebellion 反乱、反抗 rebellious 反乱の、反抗的な
- [ ] **recover** 回復する　recovery 回復 recoverable 回復可能な
- [ ] **refine** 精製する、洗練する　refinement 精製、洗練 unrefined 洗練されていない
- [ ] **reform** 改革する　reformation 改革 reformer 改革家
- [ ] **register** 登録する　registration 登録 registrar（大学の）登録係、登記官
- [ ] **regulate** 規制する　regulation 規制 deregulate 緩和する
- [ ] **relax** くつろぐ　relaxation くつろぎ、息抜き
- [ ] **reproduce** 再生する　reproduction 生殖作用 reproductive 生殖の

- [ ] **reside** 居住する　resident n. 居住者／ adj. 居住している residence 住宅、居住 residential 住宅の
- [ ] **resolve** 解決する、決意する　resolution 決議案、決意
- [ ] **respect v.** 尊敬する／ **n.** 敬意、関心、点　respective それぞれの respectively それぞれ
- [ ] **restore** 復元する、戻す　restoration 復旧、復元 restorative 回復させる、復旧の
- [ ] **restrain** 抑制する　restraint 抑制
- [ ] **revolve** 回転する　revolution 公転、革命
- [ ] **rhythm** リズム、調子　rhythmic 律動的な、リズミカルな
- [ ] **rural** 田舎の、地方の
- [ ] **saint** 聖人　saintly 聖人のような
- [ ] **scenario** 筋書き
- [ ] **scheme n.** 計画、策略、体系／ **v.** 策略する
- [ ] **score v.** 点を取る、得点する、成績を取る／ **n.** 得点、成績
- [ ] **shrink** 縮む　shrinkage 収縮
- [ ] **sibling**（男女の別なく）きょうだい
- [ ] **significant** 重要な　significantly かなり、著しく significance 重要性 insignificant ささいな insignificance 無意味、取るに足らないこと
- [ ] **signify** 示す、意味する　signification 意味、表示
- [ ] **simultaneous** 同時の　simultaneously 同時に
- [ ] **sketch v.** 写生する、概略を述べる／ **n.** 写生図、概略
- [ ] **so called** いわゆる
- [ ] **sole** 唯一の、単独の　solely 単独で、単に
- [ ] **somewhat** 幾分、やや
- [ ] **sophisticated** 洗練された　sophistication 洗練 unsophisticated 洗練されていない
- [ ] **spatial** 空間の、空間的な
- [ ] **species**（分類上の）種
- [ ] **speculate** 推測する　speculation 思索、推測 speculative 思索的な、推論にすぎない
- [ ] **spontaneous** 自発的な　spontaneity 自発性
- [ ] **starve** 餓死する、飢える　starvation 餓死、飢餓

- [ ] **stationary** 静止した
- [ ] **stereotype** 固定観念　　stereotypical 固定観念にとらわれた
- [ ] **stimulate** 刺激する　　stimulation 刺激
- [ ] **straightforward** 率直な
- [ ] **strategy** 戦術、計画　　strategic 戦略の strategically 戦略上 strategist 戦略家
- [ ] **subdivide** 再分割する、解体する　　subdivision 再分割、解体
- [ ] **subjective** 主観的な　　subjectivity 主観性
- [ ] **submit** 服従する、提出する　　submission 服従、提出
- [ ] **subordinate** v. 下に置く、従属させる／n. 従属物／adj. 補助的な、下位の、従属する　　subordination 服従、従属、下位 insubordination 不従順、反抗
- [ ] **substitute** 代用する、取り換える　　substitution 代理、代用
- [ ] **successive** 連続する、継続的な　　successively 連続して successor 後継者、後任者
- [ ] **sufficient** 十分な　　sufficiently 十分に suffice 足りる insufficient 不十分な
- [ ] **superficial** 表面的な
- [ ] **superior** 勝っている　　superiority 優越
- [ ] **supplement** 補足　　supplementary 補遺の supplemental ＝ supplementary
- [ ] **supreme** 最高位の
- [ ] **surplus** n. 余り、過剰／adj. 余った、過剰の
- [ ] **survive** 生き残る　　survival 生き残ること、生存者
- [ ] **sustain** 支える、維持する　　sustainable 支持できる、維持できる
- [ ] **switch** v. 切り換える／n. スイッチ、転換
- [ ] **target** v. 的にする、対象を〜にする／n. 標的、対象
- [ ] **technical** 技術的な　　technically 技術的には
- [ ] **tentative** 試験的な、仮の　　tentatively 試験的に、仮に
- [ ] **term** 言葉、専門用語　　terminology 述語、専門用語
- [ ] **term** 期間、学期　　terminal 最終の terminate 終える termination 終了、終結
- [ ] **territory** 領土　　territorial 領土の
- [ ] **terror** 恐怖、テロ　　terrorist テロリスト
- [ ] **texture** 生地、手触り
- [ ] **theft** 窃盗
- [ ] **theme** 主題　　thematic 主題の

- [ ] **thereby** 従って、その結果
- [ ] **tire** 疲れさせる、うんざりさせる
- [ ] **tissue** 組織
- [ ] **tolerate** 許容する、耐える　toleration 寛容、忍耐 tolerable 我慢できる intolerable 我慢できない
- [ ] **tone** v. ある調子にする、調子を変える／n. 音調、語調、気風、色調
- [ ] **traffic** 往来、交通
- [ ] **transit** 通過、通行
- [ ] **transition** 移り変わり、推移、過渡期　transitional 過渡期の
- [ ] **transmit** 送る、伝える、伝導する　transmittal 伝達すること
- [ ] **transparent** 透明な、透き通った、見え透いた　transparence 透明
- [ ] **trivial** ささいな、つまらない　triviality 平凡、つまらないこと
- [ ] **union** 結合、合体、連合　unify 統合する unification 統合、統一
- [ ] **unique** 唯一の、独自の、風変わりな　uniquely 独自的に
- [ ] **urban** 都会の
- [ ] **usage** 使い方、慣習、語法
- [ ] **vague** ぼんやりした、かすかな、あいまいな
- [ ] **vast** 広大な、莫大な
- [ ] **vehicle** 乗り物、手段　vehicular 乗り物の、伝達手段の
- [ ] **verbal** 言葉の、言葉による　nonverbal 言葉を用いない
- [ ] **verify** 確証する　verification 立証、証明
- [ ] **vibrate** 振動する　vibration 振動
- [ ] **visible** 目に見える　visibly 目に見えて、ありありと visibility 可視性、視界 invisible 目に見えない
- [ ] **vision** 視力、先見性、空想　visionary 先見の明のある、空想にふける、非現実的な
- [ ] **vital** 生命の、生命維持に不可欠な、重大な、活力に満ちた　vitally 致命的に、極めて
- [ ] **welfare** 福利、福祉事業
- [ ] **whereas** 〜であるのに対して
- [ ] **whereby** 〜によって
- [ ] **widespread** 広げた、普及した

TOEFL iBT

- [ ] **withdraw** 引っ込める、撤回する　withdrawal 引っ込めること、撤回

Level 3 Words

- [ ] **abnormal** 特異な、異常な　abnormality 異常 normal 普通の
- [ ] **acid** n. 酸／ adj. 酸っぱい、酸性の　acidic 酸性の
- [ ] **adhere** 固守する、信奉する　adherence 執着、信奉
- [ ] **adolescent** n. 青春期の人／ adj. 思春期の　adolescence 思春期
- [ ] **advocate** v. 主張する／ n. 主張者、支持者
- [ ] **aesthetic** n. 美学／ adj. 美的な、審美的な　aesthetics 美学
- [ ] **affiliate** 会員にする、合併する　affiliation 加入、提携、合併
- [ ] **affluence** 富、富裕　affluent n. 裕福な人／ adj. 裕福な、豊富な
- [ ] **agitate** 激しく揺り動かす、扇動する　agitation 動揺、扇動
- [ ] **albeit** 〜ではあるが
- [ ] **align** 整列させる　alignment 整列 misalign 誤って整列させる
- [ ] **allege** 主張する　allegation 主張 allegedly 伝えられるところでは
- [ ] **allocate** 割り当てる　allocation 割り当て
- [ ] **allude** ほのめかす　allusion 言及
- [ ] **ally** v. 同盟する／ n. 同盟国　alliance 同盟、同盟国 allied 同盟した、連合国側の
- [ ] **ambiguous** あいまいな　ambiguity あいまいさ unambiguous 明りょうな
- [ ] **amend** 修正する　amendment 修正
- [ ] **amorphous** 無定形の、あいまいな
- [ ] **analogy** 類似、類推　analogous 類似した
- [ ] **angular** 角のある
- [ ] **anomaly** 変則　anomalous 変則的な
- [ ] **anonymous** 匿名の　anonymity 匿名、匿名性
- [ ] **anthropology** 人類学　anthropological 人類学的な
- [ ] **apparatus** 器具、装置
- [ ] **appendix** 付録、虫垂　append 付け加える
- [ ] **appraise** 評価する　appraisal 評価
- [ ] **aristocrat** 貴族　aristocratic 貴族的な

- ☐ **arithmetic** 算数
- ☐ **arouse** 奮起させる　arousal 奮起
- ☐ **ascribe** 原因を〜に帰する　ascription 帰すること
- ☐ **aspiration** 切望　aspire 切望する
- ☐ **assent v.** 同意する／**n.** 同意
- ☐ **assess** 査定する　assessment 査定
- ☐ **asset** 財産
- ☐ **assimilate** 同化する　assimilation 同化
- ☐ **astronomy** 天文学　astronomical 天文学的な
- ☐ **atom** 原子　atomic 原子の
- ☐ **auspices** 保護、援助
- ☐ **avail v.** 役に立つ／**n.** 利益
- ☐ **averse** 〜に反対で　aversion 反感
- ☐ **awe v.** 畏敬の念を起こさせる／**n.** 畏れ、畏怖　awesome 畏敬の念を起こさせる
- ☐ **axis** 軸、枢軸
- ☐ **bias** 先入観、偏見　<u>unbiased</u> 偏見のない
- ☐ **biology** 生物学　biological 生物学的な biologist 生物学者
- ☐ **bomb** 爆弾
- ☐ **bond** きずな、束縛、債券
- ☐ **boundary** 境界
- ☐ **breed v.** 子を産む、繁殖する／**n.** 品種　bred（過去・過去分詞形）breeding 繁殖、品種改良
- ☐ **bubble v.** 泡立つ／**n.** 泡
- ☐ **bureaucracy** 官僚主義　bureaucratic 官僚主義的な bureaucrat 官僚
- ☐ **carbon** 炭素
- ☐ **cater** 料理を賄う　caterer 仕出し業者
- ☐ **cease** 終わる、やめる　<u>ceaseless</u> 絶え間のない
- ☐ **cell** 細胞
- ☐ **century** 世紀
- ☐ **chain** 鎖
- ☐ **circuit** 円周、回路

- [ ] **cite** 引用する　citation 引用
- [ ] **civic** 都市の、市民の
- [ ] **civil** 市民
- [ ] **clause** 条項、節
- [ ] **client** 依頼人、顧客　clientele 顧客
- [ ] **coefficient** 係数、率、共同作因
- [ ] **cogent** 適切な、説得力のある
- [ ] **coherent** 首尾一貫した　coherence 首尾一貫性 incoherence つじつまの合わないこと、矛盾
- [ ] **colleague** 同僚
- [ ] **colloquial** 口語の、話し言葉の
- [ ] **column** 柱、欄
- [ ] **commence** 開始する　commencement 開始、卒業式
- [ ] **commission** v. 委任する／n. 委任、委託　commissioner 委員、理事
- [ ] **compact** 簡潔な、ぎっしり詰まった
- [ ] **compel** 強いる　compulsion 強制
- [ ] **complement** 補完物、完全にするもの
- [ ] **comply** 従う　compliance 従うこと
- [ ] **component** 部分、部品、成分
- [ ] **compound** adj. 合成の／n. 混合物／v. 混ぜ合わせる
- [ ] **concentric** 集中的な
- [ ] **concurrent** 同時に発生する、同一の
- [ ] **conduct** v. 導く、指揮する、行う／n. 行為
- [ ] **confer** 話し合う　conference 会議
- [ ] **configure** 配列する、輪郭を描く　configuration 配列、輪郭
- [ ] **congress** 会議
- [ ] **conjunction** 結合すること
- [ ] **constitute** 構成する　constitution 構成、憲法
- [ ] **constrain** 強いる、束縛する
- [ ] **construe** 解釈する　misconstrue 誤解する
- [ ] **contaminate** 汚染する　contamination 汚染

- [ ] **contingent** 偶然の　contingency 偶然（性）
- [ ] **converge** 集まる、集中する　convergence 一点への集中
- [ ] **converse** 反対の　conversely 反対に
- [ ] **core** 核、核心
- [ ] **correlation** 相互関係　correlate 関連づける
- [ ] **credible** 信用できる　credibility 信用性 incredible 信用できない、信じられない
- [ ] **creditor** 債権者、貸し主
- [ ] **criteria** 基準（複数形）　criterion（単数形）
- [ ] **crystal** 水晶
- [ ] **cumbersome** やっかいな、扱いにくい
- [ ] **cylinder** 円筒、円柱
- [ ] **decimal** n. 小数／ adj. 小数の
- [ ] **defect** 欠点、欠陥　defective 欠点のある、欠陥のある
- [ ] **deflect** そらす　deflection それること
- [ ] **degenerate** 退化する　degeneration 退化
- [ ] **degrade** 地位を下げる、左遷する　degradation 格下げ、左遷
- [ ] **denominator** 分母
- [ ] **denote** 表示する、示す　denotation 表示、名称 denotative 示された connote 暗示する connotation 含蓄、言外の意味
- [ ] **derive** 引き出す　derivation 派生、引き出すこと
- [ ] **detrimental** 有害な　detriment 損害、損失
- [ ] **deviate** 逸脱する　deviation 逸脱
- [ ] **diameter** 直径
- [ ] **dictate** 命令する　dictator 独裁者
- [ ] **differentiate** 差異化する　differentiation 差異化
- [ ] **diffuse** 放散する　diffusion 放散
- [ ] **discern** 識別する　discernment 識別
- [ ] **discourse** v. 講演する／ n. 講演
- [ ] **discreet** 思慮のある、慎重な　discretion 思慮分別
- [ ] **discrepancy** 矛盾、不一致
- [ ] **discrete** 分離した、ばらばらの

TOEFL iBT

Chapter 7 アカデミック語彙力を伸ばす

- [ ] **dispense** 分配する
- [ ] **disperse** 分散させる、広める
- [ ] **displace** 置き換える、取って代わる　displacement 置き換え、免職
- [ ] **dissipate** 散らす　dissipation 消散
- [ ] **doctrine** 教義　doctrinal 教義上の
- [ ] **domain** 領地、領域
- [ ] **domestic** 家庭の、国内の
- [ ] **drastic** 徹底的な　drastically 徹底的に
- [ ] **electron** 電子
- [ ] **emancipate** 解放する　emancipation 解放
- [ ] **embody** 具体化する　embodiment 具体化
- [ ] **empirical** 経験上の、実験的な　empiricism 経験主義
- [ ] **encounter** 遭遇する
- [ ] **enhance** 強化する　enhancement 強化
- [ ] **enlighten** 啓発する　enlightenment 啓発　unenlightened 啓発されていない
- [ ] **ensure** 保証する
- [ ] **entity** 実在
- [ ] **enumerate** 列挙する　enumeration 列挙
- [ ] **episode** 挿話
- [ ] **equate** 同等と見なす
- [ ] **equidistant** 等距離の
- [ ] **equilibrium** 平衡　disequilibrium 不均衡
- [ ] **erode** 腐食する、浸食する　erosion 腐食、浸食
- [ ] **estate** 地所、財産
- [ ] **exceed** 超える　excessive 超過の、超えた
- [ ] **execute** 遂行する、死刑にする　execution 遂行、処刑
- [ ] **expel** 追放する　expulsion 排除、追放
- [ ] **exponent** 解説する人、主唱者、指数　exponential 指数の、急上昇の
- [ ] **extract** 抜粋する　extraction 抽出物、抜粋
- [ ] **faction** 派閥　factional 派閥の
- [ ] **federal** 連邦の

231

- [ ] **forgo** 差し控える
- [ ] **formula** 公式　formulae（複数形）
- [ ] **formulate** 公式化する、成文化する　formulation 公式化、成文化
- [ ] **forthcoming** やがて来る
- [ ] **fossil n.** 化石／**adj.** 化石化した
- [ ] **fraction** 断片、分数
- [ ] **fragment** 断片、破片　fragmentary 断片的な
- [ ] **fraternal** 兄弟のような　fraternity 兄弟関係、兄弟愛
- [ ] **fraud** 詐欺　fraudulent 詐欺の
- [ ] **friction** 摩擦
- [ ] **frontier** 辺境、国境
- [ ] **fuse** 溶かす、融合する
- [ ] **gender**（社会的、文化的役割としての）性
- [ ] **geometric** 幾何学の　geometry 幾何学
- [ ] **germ** 細菌
- [ ] **gravity** 重力、引力　gravitation 重力、引力
- [ ] **harbor** 港
- [ ] **hemisphere** 半球
- [ ] **hence** 従って
- [ ] **heredity** 遺伝　hereditary 遺伝性の
- [ ] **homogeneous** 均質の、同種の　homogeneity 均質性
- [ ] **hypothesis** 仮説　hypotheses（複数形）hypothetical 仮定の、仮説上の
- [ ] **ideology** イデオロギー、観念　ideological イデオロギーの
- [ ] **imperial** 帝国の、皇帝の
- [ ] **implicate** 巻き込む、含意する
- [ ] **impure** 不純な　pure 純粋な
- [ ] **incentive n.** 刺激、動機／**adj.** 刺激的な　disincentive 意欲を妨げるもの
- [ ] **incessant** ひっきりなしの
- [ ] **index v.** 指示する／**n.** 索引、指標、指数
- [ ] **indigenous** 原産の、生まれつきの

- [ ] **induce** 引き起こす、帰納する　induction 誘導、帰納法 deduce 演えきする deduction 控除
- [ ] **infrastructure** 構造基盤、経済基盤
- [ ] **ingenious** 巧妙な　ingenuity 巧妙さ
- [ ] **inherent** 生まれつきの　inherently 生まれつき
- [ ] **inhibit** 抑制する　inhibition 抑制
- [ ] **insert** 挿入する　insertion 挿入
- [ ] **integer** 整数、完全体
- [ ] **interlock v.** 組み合わせる／**n.** 連結
- [ ] **interlude** 合間
- [ ] **intersect** 交わる　intersection 交差すること、交差点
- [ ] **intimate** 親しい、親密な　intimacy 親密さ、深い関係
- [ ] **intrinsic** 本質的な、本来の　intrinsically 本質的に extrinsic 非本質的な extrinsically 非本質的に
- [ ] **inverse n.** 逆／**adj.** 逆の　inversely 逆に inversion 逆
- [ ] **invoke** 嘆願する　invocation 嘆願
- [ ] **irrigate** かんがいする　irrigation かんがい
- [ ] **judicial** 司法の　judiciary n. 司法権、司法組織／adj. 司法の
- [ ] **kindred n.** 親類／**adj.** 同類の、血族の
- [ ] **legislate** 法律を制定する　legislation 立法 legislature 立法府 legislator 立法者
- [ ] **lens** レンズ
- [ ] **levy v.** 課す、徴兵する／**n.** 税金、徴兵
- [ ] **liable** 法的責任がある　liability 責任
- [ ] **litigate** 訴訟を起こす　litigation 訴訟 litigant 訴訟当事者
- [ ] **locomotion** 運動、移動
- [ ] **magnetic** 磁気を帯びた　magnet 磁石 magnetism 磁気、磁気学
- [ ] **magnitude** 大きさ、重要性
- [ ] **manifest v.** 明らかにする／**adj.** 明らかな　manifestation 明らかにすること
- [ ] **maternal** 母親の　maternity 母であること、母性
- [ ] **mathematics** 数学　mathematical 数学的な mathematically 数学的に
- [ ] **matrix** 母体、基盤
- [ ] **mechanism** 機械装置、構造　mechanistic 機械的な

- [ ] **mediate** v. 調停する、取り次ぐ／**adj.** 仲介の、媒体の　mediation 調停、取り次ぎ
- [ ] **metabolism** 新陳代謝　metabolic 新陳代謝の
- [ ] **metaphor** 隠ゆ　metaphorical 隠ゆ的な、比喩的な
- [ ] **microscope** 顕微鏡　microscopic 顕微鏡の、極微の
- [ ] **ministry** 内閣、省
- [ ] **molecule** 分子　molecular 分子の
- [ ] **momentum** 弾み、勢い
- [ ] **monarch** 君主
- [ ] **morphology** 形態論
- [ ] **myth** 神話、根拠のない説　mythic 神話の、架空の mythical ＝ mythic
- [ ] **navy** 海軍　naval 海軍の
- [ ] **negate** 否定する、取り消す　negation 否定、打ち消し
- [ ] **nerve** 神経　nervous 神経の、緊張した
- [ ] **niche** 最適の地位
- [ ] **notate** 表記する　notation 表記
- [ ] **null** 無効の、価値のない
- [ ] **obsolete** 廃れた　obsolescence 廃れかけること
- [ ] **offset** v. 相殺する／n. 相殺するもの
- [ ] **oscillate** 振動する　oscillation 振動
- [ ] **oxygen** 酸素
- [ ] **panel** 羽目板、陪審員、公開討論会
- [ ] **paradigm** 枠組み、パラダイム　paradigmatic 模範的な parliamentarian 議会人、議員
- [ ] **parameter** 要素、限界
- [ ] **parliament** 議会　parliamentary 議会の
- [ ] **partisan** n. 同志、一味／**adj.** 党派心の強い
- [ ] **peasant** 小作農
- [ ] **pendulum** 振り子
- [ ] **perpendicular** n. 垂直／**adj.** 垂直の
- [ ] **perpetrate** 犯す、しでかす　perpetrator 加害者、犯人
- [ ] **pervade** 充満する、浸透する

- **pest** 有害な動物、厄介なもの、ペスト
- **planet** 惑星　planetary 惑星の
- **plead** 弁護する、申し立てる
- **pole** 棒、(天体・地球の) 極
- **postulate** 仮定する　postulation 仮定
- **precipitate v.** 突然引き起こす、真っ逆さまに落とす／**adj.** 突然の、真っ逆さまの
- **predominant** 卓越した、有力な、顕著な　predominance 優勢
- **premise** 前提、仮定
- **preposition** 前置詞
- **prestige** 名声　prestigious 名声のある、有名な
- **prevail** 打ち勝つ、普及する
- **prime** 最も重要な、主要な
- **proclaim** 宣言する　proclamation 宣言
- **procure** 獲得する　procurement 獲得すること
- **prohibit** 禁止する　prohibition 禁止
- **propagate** 繁殖させる、宣伝する　propagation 繁殖、宣伝
- **propensity** 傾向、性癖
- **proprietor** 所有者
- **protocol** 外交儀礼、儀礼上のしきたり
- **prudence** 慎重さ　prudent 慎重な imprudent 軽率な
- **purport v.** 称する／**n.** 趣旨、意味、意図
- **qualitative** 質的な　quantitative 量的な
- **radius** 半径、範囲
- **ratio** 割合、比率
- **rectangle** 長方形　rectangular 長方形の
- **recur** 再発する　recurrence 再発
- **refute** 論破する　refutation 論破 refutable 論破できる irrefutable 論破できない
- **regime** 政治制度、政権
- **reign v.** 統治する／**n.** 治世、統治
- **render** 〜を……にする、変える

- [ ] **repress** 抑える　repression 制止、抑制 repressive 抑圧的な
- [ ] **repudiate** 拒絶する　repudiation 拒否
- [ ] **reservoir** 貯水池、宝庫
- [ ] **residue** 残されたもの　residual adj. 残りの／n. 残り
- [ ] **retain** 保つ
- [ ] **retard** v. 遅れる／n. 遅れ、知的障害者　retardation 遅延、知的障害
- [ ] **revenue** 歳入
- [ ] **reverberate** 反響する、反射する　reverberation 反響、反射
- [ ] **revive** 生き返る、復活する　revival 生き返り、復活
- [ ] **rigor** 厳格、厳しさ　rigorous 厳格な
- [ ] **rotate** 回転する　rotation 自転
- [ ] **rudimentary** 初歩的な、基本的な　rudiment 基本、初歩
- [ ] **sanction** v. 認可する／n. 認可、制裁
- [ ] **satellite** 衛星
- [ ] **saturate** 満たす　saturation 充満
- [ ] **scale** 尺度
- [ ] **scope** 範囲
- [ ] **secrete** 分泌する　secretion 分泌、分泌物
- [ ] **sector** 部門、分野
- [ ] **segment** v. 分ける／n. 部分、区分　segmentation 区分
- [ ] **simulate** ふりをする、まねる　simulation まねをすること、仮想現実
- [ ] **skeleton** がい骨、骨組み、概略　skeletal がい骨の、やせた
- [ ] **sociology** 社会学　sociological 社会学的な sociologist 社会学者
- [ ] **solar** 太陽の
- [ ] **spectrum** 範囲
- [ ] **sphere** 範囲、球　spherical 球状の
- [ ] **stipulate** 規定する　stipulation 規定
- [ ] **strata** (複数形) 層、階級　stratum (単数形)
- [ ] **subside** 低下する、沈殿する
- [ ] **subsidize** 助成金を与える　subsidy 助成金、補助金
- [ ] **subtle** 微妙な　subtly 微妙に、敏感に subtlety 微妙、敏感

- [ ] **superimpose** 重ねる、押し付ける
- [ ] **suppress** 鎮圧する、抑える　suppression 鎮圧する、抑えること
- [ ] **symptom** 徴候　symptomatic 徴候となる
- [ ] **synthetic** 統合の、合成の　synthesis 統合、合成 synthesize 統合する
- [ ] **tangent** 接線、接面　tangential 接している、本筋から外れた
- [ ] **tangible** 触れることができる、明白な　intangible 触れることのできない、不可解な
- [ ] **telescope** 望遠鏡　telescopic 望遠鏡の、先見の明のある
- [ ] **thermal** 熱の、温かい
- [ ] **thesis** 主題、題目
- [ ] **tractor** トラクター、けん引車
- [ ] **trait** 特徴
- [ ] **transact**（業務・取引などを）行う　transaction 処理、取引
- [ ] **treaty** 条約、協定
- [ ] **triangle** 三角形　triangular 三角形の
- [ ] **trigger** 引き金、誘因
- [ ] **tropical** 熱帯の　tropics 熱帯地方
- [ ] **unduly** 過度に、不当に
- [ ] **upsurge** v. わき上がる／n. 急激な高まり、急増
- [ ] **utter** 発する、口にする　utterance 発すること、口に出すこと
- [ ] **vein** 静脈、血管
- [ ] **velocity** 速度
- [ ] **vertical** 垂直的な　vertically 垂直的に
- [ ] **via** 〜経由で、〜の媒介で
- [ ] **volt** ボルト　voltage 電圧、ボルト数
- [ ] **x-ray** v. レントゲン写真を撮る／n. レントゲン写真、レントゲン撮影
- [ ] **zero** 零度、ゼロ

まとめのアドバイス

　語彙学習でぜひお勧めしたいのが、毎日（もしくは、少なくとも週に数日）新しい単語を学ぶと同時に復習を欠かさないことです。できれば、小さなノート、単語カード、語彙音声のファイルが入った MP3 プレーヤーを常に携帯し、電車での移動中などに繰り返し復習するようにしましょう。私の学生は、通学（片道約 20 分）の電車の中で、毎日単語カードを使って学習を続け、語彙力を大幅に伸ばしました。また、毎晩お風呂で 10 分間語彙学習をした学生や、朝食後の 8 ～ 10 分間にコーヒーを飲みながら学習し、語彙力を伸ばした学生もいました。このように、毎日時間帯を決め、新しい語彙を増やすと同時に復習をするといいでしょう。細切れの時間を使って、繰り返し学習すると効果的です。

　以上をまとめると、次のようになります。

> (1) 自分に合った学習方法を見つける
> (2) 単語を覚えたら、何度も繰り返し復習する
> (3) 語彙学習は毎日決まった時間に行うことにする

　まず、この The TOEFL Word List をマスターしましょう。それが終わったら、自分の用途と学習方法に合った単語本を買って活用するといいでしょう。なお、『TOEFL Test ワードパワー 5000』（Paul Wadden 著、語研刊）には、難易度が 30 段階に分かれた TOEFL 一般語彙 3000 語、TOEFL によく出題される 24 の学問分野（経済学、生物学、美術、文学など）から選ばれた専門語彙 1500 語、よく使われるイディオム 500 が掲載されています。参考にしてください。

　単語本を使うかどうかは別として、TOEFL 学習時をはじめ、普段読む英文に頻繁に出てくる単語には注意を払ってください。すべての単語が大切なわけではありません。繰り返し、出合う単語こそが重要なのです。

　そして、単語の意味を取る時は文脈との関連を無視してはいけません。皆さんは日本語の語彙を、文脈の中で覚えてきたはずです。英語でも同じことです。単語と文脈を結びつけることは、語彙学習だけではなく、TOEFL 対策にも効果的です。

Section 4

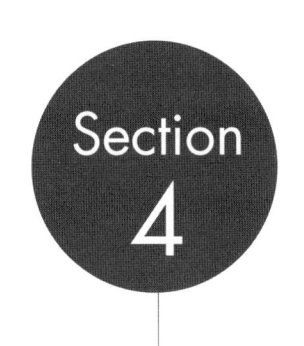

Exercises
実践練習

- 8章　練習問題
- 9章　模擬テスト
　　　解答と解説
- 付録　長文の訳例

Chapter 8
Guided Practice
練習問題

　この章では実践に則した練習問題を通して、これまでに学んだ TOEFL リーディング技術、タイプ別の設問の特徴、戦略の実践方法をおさらいします。典型的な iBT リーディングセクションと同様、パッセージ3本がふたつのセットに（最初の2本が制限時間 40 分のひとつ目のセットに、残りの1本が制限時間 20 分のふたつ目のセットに）入っています。第1章にも書きましたが、本番のテストでは、上記に加えてさらに2本のパッセージが入ったセット（制限時間 40 分）が出題されることがあります。これは ETS がリーディングセクションもしくはリスニングセクションで問題を追加して、皆さんを新しい問題の実験台としているだけなので、驚く必要はありません。

　この練習問題および第9章の模擬テストを受けるに際しては、この本で学び、練習した戦略を応用してください。同時に、「自分のやり方で解く」方法も試してみましょう。本書の戦略と自分なりの戦略を統合するのです。例えば、第1パラグラフが短く、意味も取りやすければ、最初に「戦略的に読む」際、パラグラフ全体を読んだり、逆に、長く内容が複雑な場合は、最初と最後のセンテンスだけを読んだりといった具合です。最後のパラグラフについても同じことがいえます。私たちはコーチで、実際にテストを受けるのは皆さんです。受験時に自分のスタイルで解答する必要も出てくるはずです。

　また、この章の練習問題と9章の模擬テストで出題されているリーディングパッセージのテーマには、これまで読んだ内容と似たものがあります。TOEFL の学習を重ねていくと、人類の祖先（特に霊長類）やアメリカの音楽や美術の動向（特にジャズ）のように、何度も取り上げられるテーマがあることに気づきます。こうしたテーマは、リーディングセクションだけでなく、スピーキング、リスニング、ライティングのセクションでも繰り返し出てきますので、これからも出題されることが予想されます。リーディングセクションで、頻出するテーマに関する語彙を身につけておけば、ほかのセクションでも役立ちます。こうした傾向があるため、第8章と第9章では、意図的にテーマを選択し、パッセージを作成しました。

　TOEFL 受験時には、時折、コンピューター画面上の時計を見て、うまくペースを配分してください。iBT では、音量を調整する際などにいくつかのコマンドキーを使う必要がありますが、もし、その使い方がわからなければ、テスト開始前に確認し、キーボードと画面に慣れておきましょう。その際、うまく操作できなければ、係員に教えてもらってください。iBT のいいところは、個々に受験するため、システムをチェックしたり、自分なりに呼吸を整えたり、必要ならば係員に質問したりして、自分のタイミングでテストを開始できる点です。開始後は即座にパッセージの最後までスクロールし、第1問を読み、戦略的リーディングを始めます。

説明はこのぐらいにして、深呼吸をして問題に取り掛かることにしましょう。ふたつのパッセージが入っているセットから始めます。ここには解き方が詳しく書かれています。次に、ひとつのパッセージが入っているセットに移ります。ここでは解き方を簡単に説明しています。時間を測っていきますが、この練習問題では、途中、多くの解説を読むことになりますので、制限時間より長くかかっても構いません。

Passage 1

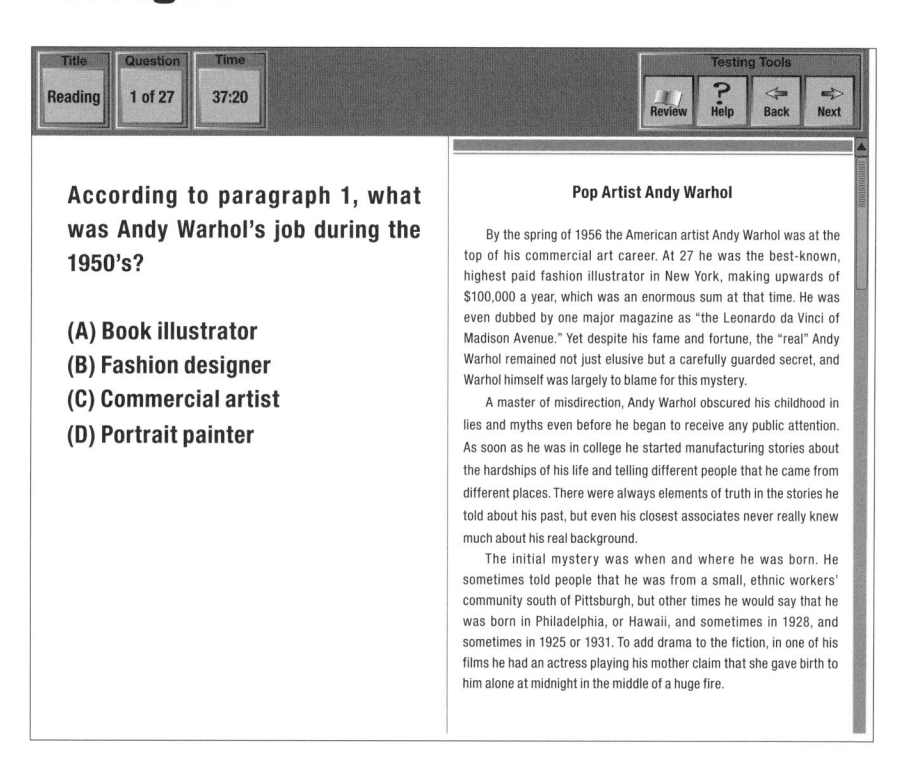

Title	Question	Time			Testing Tools		
Reading	1 of 27	37:20			Review	Help	Back	Next

According to paragraph 1, what was Andy Warhol's job during the 1950's?

(A) Book illustrator
(B) Fashion designer
(C) Commercial artist
(D) Portrait painter

Pop Artist Andy Warhol

By the spring of 1956 the American artist Andy Warhol was at the top of his commercial art career. At 27 he was the best-known, highest paid fashion illustrator in New York, making upwards of $100,000 a year, which was an enormous sum at that time. He was even dubbed by one major magazine as "the Leonardo da Vinci of Madison Avenue." Yet despite his fame and fortune, the "real" Andy Warhol remained not just elusive but a carefully guarded secret, and Warhol himself was largely to blame for this mystery.

A master of misdirection, Andy Warhol obscured his childhood in lies and myths even before he began to receive any public attention. As soon as he was in college he started manufacturing stories about the hardships of his life and telling different people that he came from different places. There were always elements of truth in the stories he told about his past, but even his closest associates never really knew much about his real background.

The initial mystery was when and where he was born. He sometimes told people that he was from a small, ethnic workers' community south of Pittsburgh, but other times he would say that he was born in Philadelphia, or Hawaii, and sometimes in 1928, and sometimes in 1925 or 1931. To add drama to the fiction, in one of his films he had an actress playing his mother claim that she gave birth to him alone at midnight in the middle of a huge fire.

英文と設問は上のような形で画面に出てきますが、皆さんが実際に読むべき個所は以下の濃く印刷されている部分です。

Pop Artist Andy Warhol

① By the spring of 1956 the American artist Andy Warhol was at the top of his commercial art career. At 27 he was the best-known, highest paid fashion illustrator in New York, making upwards of $100,000 a year, which was an enormous sum at that time. He was even dubbed by one major magazine as "the Leonardo da Vinci of Madison Avenue." Yet despite his fame and fortune, the "real" Andy Warhol remained not just elusive but a carefully guarded secret, and Warhol himself was largely to blame for this mystery.

A master of misdirection, Andy Warhol obscured his childhood in lies and myths even before he began to receive any public attention. As soon as he was in college he started manufacturing stories about the hardships of his life and telling different people that he came from different places. There were always elements of truth in the stories he told about his past, but even his closest associates never really knew much about his real background.

The initial mystery was when and where he was born. He sometimes told people that he was from a small, ethnic workers' community south of Pittsburgh, but other times he would say that he was born in Philadelphia, or Hawaii, and sometimes in 1928, and sometimes in 1925 or 1931. To add drama to the fiction, in one of his films he had an actress playing his mother claim that she gave birth to him alone at midnight in the middle of a huge fire.

In the Warhol myth, Andy was a Depression-era baby whose family was often reduced to eating soup made with tomato ketchup for dinner. His father was supposedly a coal miner whom he rarely saw and who died in a mine accident when the artist was young. He said his brothers bullied him, he had no friends, and his mother was always sick. He claimed that by the time he was twelve he had lost all of his hair and the color of his skin changed.

In reality, Andy Warhol was born on August 6, 1928 in the city of Pittsburgh, the son of parents who immigrated from another country. During Warhol's childhood, his father held a steady job: he worked on roads and moved homes. This was a common practice in the days of predominantly wooden houses when the entire structure would be uprooted and moved to a different location to make way for new construction. During Warhol's teen years, the wages his father earned allowed him to save several thousand dollars in postal savings bonds at a time when many other workers had no jobs and most workers had no savings at all. Obviously, Warhol's family had been secure and middle class. **Thus, Warhol's later stories reveal the artist's deep-rooted insecurity rather than any real economic deprivation during childhood.**

Yet the artist's maladjustment to some extent did originate during childhood. When he was in the third grade, he contracted a disease of the nervous system which caused his muscles to spasm suddenly and his skin to form pale blotches. He spent weeks in bed during elementary school and developed a strong fear of hospitals. His strange condition made him an outcast among his friends, and, to compensate, he bonded tightly with his mother. **During his long periods of sickness, he lay in bed, listened to the radio, and taped pictures of advertisements and movie stars on the walls around him.**

It was this keen eye for the commonplace of pop culture that led him to his breakthrough in art. As an advertisement illustrator in the 1950's, Warhol created imaginative visual images for commercial art. Then, in the 1960's, he began to paint famous American commercial products such as cans of Campbell's soup and bottles of Coca-Cola, though he received no payment from the companies for advertising their products. At first, he presented his art as elite and unique—yet another deception—but he soon gave up that tactic and embraced art as manufacturing. He called his studio "The Factory," hired numerous assistants to produce his works, and switched from painting to the making of mass-produced items such as silk-screen prints. **His main justification for his work was not artistic merit but that it would sell. While Warhol enjoyed the fame and reputation of a fine artist, he was mainly a "business artist," and his work ultimately was superficial and commercial.**

訳例は p.338 にあります。

Q1. According to paragraph 1, what was Andy Warhol's job during the 1950's?

(A) Book illustrator
(B) Fashion designer
(C) Commercial artist
(D) Portrait painter

戦略的リーディング技術によって、パッセージの構成、目的、構造原理、さらにはトーンも含めた、全体の概要が見えてきます。黒で印刷された第1パラグラフ全体と第2パラグラフ以降の各パラグラフの最初と最後のセンテンス（最終パラグラフでは最後の2センテンス）から、大まかに次のような概要をつかむことができます。

Andy Warhol: American pop artist famous in the 1950's and maybe 1960's（アンディ・ウォーホル：1950年代、そして、おそらく1960年代にも活躍した有名なアメリカ人ポップアーティスト）

- He was a highly paid commercial art illustrator
- He was very secretive, on purpose, about who he was

- Used lies and myths to distort his childhood
- Pieces of truth in his stories, but even close friends didn't really know truth

- Even place and time of birth were mysterious
- Made a film with actress playing his mother saying he was born alone at night in a fire

- Made up myth that as a young child his family was very poor during the Depression and ate soup made from tomato ketchup
- Claimed by 12 he had lost all his hair and skin color changed

- Actually was son of immigrants who settled in Pittsburgh
- His stories were a result of his own insecure identity, not real financial problems

- His social problems did occur from his childhood
- Was sick for long periods and looked at images of advertisements and movie stars

- These images of pop culture helped him made a breakthrough in art
- Mainly produced art in order to sell it. Although famous and well thought of as an artist, actually a business artist whose art was superficial and commercial

　このパッセージで最も大切な記述は、導入部分である第1パラグラフの最後のセンテンス Yet despite his fame and fortune, the "real" Andy Warhol remained not just elusive but a carefully guarded secret, and Warhol himself was largely to blame for this mystery. です。
　このセンテンス、および、各パラグラフのキーセンテンスとまとめのセンテンスから、このパッセージの目的が、
　　1. ウォーホルの入念にガードされた私生活と見掛け倒しの世間に対するイメージ
　　2. ウォーホル自身がその責めを負わなくてはならなくなった経緯
の2点であることがわかります。つまり、このパッセージは（ウォーホルの芸術やポップアートの旗手としての活躍および影響力ではなく）ウォーホル個人を分析したもので、所々で物語的な構造原理が使用され、トーンは批判的で、時に敵意が感じられる部分さえあります。概要と上の分析からわかることは、後で出てくる要約問題を解く際に、極めて重要な情報です。ちなみに、このパッセージには分類問題になりそうな項目が見当たらないため、最後の設問は要約問題だということがわかります。
　最初の設問は、上の情報から簡単に解くことができます。
　第1パラグラフから、アンディ・ウォーホルは「1956年の春に」「商業アーティスト」として最高の地位にあったことがわかります。従って、**正解は (C)** です。本文の career が設問文では job と、the spring of 1956 が 1950's（1950年代）と言い換えられ、commercial art career は commercial artist と少しだけ表現が変えられています。第1問としてよく出題されるタイプのやさしい内容一致問題です。
　Next ボタンを押して、次の設問に進みます。

Pop Artist Andy Warhol

By the spring of 1956 the American artist Andy Warhol was at the top of his commercial art career. At 27 he was the best-known, highest paid fashion illustrator in New York, making upwards of $100,000 a year, which was an enormous sum at that time. He was even dubbed by one major magazine as "the Leonardo da Vinci of Madison Avenue." Yet despite his fame and fortune, the "real" Andy Warhol remained not just elusive but a carefully guarded secret, and Warhol himself was largely to blame for this mystery.

② A master of misdirection , Andy Warhol obscured his childhood in lies and myths even before he began to receive any public attention. As soon as he was in college he started manufacturing stories about the hardships of his life and telling different people that he came from different places. There were always elements of truth in the stories he told about his past, but even his closest associates never really knew much about his real background.

③ The initial mystery was when and where he was born. He sometimes told people that he was from a small, ethnic workers' community south of Pittsburgh, but other times he would say that he was born in Philadelphia, or Hawaii, and sometimes in 1928, and sometimes in 1925 or 1931. To add drama to the fiction, in one of his films he had an actress playing his mother claim that she gave birth to him alone at midnight in the middle of a huge fire.

④ In the Warhol myth, Andy was a Depression-era baby whose family was often reduced to eating soup made with tomato ketchup for dinner. His father was supposedly a coal miner whom he rarely saw and who died in a mine accident when the artist was young. He said his brothers bullied him, he had no friends, and his mother was always sick. He claimed that by the time he was twelve he had lost all of his hair and the color of his skin changed.

⑤ In reality, Andy Warhol was born on August 6, 1928 in the city of Pittsburgh, the son of parents who immigrated from another country. During Warhol's childhood, his father held a steady job: he worked on roads and moved homes. This was a common practice in the days of predominantly wooden houses when the entire structure would be uprooted and moved to a different location to make way for new construction. During Warhol's teen years, the wages his father earned allowed him to save several thousand dollars in postal savings bonds at a time when many other workers had no jobs and most workers had no savings at all. Obviously, Warhol's family had been secure and middle class. Thus, Warhol's later stories reveal the artist's deep-rooted insecurity rather than any real economic deprivation during childhood.

⑥ Yet the artist's maladjustment to some extent did originate during childhood. When he was in the third grade, he contracted a disease of the nervous system which caused his muscles to spasm suddenly and his skin to form pale blotches. (A) ■ He spent weeks in bed during elementary school and developed a strong fear of hospitals. (B) ■ His strange condition made him an outcast among his friends, and, to compensate, he bonded tightly with his mother. (C) ■ During his long periods of sickness, he lay in bed, listened to the radio, and taped pictures of advertisements and movie stars on the walls around him. (D) ■

⑦ It was this keen eye for the commonplace of pop culture that led him to his breakthrough in art. As an advertisement illustrator in the 1950's, Warhol created imaginative visual images for commercial art. Then, in the 1960's, he began to paint famous American commercial products such as cans of Campbell's soup and bottles of Coca-Cola, though he received no payment from the companies for advertising their products. At first, he presented his art as elite and unique—yet another deception—but he soon gave up that tactic and embraced art as manufacturing. He called his studio "The Factory," hired numerous assistants to produce his works, and switched from painting to the making of mass-produced items such as silk-screen prints. His main justification for his work was not artistic merit but that it would sell. While Warhol enjoyed the fame and reputation of a fine artist, he was mainly a "business artist," and his work ultimately was superficial and commercial.

Q2. The word misdirection in the passage is closest in meaning to

(A) changing locations
(B) misconduct
(C) interpreting stories
(D) deception

　最初の数問目までによく出る簡単な語彙問題です。アンディ・ウォーホルが「自身の幼少時代をうそと作り話で隠していた（obscured his childhood in lies and myths）としたら、それは彼が人々を欺いたり（mislead）だましたり（deceive）したかったということになります。それを本文では misdirection の達人と呼んでいます。従って、misdirection に最も意味が近いのは、(D) の deception（欺き）であるとわかります。**正解は (D)** です。
　(B) の misconduct は misdirection と同じ接頭辞 mis- で始まっている（多くの場合、接頭辞が同じ選択肢は「わな」です）ので、おそらく選ばないほうがいいとわかるでしょう。また、(A) の changing locations は misdirection の direction と関連があると思わせる引っ掛けです。

Q3. The word hardships in the passage is closest in meaning to

(A) residences
(B) controversies
(C) difficulties
(D) events

　これは文脈から推し量ることができないため、難しめの語彙問題であると言えます。hardship そのものの意味を知らないと答えられません。ここでは **(C) の difficulties**（苦痛な出来事、問題）**が正解**です。この単語を知らなければ、hard（大変な）と ship（状態を表す接尾辞）に分けて意味を推測し、difficulties と結びつけることもできます。

Q4. It can be inferred from paragraph 2 that Warhol

(A) began to falsify his background while still in university
(B) was unable to complete his college degree
(C) was honestly unsure of his birthplace
(D) came from a broken home

　この設問だけは、第2パラグラフ全体を読まなくては解答できません。トピックセンテンス（第1センテンス）から、ウォーホルがだましの達人（master of misdirection）で、まだ世間から注目されていないころから既に、自身の幼少時代をうそや作り話で隠していた（obscured his childhood in lies and myths even before he began to receive any public attention）ことがわかります。その例として、次のセンテンスに「大学に入学するとすぐに、彼は自分の人生に起きた苦難に関する物語を作ったり、相手によって自分の出身地を変えたりし始めた（As soon as he was in college he started manufacturing stories about the hardships of his life and telling different people that he came from different places.）」とあります。この in college を while still in university と言い換え、manufacturing stories ... different places を falsify his background と表現した **(A) が正解**です。既に把握しているパッセージの概要からも正解を導き出すことができます。
　これは前半によく出題される「にせの類推問題」です。設問には infer とありますが、実際にはパッセージに書かれた内容の言い換えを見つけるだけで解ける問題です。

Q5.
Which of the following best expresses the essential information in the highlighted sentence? Incorrect answer choices change the meaning in important ways or leave out essential information.

> **問題文**
>
> A master of misdirection, Andy Warhol obscured his childhood in lies and myths even before he began to receive any public attention. As soon as he was in college he started manufacturing stories about the hardships of his life and telling different people that he came from different places. <mark>There were always elements of truth in the stories he told about his past, and even his closest associates never really knew much about his real background.</mark>
>
> (A) He was never truthful in talking about his past, and as a result, even his closest associates never knew the facts about his life.
> (B) He blended fact and fiction in describing his past, and even his closest associates knew little about his actual experiences.
> (C) The true stories that he told about his background were never heard by his intimate friends.
> (D) Only to his personal friends would he tell true facts about his past, but even they never believed him.

　幸いなことに、強調表示されているのは、戦略的リーディングを行った際に既に読んだセンテンスです。また、その前のセンテンスも Q3 の語彙問題を解いた時に読んでいます。ここで、文簡素化問題の戦略を思い出してみましょう。

文簡素化問題に対する戦略

> (1) 強調表示されたセンテンスを慎重に読み、その後、前後の1～2センテンスにも目を通す。
> (2) 強調表示されたセンテンスを、主語、動詞部分など、意味の固まりに区切り、修飾語などを取り除いて、文の骨格だけが見えるようにする。
> (3) however、as well as、not only A but also B など、文の流れに変化をもたらす表現に注意する。
> (4) 選択肢を注意深く読み、明らかに間違っているものを削除する（文簡素化問題では消去法を利用することが非常に大切である）。
> (5) 残った選択肢の中から、最も適切だと思われるものを選ぶ。

　また、間違っている選択肢は

- 重要な情報が抜けているもの
- 間違った情報が入っているもの
- 元の文章とは矛盾するもの
- 本文と同じ単語が多く使われていても、実際にはターゲットセンテンスとは正反対のことを表しているというわなを仕掛けたもの

であることも学びました。このほか、極端な表現を含むもの（例：always, never, all, any, every, none, anyone, no one, everywhere, nowhere, best, worst）についても注意しましょう。

　この設問のターゲットセンテンスでは、「彼が自分の過去について述べたことには多少の真実が含まれていた」「最も親しい人でも彼の本当の生い立ちを知る者はいなかった」というふたつのポイントが述べられています。

　(A) は He was never truthful in talking about his past の部分から間違いだとわかります。これが、本文の There were always elements of truth と矛盾するだけではなく、never という極端な単語が入っているため、気を付ける必要のある選択肢です。

　(C) には The true stories that he told とありますが、本文には elements of truth（真実の一部分）としか書かれていません。つまり、話の内容が真実だったとはいえないため、(C) も不正解です。

　(D) は Only to his personal friends would he tell true facts about his past の部分が本文の even his closest associates never really knew much about his real background と矛盾し、また、they never believed him は本文にはない情報です。従って、(D) も不正解です。

　(B) では、blended fact and fiction がターゲットセンテンスのひとつ目のポイントである elements of truth in the stories he told と呼応し、ふたつ目のポイントの real background が actual experiences と言い換えられています。よって、**(B) が正解**だと判断できます。このように文簡素化問題では、言い換えの際に名詞の単数形・複数形が変化することがあります。

Q6. What does paragraph 3 mainly discuss?

(A) Warhol's actual birthplace
(B) Warhol's ethnic background
(C) Warhol's misrepresentation of his past
(D) The difficult circumstances of Warhol's birth

このような主題問題を解くには、戦略的リーディング技術が不可欠です。パッセージを最初から最後まで読んでから、第3パラグラフに戻るという方法を取ると、時間の無駄になるだけではなく、ほかの不要な情報に惑わされることにもなります。
　これまでにわかっているように、このパラグラフの要点は、アンディ・ウォーホルが自分自身についてうそをついていたことです。具体的には、initial mystery（第一の謎）として、複数の人に対してそれぞれ違う出身地を述べたという事実が挙げられ、また、自分の作り話に演出を加える目的で（To add drama to the fiction）、映画の中で彼の出生時の逸話を語っているとあります。従って、それを misrepresentation（偽りの陳述）と表した **(C) が正解**だと判断できます。

> **Q7.** Why does the author mention soup made with tomato ketchup in paragraph 4?
>
> (A) To illustrate how poor Warhol's family actually was
> (B) To suggest that representations of Warhol's life were inaccurate
> (C) To identify the origin of some of Warhol's later artworks
> (D) To show the effect of the early death of Warhol's father

　この修辞目的問題を解く際にも、パッセージ全体を把握していることと、英文におけるパラグラフの構成を理解していることが重要なかぎとなります。パラグラフ出だしの In the Warhol myth の myth とは「作り話」の意味なので、それに続く内容（family was often reduced to eating soup made with tomato ketchup for dinner）が「真実ではない」ということです。つまり、それを inaccurate と形容した **(B) が正解**だとわかります。
　以前にも書きましたが、修辞目的問題は一種の類推問題で、筆者がなぜパラグラフのその部分でそうした記述をしているかが問われています。英文のパラグラフでは、多くの場合、最初に要点を表すセンテンスがあり、その後のセンテンスで支持内容を細かく述べるという形式になっています。修辞目的問題を解く場合には、この点を意識するといいでしょう。
　また、myth, supposedly, claimed のような感情や意見を表す語に注目すれば、ウォーホルがつくり上げた自分のイメージが信頼できるものではないこともわかります。

TOEFL iBT

Chapter 8 練習問題

Q8. The phrase a common practice in the passage refers to

(A) immigrating from another country
(B) holding a steady job
(C) working on roads
(D) moving homes

　これは指示語問題で、「日常的によく行われていること」を意味する a common practice が具体的には何を指しているかを答えるものです。直前の he ... moved homes がそれに当たると推測することはできますが、he worked on roads and moved homes とあるので、(C) の working on roads と (D) の moving homes とどちらが正解か、最終的に確信が持てません。
　指示語問題としてはまれなケースですが、ここではセンテンス全体 (This was a common practice in the days of predominantly wooden houses when the entire structure would be uprooted and moved to a different location to make way for new construction.) を読む必要があります。ここに、a common practice の説明として、「建物全体を持ち上げ、別の場所に移す」と書かれていることから、**(D) が正解**だと判断できます。

Q9. What principle does the author use to organize the discussion in paragraph 5?

(A) Comparison
(B) Chronology
(C) Cause and effect
(D) Classification

　パッセージ全体を戦略的に読んだ印象から、(B) の Chronology が正解だろうと当たりをつけることができます。それを、スキミングを通して確認していきましょう。まず、born on August 6, 1928 という出生日があり、次に、During Warhol's childhood、そして、During Warhol's teen years と続いています。従って、このパラグラフはアンディ・ウォー

253

ホルの出生時から 10 代までを時系列に記述したものだとわかります。やはり**正解は (B)** です。

> **Q10.** In paragraph 6 all of the following childhood problems of Andy Warhol are mentioned EXCEPT
>
> (A) a skin disorder
> (B) lack of friends
> (C) an absent father
> (D) fear of hospitals

　そろそろこの時点で、一度時計を見て、時間を確認したほうがいいでしょう。ここまでの解答時間が 14 分以内であれば、そのまま解答を続けてください。しかし、14 分を超えていれば、この設問が、簡単なものなのか、難しいものなのかを見極めてから解答に取り掛かる必要があります。というのは、内容不一致問題では、4 つの選択肢から、内容が一致している 3 つを選び出さなければ答えが出ないため、ほかの選択肢問題に比べ、時間が 3 倍かかるからです。この設問は、選択肢に書かれた情報がひとつのセンテンスやその前後のセンテンスに集中しているわけではありませんが、パラグラフ自体がさほど長くないので、難易度は中程度といえます。

　(A) の a skin disorder (皮膚疾患) は、第 2 センテンスの後半にある caused . . . his skin to form pale blotches を、(B) の lack of friends (友人がいないこと) は、第 4 センテンスにある made him an outcast among his friends を、それぞれ言い換えたものです。(D) の fear of hospitals は、第 3 センテンスに He . . . developed a strong fear of hospitals. と同じ表現があります。従って、**正解は (C)** の an absent father (不在の父) です。

　残り時間が足りない場合には、この設問は後回しにしましょう。Previous ボタン押すと、Q1 から Q27 までならどこへでも戻ることができます。

TOEFL iBT

Chapter 8 練習問題

Q11. What does paragraph 7 imply about Andy Warhol's motivation for creating art?

(A) It was an attempt to overcome his childhood suffering.
(B) It was an effort to achieve his innermost dreams.
(C) It was a result of his desire for financial gain.
(D) It was in response to requests from advertisers.

終盤のこのあたりでよく難易度が高めの類推問題が出ます。スキャニングを通して、第7パラグラフから motivation や creating art に関連する表現を探す必要もあるかもしれません。一般的に最後の数問は時間のかかる問題です。しかし、重要な情報はパラグラフの最初と最後にあることがわかっていて、初めにこのパラグラフの最後の2センテンス（His main justification for his work was not artistic merit but that it would sell. While Warhol enjoyed the fame and reputation of a fine artist, he was mainly a "business artist," and his work ultimately was superficial and commercial.）を読んでいるので、この設問は比較的短時間で解けます。ここには、アンディ・ウォーホルにとって仕事をするのは、芸術的な理由からではなく（not artistic merit）、売れる（it would sell）ことを目的としたもので、商業アーティスト（business artist）であるがゆえに、彼の作品は売るために作られた（his work ultimately was ... commercial）と書かれています。つまり、設問で問われている動機（motivation）は金もうけだというわけです。それを、「金銭を得たいという欲望の結果」と表した **(C) が正解**です。

Q12. In paragraph 7, what word best describes the author's view of Warhol's artistic accomplishments?

(A) Neutral
(B) Skeptical
(C) Admiring
(D) Anxious

選択肢の単語の意味さえわかっていれば、第7パラグラフ最後のふたつのセンテンスから、簡単に答えを導き出すことができます。

255

筆者は、アンディ・ウォーホルを商業アーティスト (a business artist) と呼び、彼の作品を表面的 (superficial) で、商業的だ (commercial) と形容していることから、(A) の「中立的」と (C) の「称賛している」は適切でないとわかります。また、(D) の「心配している」ともつながりません。そもそも、TOEFL でパッセージの筆者の見解が anxious であることは極めてまれです。

パッセージ全体を通して、misdirection、lies、myths、claimed、deception、superficial といった感情や意見を表す語句が使われ、また、アーティストとしてのアンディ・ウォーホルの作品を称賛した内容ではないので、(B) の「懐疑的な」が正解だとわかります。

Q13.

Look at the four squares [■] that indicate where the following sentence can be added to the passage.

To keep himself occupied, he drew sketches of these images.

Where would the sentence best fit?

問題文

  Yet the artist's maladjustment to some extent did originate during childhood. When he was in the third grade, he contracted a disease of the nervous system which caused his muscles to spasm suddenly and his skin to form pale blotches. (A) ■ He spent weeks in bed during elementary school and developed a strong fear of hospitals. (B) ■ His strange condition made him an outcast among his friends, and, to compensate, he bonded tightly with his mother. (C) ■ During his long periods of sickness, he lay in bed, listened to the radio, and taped pictures of advertisements and movie stars on the walls around him. (D) ■

ここで、センテンス挿入問題の戦略を復習しましょう。

TOEFL iBT

センテンス挿入問題に対する戦略

> (1) 話の変わり目、時間枠、センテンス同士のつながりを表す表現に、特に注意を払いながら、ターゲットセンテンスを読む。
> (2) 1つ目の黒い四角の前のセンテンスからパッセージを読み始める。意味と構造原理を考慮に入れつつ、ターゲットセンテンスが「具体例を加えているのか」「何かと対しているものなのか」「要点を指示しているのか」などについて考える。
> (3) 指示されたセンテンスを入れた場合、前後のセンテンスと文法的に整合性が取れているかどうかを確認する。また、代名詞が指す名詞が正しいかどうかを文法面（単数か複数か、人かものかなど）からチェックする。その際、つながりを表す表現には特に注意を払う。
> (4) 消去法を活用して、センテンスを挿入するのに最も適した個所を選択し、次の問題へと進む。時間があれば、最後にもう一度見直す。

ターゲットセンテンスには、解答のカギとなる代名詞がふたつあります。he と、images についている these です。時間枠については、はっきりとわかりません。ただ、自分を忙しくする (to keep himself occupied) 必要があったことははっきりしています。(B) の前に、そうした時間を持て余している状況を表す記述 (He spent weeks in bed) があります。しかし、スケッチの対象となる images については触れられていません。従って、ターゲットセンテンスをここに挿入することはできません。

それに対して、最後のセンテンスには、he lay in bed に続き、taped pictures of advertisements and movie stars on the walls と、images を表す pictures という語があります。これをスケッチしていたとつなげれば、話が通ります。

このように、文法、論理、センテンスの意味を総合して考えることで、ターゲットセンテンスを挿入すべき個所はこのパラグラフの最後だとわかります。**正解は (D)** です。

ここで、Next ボタンを押す前に、次の設問が要約問題なのか分類問題なのかを考えてください。このパッセージでは、まとまった特徴を持った分類項目がいくつか提示されているわけではないので、要約問題である可能性が高いと言えます。戦略的リーディング技術はどちらの問題にも不可欠ですが、特に要約問題にはなくてはならない技術です。最初にこのパッセージを読んだ際に頭の中で組み立てた概要をもう一度思い出しておきましょう。

Pop Artist Andy Warhol

- He was a highly paid commercial art illustrator
- He was very secretive, on purpose, about who he was

- Used lies and myths to distort his childhood
- Pieces of truth in his stories, but even close friends didn't really know truth

- Even place and time of birth were mysterious
- Made a film with actress playing his mother saying he was born alone at night in a fire

- Made up myth that as a young child his family was very poor during the Depression and ate soup made from tomato ketchup
- Claimed by 12 he had lost all his hair and skin color changed

- Actually was son of immigrants who settled in Pittsburgh
- His stories were a result of his own insecure identity, not real financial problems

- His social problems did occur from his childhood
- Was sick for long periods and looked at images of advertisements and movie stars

- These images of pop culture helped him made a breakthrough in art
- Mainly produced art in order to sell it. Although famous and well thought of as an artist, actually a business artist whose art was superficial and commercial

それでは、最後の設問に進みましょう。

Q14.

Directions: An introductory sentence for a brief summary of the passage is provided below. Complete the summary by selecting the THREE answer choices that express the most important ideas in the passage. Some answer choices do not belong in the summary because they express ideas that are not presented in the passage or are minor ideas in the passage. *This question is worth 2 points.*

Although Warhol was a well-known artist and public figure, he purposely hid and fictionalized his real background.

-
-
-

選択肢

(A) The art of Warhol is still displayed in many of the top contemporary art museums.

(B) Despite Warhol's claims, his family was relatively secure and comfortable when he was growing up.

(C) Warhol's father was a coal miner who was killed in a mine accident when Warhol was a boy.

(D) Warhol's childhood sickness influenced both his personality and his artistic interest.

(E) Warhol cared more about how much a piece could be sold for than its artistic quality, and in the final analysis his work made little contribution to art.

(F) During the 1950's, Warhol earned more than $100,000 a year as one of the highest paid commercial illustrators in New York.

ひとつ目の要約文は、第1パラグラフの最後にあるキーセンテンスを言い換えたものです。ここでは、それ以外の部分から要約文として正しいものを3つ選ぶことになります。

組み立てた概要をたどっていくと、第4パラグラフの内容として、Made up myth that as a young child his family was very poor during the Depression and ate soup made from tomato ketchup があります。「幼いころ、非常に貧しかった」というのは彼の作り話です。それを「ウォーホルの言葉とは反対に、彼が育った家庭は比較的安定していた」と、逆の側面から表したのが、(B) です。

第6パラグラフの骨格は、His social problems did occur from his childhood および Was sick for long periods and looked at images of advertisements and movie stars です。このふたつをまとめると、「人付き合いが苦手になったのは子どものころ病気したことが原因で、当時はずっと絵や写真を見ていた」となります。これは (D) の内容と一致します。

パッセージ最後の2センテンスは、Mainly produced art in order to sell it. Although he was famous and well thought of as an artist, actually a business artist whose art was superficial and commercial という内容です。この「produced art in order to sell it(金もうけするために作品を作っていた)」を「cared more about how much a piece could be sold for(作品がいくらで売れるかのほうが気になった)」と、「whose art was superficial(その作風は表面的だった)」を「his work made little contribution to art(彼の作品は美術界にほとんど寄与しなかった)」と言い換えたのが (E) です。

従って、(B)(D)(E) が正解です。ここでは特に (B) と (D) を選べなかった方がいたかもしれません。その場合、消去法を使うこともできます。要約問題で消去法を使って削除すべき選択肢のタイプをおさらいしておきましょう。

- 内容が具体的過ぎるもの：具体的な事実や詳細な内容が書かれた選択肢には気をつけましょう。具体例は要点を述べるのではなく、ただ支持するだけです。例が述べられている選択肢を選んではいけません。
- パッセージにはないことが書かれているもの：選択肢に含まれる情報がパッセージにあるかどうかを確認しましょう。
- パッセージ内容と矛盾するもの：一見パッセージの概要を表しているように見えても、実際には主題と矛盾する選択肢があります。文簡素化問題でも使われていた「わな」です。
- 同じ言い回しを使ったもの：パッセージと同じ表現や言い回しが使われている選択肢は、おそらく間違いだと考えられます。しかし、100パーセント間違いであるとは限りませんので、内容をチェックする必要はあります。

これをこの設問に当てはめてみると、(A) はパッセージに書かれておらず、(C) はパッセージ内容と矛盾し、(F) は内容が具体的過ぎるということがわかります。このように、消去法を使っても正しい要約文を選ぶことができます。
従って、正解は次のようになります。

Although Warhol was a well-known artist and public figure, he purposely hid and fictionalized his real background.
(B) Despite Warhol's claims, his family was relatively secure and comfortable when he was growing up.
(D) Warhol's childhood sickness influenced both his personality and his artistic interest.
(E) Warhol cared more about how much a piece could be sold for than its artistic quality, and in the final analysis his work made little contribution to art.

Passage 2

既にパッセージの最後までスクロールし、最初の設問を読んだという前提で、以下のパッセージを戦略的に読んでください。

The History of Lubricants

① A lubricant is a liquid, jell, or sometimes even a gas that is introduced between two moving surfaces to reduce their friction and their wear. It allows for the two adjoining surfaces to be separated and thus reduces the pressure between them. Among its other benefits are to reduce heat, prevent the risk of fire, remove contaminants and debris, and, in some cases, to transmit power. The art of lubrication probably dates from the invention of the wheel and axle, though it was not until the industrial revolution that breakthroughs in modern lubricants were achieved.

② Carts were first built with crudely fashioned wooden axles and bearings. In due time it evidently was discovered that a lump of fat from a slain animal, smeared on the dry and squeaking parts, served to make the wheel run more smoothly and quietly. For instance, the Romans used rags immersed in animal fat to lubricate their wagons and chariots. Even without the benefit of understanding modern concepts of friction, ancient peoples realized that greased surfaces would move over one another more easily than they would when they were dry, and they used similar techniques for thousands of years.

③ In the Middle Ages, iron and brass replaced wood as the preferred materials of construction for early types of moving machinery, such as wheels, gates, and weapons. Given these more demanding and specialized uses, the need for more suitable lubricants than crude fat began to be recognized. All the fatty and oily materials adopted at that time were of vegetable or animal origin, used singly or in compounded form. Among these oils were olive oil, rapeseed oil, and castor oil, along with oils from various forms of marine life, such as whales. Some of these are still used today for certain specialized purposes.

④ Petroleum oil did not come into general use as a machine lubricant until the middle of the 19th century. The earliest known use was in 1845 when the owner of a cotton spinning mill in Pittsburgh, Pennsylvania, was induced to try a sample of oil obtained from a salt well which had been drilled upstream on the Allegheny River. He experimented with it very cautiously, using blends of the petroleum and the whale oil he had until then employed for the lubrication of his spindles. (A) ■ He found the blends superior to whale oil alone and for ten years he succeeded in keeping his discovery secret from his competitors. (B) ■ It was not in fact until 1859 that the first oil well was drilled by Colonel Edwin L. Drake. (C)■ However, within a year petroleum oils began to widely supplant non-mineral derivatives as the lubricants of choice. (D) ■

⑤ Other than the invention of petroleum oil, systematic advances in the art of lubrication during the latter half of the 19th century were few and far between, mainly because the lubrication requirements of the early types of engines were simple and easily met. Machines were made of metal, relatively simple, and as long as lubrication was frequently applied the problems of friction were kept to a minimum. Every shop had a barrel of oil in the corner and the oil can was freely used.

With the onset of the 20th century, though, progress was inevitable as increasingly complex machines were invented and became ever more commonplace. New types of machine tools were being developed. Standards of accuracy became more rigid, leading to the possibility of greater operating speeds and higher power output. Somewhere along the line engineers and machinists began to encounter lubrication troubles. General-purpose oils which had served well enough in simpler days could not meet the new conditions of faster speeds, greater pressures, and higher temperatures. When the problem of friction began to assume paramount importance as operational failures due to wear became more frequent, the necessity for new types of lubricants was obvious.

⑦ At present, one of the most common uses of lubricants is the motor oil used in hundreds of millions of internal combustion engines in cars, gas-powered appliances of every kind from chain saws to leaf-blowers, and of course heavy equipment . It typically contains 90 percent oil and 10 percent additives. While the principle purpose of motor oil is to lubricate moving parts, it also cleans, limits corrosion, improves sealing, and cools the engine by carrying heat away from the moving parts.

訳例は p.339 にあります。

これは TOEFL で最長のパッセージと同じぐらい長く、ほかのほとんどのパッセージはこれよりも 50 〜 100 語短いのが普通です。The History of Lubrication（潤滑剤の歴史）というタイトルから、潤滑剤の長年にわたる変遷が時系列で書かれていることがわかります。このパッセージにはパラグラフが 7 つあり、最初と最後のパラグラフの全体を読むとすると、戦略的に読んだとしてもある程度時間がかかります。それでも、短時間で内容を把握しようとするだけでなく、頭の中で構成を組み立てながら読んでいくことも時には重要です。

ここでは、最初と最後のパラグラフ全体とそれ以外のパラグラフの最初と最後のセンテンスを読んでいきましょう。それを抜き出すと以下のようになります。

A lubricant is a liquid, jell, or sometimes even a gas that is introduced between two moving surfaces to reduce their friction and their wear. It allows for the two adjoining surfaces to be separated and thus reduces the pressure between them. Among its other benefits are to reduce heat, prevent the risk of fire, remove contaminants and debris, and, in some cases, to transmit power. <u>The art of lubrication probably dates from the invention of the wheel and axle, though it was not until the industrial revolution that breakthroughs in modern lubricants were achieved.</u>

- Carts were first built with crudely fashioned wooden axles and bearings.
- Even without the benefit of understanding modern concepts of friction, ancient peoples realized that greased surfaces would move over one another more easily than they would when they were dry, and they used similar techniques for thousands of years.

- In the Middle Ages, iron and brass replaced wood as the preferred materials of construction for early types of moving machinery, such as wheels, gates, and weapons.
- Among these oils were olive oil, rapeseed oil, and castor oil, along with oils from various forms of marine life, such as whales. Some of these are still used today for certain specialized purposes.

- Petroleum oil did not come into general use as a machine lubricant until the middle of the 19th century.
- However, within a year petroleum oils began to widely supplant non-mineral derivatives as the lubricants of choice.

- Other than the invention of petroleum oil, systematic advances in the art of lubrication during the latter half of the 19th century were few and far between, mainly because the lubrication requirements of the early types of engines were simple and easily met.
- Every shop had a barrel of oil in the corner and the oil can was freely used.

- With the onset of the 20th century, though, progress was inevitable as increasingly complex machines were invented and became ever more commonplace.
- When the problem of friction began to assume paramount importance as operational failures due to wear became more frequent, the necessity for new types of lubricants was obvious.

At present, one of the most common uses of lubricants is the motor oil used in hundreds of millions of internal combustion engines in cars, gas-powered appliances of every kind from chain saws to leaf-blowers, and of course heavy equipment. It typically contains 90 percent oil and 10 percent

> additives. While the principle purpose of motor oil is to lubricate moving parts, it also cleans, limits corrosion, improves sealing, and cools the engine by carrying heat away from the moving parts.

　戦略的リーディング技術を使って読めば、パッセージの概要がはっきりとわかり、時間枠をとらえることもできます。「潤滑剤の歴史」というタイトル通り、ここでは古代に使われた初期の荷車の話に始まり、中世に木の代わりに金属が使われたこと、19世紀半ばには初めて石油が使用されたこと、そして、20世紀に潤滑油がさまざまな目的に利用され始めたことまでが書かれています。このパッセージの構造が時系列であることを考えると、最後には要約問題が出題されると予想できそうです。しかし、出来事や特記事項をその発生時期によってふたつもしくは3つの時代に区分けさせる分類問題が出ることもあります。
　第1パラグラフは典型的な導入部分で、第2章で取り上げた次の項目がすべて含まれています。

テーマを紹介している	✓
時代を限定している（古代から現代まで）	✓
言葉が定義されている（潤滑剤とは何か）	✓
パッセージ内で展開される主旨を提示している（下線部参照）	✓
探求すべき課題や解決すべき問題を提示している（潤滑剤の歴史、特に、「産業革命」とその後「現在の潤滑剤における画期的な発明がされた」時代に特化したもの）	✓

　これまでにも書いた通り、テーマを見てその内容がピンと来なくても焦る必要はありません。このパッセージもそうですが、TOEFLでは重要な用語には必ず説明がついていますので、その定義を念頭に置いてパッセージを読み進めればいいのです。知っているに越したことはありませんが、その用語をあらかじめ知らなくても問題ありません。
　本書で説明してきた「TOEFLパッセージの読み方」を使うと、次のQ15はいとも簡単に解けます。

Q15. What is the main purpose of paragraph 1?

(A) To define what lubricants are
(B) To describe the history of lubricants
(C) To provide an example of a lubricant
(D) To contrast the uses of lubricants

　第1パラグラフの最初の3センテンスには、潤滑剤とは何かという定義が書かれています。最終センテンスは、パッセージがどのように展開されているかといった構造を表すものです。これだけで **(A) が正解**だとわかります。
　この設問は主題問題で、第1パラグラフの「主な目的」を尋ねています。潤滑剤の歴史 (history of lubricants) には触れていても、それを説明している (describe) わけではないので、(B) は間違いです。潤滑剤の例として liquid、jell、gas の3つが挙げられていますが、(C) では provide an example と単数形になっているため不適切です。また、このパッセージの目的は具体例を挙げることではありません。同様に、このパラグラフでは単に潤滑剤の例を挙げているだけで、それを対比させている (contrast) わけではないため、(D) も間違いだとわかります。

Q16. According to paragraph 2, the first apparent source of lubrication was

(A) grease used for everyday cooking
(B) crudely fashioned wooden bearings
(C) oil squeezed from common vegetation
(D) fat taken from slaughtered animals

　これは内容一致問題なので、答えは第2パラグラフの中にあると考えることができます。そこで source of lubrication (潤滑剤のもと) を探して、パラグラフを読んでいきます。最初のセンテンスは荷車の話で、潤滑剤に関するものではありません。その次に、In due time it evidently was discovered that a lump of fat from a slain animal, smeared on the dry and squeaking parts, served to make the wheel run more smoothly and quietly. For instance, the Romans used rags immersed in animal fat to lubricate their wagons and chariots. とあります。この a lump of fat from a slain animal . . . served to make the wheel run more smoothly and quietly の部分に注目します。served to make the wheel run more smoothly「車輪をよりスムーズに回すのに役立った」のですから、その主語が潤滑剤であることを表しています。ここから、a lump of fat を単純に fat（脂肪）と、from a slain animal の slain を slaughtered と言い換えた **(D)** が正解だとわかります。

Q17. The word immersed in the passage is closest in meaning to

(A) soaked
(B) coated
(C) blended
(D) woven

weave（織る、編む、紡ぐ）は immersed に続く in animal fat とつながらないので (D) は間違いだとわかります。rags immersed in animal fat「動物の脂肪に immerse された布」で円滑にするという前後関係から、「浸す」を意味する **(A)** の soak が正解だとわかります。immerse は submerge や soak の同義語です。しかし、immerse も soak も知らない場合には、明らかに間違っている (D) の woven を削除して、勘で選択肢を選び、次に進みましょう。

Q18. Which oil is NOT included in the types of oil referred to in paragraph 3?

(A) fish oil
(B) petroleum jelly
(C) pork fat
(D) olive oil

これは内容不一致問題なので、難しいかもしれないし、やさしいかもしれません。いずれにしても、重要なのは、設問を注意深く読むことです。第3パラグラフで取り上げられていない潤滑油の種類（types of oil）を選べとあります。本文に選択肢と同じ表現は (D) の olive oil しかありません。ここで、推測することが求められます。
　第4センテンスにある oils from various forms of marine life, such as whales（クジラなど、さまざまな海洋生物から採った油）は (A) の fish oil と同じことです。また、All the fatty and oily materials adopted at that time were of vegetable or animal origin（当時利用されていた脂肪状もしくは油状の物質はすべて植物や動物から採れたものでした）という記述には、(C) の pork fat も含まれることがわかります。従って、残った **(B) の petroleum jelly「ワセリン」が正解**だとわかります。
　なお、戦略的リーディングで把握したように、石油（petroleum）関連の潤滑油は、次の第4パラグラフのトピックです。つまり、第3パラグラフでは取り上げられていません。

Q19. It can be inferred from paragraph 3 that lubricants made from vegetable oils

(A) were invented by the Romans
(B) must be combined with other oils
(C) were mainly used to lubricate wood
(D) occasionally still have some utility

　vegetable oils（植物油）から作られた lubricants（潤滑剤）に関する情報を求めて、再度第3パラグラフをスキミングしてみると、第3センテンス以降に All the fatty and oily materials adopted at that time were of vegetable or animal origin, used singly or in compounded form. Among these oils were olive oil, rapeseed oil, and castor oil, along with oils from various forms of marine life, such as whales. Some of these are still used today for certain specialized purposes. とあります。この Some of these are still used today の these には vegetable oils も含まれます。従って、are still used today を occasionally still have some utility（今日でも時折役立っている）と言い換えた **(D) が正解**です。
　設問には inferred とありますが、has utility と be used が同じ意味であることがわかれば正解できるので、これは「にせの類推問題」といえます。5番目の設問の段階では、本当の類推問題よりは、「にせの類推問題」、または、多少の類推は必要でも言い換えがわかればほぼ解ける「内容一致兼類推問題」が出題される可能性が高いと考えられます。

Q20. The word it in the passage refers to

(A) Petroleum oil
(B) a cotton spinning mill
(C) a salt well
(D) the whale oil

　この it は第4パラグラフ第3センテンスで、He experimented with it...（彼はそれを試してみた）と使われています。He はその前のセンテンスにある the owner of a cotton spinning mill を指していて、その人について was induced to try a sample of oil obtained from a salt well と書かれています。さらに、第1センテンスから、このパラグラフは石油が初めて機械の潤滑剤として使われた時のことをテーマにしていることがわかります。
　ここから、it は潤滑剤であることがはっきりするので、(B) の a cotton spinning mill（綿紡績工場）と (C) の a salt well（塩井）は削除できます。さらに、(D) の the whale oil は石油ではないため、やはり正解ではないと判断できます。なお、第3センテンス後半の the whale oil he had until then employed for the lubrication（それまで潤滑剤として使用していたクジラの脂肪）からも、experiment（試してみる）とはつながらないとわかります。従って、**(A)** が正解です。

Q21.
Which of the following best expresses the essential information in the highlighted sentence? Incorrect answer choices change the meaning in important ways or leave out essential information.

> **問題文**
>
> In the Middle Ages, iron and brass replaced wood as the preferred materials of construction for early types of moving machinery, such as wheels, gates, and weapons. <mark>Given these more demanding and specialized uses, the need for more suitable lubricants than crude fat began to be recognized.</mark> All the fatty and oily materials adopted at that time were of vegetable or animal origin, used singly or in compounded form.
>
> (A) Crude fat was a far more suitable lubricant for these demanding and specialized new uses.
> (B) The lack of demand for crude fat had the result that this suitable lubricant was no longer available for specialized use.
> (C) It was recognized that these demanding and specialized uses meant that a new suitable lubricant that required crude fat was needed.
> (D) People started to see that a better substance than fat was required to lubricate these new metal devices.

　まず、センテンスを意味のまとまりごとに分解して単純化し、関係性を示す語句がないかを調べます。次に、消去法を使って、
　・重要な情報が抜けている選択肢
　・間違った情報が入っている選択肢
　・ターゲットセンテンスの情報と矛盾している選択肢
　・同じ言い回しを使いながらも正反対の意味を表している選択肢
を削除します。

　(A) はターゲットセンテンスと言い回しが似ていても、実際には違うことを述べています。Crude fat was a far more suitable lubricant（粗脂肪のほうがはるかに潤滑剤として適していた）と the need for more suitable lubricants than crude fat began to be recognized（粗脂肪よりも適している潤滑剤の必要性が認められ始めた）とでは意味が正反対です。(B) にもターゲットセンテンスと共通する言い回しが使われていますが、lack of demand for crude fat（粗脂肪の需要がなかったこと）についてはターゲットセンテンスでは触れられていません。(C) もターゲットセンテンスとは意味が異なります。a new suitable lubricant that required crude fat was needed（粗脂肪を必要とする適切な潤滑剤が新たに求められた）とありますが、ターゲットセンテンスでは the need for more suitable lubricants than crude fat（粗脂肪よりも適している潤滑剤の必要性）について

述べられています。
　(D) は言い回しが異なってはいても、ターゲットセンテンスの概要を表しています。lubricant は lubricate と言い換えられ、crude fat は単に fat で表されています。また、began to be recognized は主語を人にして People started to see と能動態になっています。specialized uses とは、その前のセンテンスにある鉄製や真ちゅう製の wheels, gates, and weapons（車輪、門、武器）のことで、(D) では new metal devices とまとめられています。このように、ターゲットセンテンスの前のセンテンスにも解答のカギが隠されている場合があります。**正解は (D)** です。

Q22. Paragraphs 4 and 5 suggest that petroleum products first began to be used on a widespread basis

(A) early in the 19th century
(B) about 1845
(C) around 1860
(D) in the latter part of the 19th century

これは内容一致問題です。ここでその戦略を復習しましょう。

内容一致問題に対する戦略

(1) 設問と選択肢のキーワードや主旨を表している語句を見つける。
(2) 上記内容を頭の中で言い換え、その語彙表現を対象となるパラグラフの中から探す。
(3) キーワードやその同義語を含むセンテンスを慎重に読む。
(4) 明らかに間違いである選択肢を消去し、残りの選択肢から最も適したものを選ぶ。

　第4パラグラフと第5パラグラフのスキミングを始めるとすぐに、Petroleum oil did not come into general use as a machine lubricant until the middle of the 19th century. という記述に当たります。この did not come into general use . . . until the middle of the 19th century から、(A) の early in the 19th century（19世紀初頭）と (D) の in the latter part of the 19th century（19世紀後半）が間違いだとわかります。つまり、(B) の about 1845 と (C) の around 1860 のどちらかが正解となります。そこで、設問にあ

271

る first began to be used と widespread basis にかかわる部分を探すことにします。
　第4パラグラフの第2センテンスに The earliest known use was in 1845. . . とありますが、widespread basis というわけではないため、先に進みます。第5センテンスに It was not in fact until 1859 that the first oil well was drilled と、そして、次のセンテンスに within a year petroleum oils began to widely supplant non-mineral derivatives as the lubricants of choice と書かれています。1859年に初の油田が掘削され、それから1年以内に石油が広く使われ始めたので、それは1860年前後の出来事ということです。従って、**正解は (C)** だとわかります。
　後半の設問として出題される内容一致問題は難易度が高くなります。なお、ここでは第5パラグラフを読む必要はありませんでした。

> **Q23.** It can be inferred from paragraph 5 that the science of lubrication advanced so slowly prior to the beginning of the 20th century because
>
> (A) the mass production of lubricants was not so profitable
> (B) early machines were relatively unsophisticated
> (C) there were few commonly accepted lubrication standards
> (D) many people resisted the widespread use of machines

　設問に infer とありますが、これは「にせの類推問題」です。第5パラグラフの最初の2センテンスを読めば答えがわかります。まず第1センテンスには、systematic advances in the art of lubrication during the latter half of the 19th century were few and far between, mainly because the lubrication requirements of the early types of engines were simple and easily met と書かれています。この the lubrication requirements . . . were simple and easily met（潤滑剤に求められていたことは単純で簡単に応えられるものだった）について、第2センテンスで、Machines were made of metal, relatively simple, and as long as lubrication was frequently applied the problems of friction were kept to a minimum. と再度述べられています。つまり、機械自体が単純な (simple) 構造であったために潤滑技術も発達しなかったということ。従って、simple を unsophisticated と言い換えた **(B) が正解**です。

TOEFL iBT

Chapter 8 練習問題

Q24. The word paramount in the passage is closest in meaning to

(A) comparative
(B) trivial
(C) primary
(D) diminished

後半に出題される語彙問題は、比較的難しいといえます。戦略を復習しておきましょう。

語彙問題に対する戦略

> (1) その語の一般的な意味を知る。
> (2) 文脈から意味を推測する。
> (3) 文法知識を利用する。
> (4) 語源や関連語の知識を利用する。
> (5) 消去法を使って、間違っている選択肢を消去する。
> (6) 答えに確信が持てない場合には、最初の数文字が同じつづりの選択肢は避ける。

ここではまず、When the problem of friction began to assume paramount importance as operational failures due to wear became more frequent, the necessity for new types of lubricants was obvious. という文脈がヒントになります。「摩耗を原因とする (due to wear)」とは潤滑剤が正常に機能していないということ。そのために機能停止 (operational failures) を起こすのであれば、そうした問題を (B) の trivial（ささいな）や (D) の diminished（減少した）で形容することはできません。(A) の comparative の意味を知らなくても、compare（比較する）や comparable（比較できる）から「比較」に関する単語であることがわかります。(C) の primary は main、chief、prime、most important の同義語です。また、設問で問われている paramount は、above や beyond を意味する para と mountain を意味する mount（ともにラテン語およびフランス語）からできた語で、above the mountain、つまり、above all（何にもまして）という意味合いを持ちます。従って、(C) の primary に近いことがわかります。**正解は (C)** です。文脈と語幹に関する多少の知識があれば、単語自体を正確に知らなくても正解が選べる設問です。

Q25. Why does the author mention heavy equipment in paragraph 7?

(A) To give an example of a gas-powered appliance
(B) To illustrate motor oil use in internal combustion engines
(C) To clarify an assumption about contemporary lubricants
(D) To compare cars with other kinds of heavy equipment

修辞目的問題では、問題となっている語句を含んだセンテンスに加えて、その前のセンテンスも読むといいでしょう。heavy equipment は、第7パラグラフの第1センテンス At present, one of the most common uses of lubricants is the motor oil used in hundreds of millions of internal combustion engines in cars, gas-powered appliances of every kind from chain saws to leaf-blowers, and of course heavy equipment. にあるため、このセンテンスから答えを見つけることができます。また、「重機」という具体的なものを指していることから、何かの例や説明として使われているのではないかと考えられます。

ここでは、the motor oil used in ... internal combustion engines と内燃エンジンに使われているエンジンオイルについて述べられています。そして、その internal combustion engines を有するものとして、cars, gas-powered appliances ..., and ... heavy equipment が挙げられています。従って、heavy equipment はエンジンオイルが使われている機械の例だとわかり、**(B) を正解**として選ぶことができます。

Q26.

Look at the four squares [■] that indicate where the following sentence can be added to the passage.

The reason is they were cheap, effective, and soon in nearly unlimited supply.

Where would the sentence best fit?

TOEFL iBT

問題文

Petroleum oil did not come into general use as a machine lubricant until the middle of the 19th century. The earliest known use was in 1845 when the owner of a cotton spinning mill in Pittsburgh, Pennsylvania, was induced to try a sample of oil obtained from a salt well which had been drilled upstream on the Allegheny River. He experimented with it very cautiously, using blends of the petroleum and the whale oil he had until then employed for the lubrication of his spindles. (A) ■ He found the blends superior to whale oil alone and for ten years he succeeded in keeping his discovery secret from his competitors. (B) ■ It was not in fact until 1859 that the first oil well was drilled by Colonel Edwin L. Drake. (C) ■ However, within a year petroleum oils began to widely supplant non-mineral derivatives as the lubricants of choice. (D) ■

ターゲットセンテンスを見た瞬間に、代名詞 they が何を指しているか、そして、The reason is... とは何の理由を表しているかを知ることが解答の鍵だとわかります。黒い四角をひとつひとつ見ていくと、その前のセンテンスに複数名詞があり、理由を必要としているのは、パラグラフの最後の部分だけです。ターゲットセンテンスでは、However, within a year petroleum oils began to widely supplant non-mineral derivatives as the lubricants of choice. の petroleum oils が they で表され、However, ... began to... という変化の理由が述べられています。**正解は (D)** です。

センテンス挿入問題は解答に時間がかかりますが、戦略をきちんと応用すれば正解を導き出したり、少なくても、monkey score を 50 パーセントに上げることができます。

Q27.

Directions: An introductory sentence for a brief summary of the passage is provided below. Complete the summary by selecting the THREE answer choices that express the most important ideas in the passage. Some answer choices do not belong in the summary because they express ideas that are not presented in the passage or are minor ideas in the passage. *This question is worth 2 points.*

Lubricants are substances used to reduce friction and heat between moving parts in a machine.

-
-
-

選択肢

(A) During the Middle Ages, new metals began to be used for the construction of machines.

(B) Colonel Edwin L. Drake drilled the first oil well and invented petroleum lubricants.

(C) Early peoples understood the general principle of lubrication and used animal fat to lubricate their simple machines.

(D) In the middle of the 19th century, petroleum lubricants were discovered and came to be widely used.

(E) In some important cases, the discovery of new lubricants led to the invention of more complex and powerful machines.

(F) Contemporary lubricants are mainly derived from oil and in addition to reducing friction serve a variety of purposes such as cleaning, cooling, and protecting.

要約問題は TOEFL の中で最も難しい問題といえるでしょう。配点が2点であっても、時間を掛け過ぎて、ほかのやさしい問題を解く時間がなくなってしまったら、その価値は2点もありません。吉と出るか凶と出るかは、リーディングのスピードと本書で述べた解法を効果的に使えるかどうかにかかっています。ここで、戦略を復習しておきましょう。

要約問題に対する戦略

> (1) ひとつ目の要約文として与えられているセンテンスを読む。このセンテンスは、大抵パッセージの主題を表したもの、第1パラグラフを要約したもの、重要度の高い要点ふたつをまとめたもののどれかである。
> (2) 次に、パッセージのタイトル、第1パラグラフの全体、第2パラグラフ以降の最初と最後のセンテンスの順で読む。ここで、パッセージの枠組みをとらえ、全体構造（時系列、比較、経過説明など）を考える。
> (3) 6つの選択肢を読む。2で考えた枠組みに当てはまる選択肢がひとつやふたつはあるはずなので、この時点でそれを解答欄にドラッグする。
> (4) その後、残りの選択肢をよく読み、それぞれを、「パッセージの内容と合っている」「パッセージの内容と矛盾する」「パッセージには書かれていない」に振り分ける。場合によっては、パッセージをスキミングまたはスキャニングして、選択肢のキーワードを探す必要もある。この時点で、矛盾する選択肢とパッセージ内容とは異なる選択肢を削除する。
> (5) 最後に残った選択肢について、主題に関係あるか、詳細を述べているだけかを判断する。ここで再度、パッセージをスキミングまたはスキャニングして、選択肢のキーワードを探す必要もある。消去法で答えを選んで、次の問題に移り、最後に時間があれば見直すことにしてもよい。

　あらかじめ与えられているひとつ目の要約文は、第1パラグラフにある潤滑剤の定義に関するものです。ここでもう一度、戦略的リーディング技術を使います。細かい部分にとらわれず、要点だけを把握することを念頭に置き、選択肢を読んでいきましょう。
　(A) は、潤滑剤ではなく機械に関する記述なので、全体の要約としてはふさわしくありません。
　(B) は要約文として選ぶには情報が具体的過ぎます。
　次の (C) は要点だと考えられます。実際に、第1パラグラフのキーセンテンスである最終センテンスで触れられ、第2パラグラフの最初と最後のセンテンスで、

- Carts were first built with crudely fashioned wooden axles and bearings.
- Even without the benefit of understanding modern concepts of friction, ancient peoples realized that greased surfaces would move over one another more easily than they would when they were dry, and they used similar techniques for thousands of years.

で述べられています。
　(D) も要点だと考えられます。第4パラグラフの最初と最後のセンテンスにこう書かれているからです。

- Petroleum oil did not come into general use as a machine lubricant until the middle of the 19th century.
- However, within a year petroleum oils began to widely supplant non-mineral derivatives as the lubricants of choice.

残りひとつの要約文として、(E) と (F) のどちらを選ぶかで悩むかもしれません。パッセージの最後に While the principle purpose of motor oil is to lubricate moving parts, it also cleans, limits corrosion, improves sealing, and cools the engine by carrying heat away from the moving parts. とあります。パッセージの最終センテンスは非常に重要で、大抵の場合、主要な情報はそこに書かれています。従って、これと同じ内容の (F) が要約文として適切だと判断できます。

時間があれば、パッセージを丁寧に読んで、(E) が間違っていることを確認するといいでしょう。第6パラグラフで、increasingly complex machines were invented（構造が複雑な機械が発明されるようになった）→ engineers and machinists began to encounter lubrication troubles（エンジニアや機械工は潤滑油の問題に直面するようになった）→ the necessity for new types of lubricants was obvious（新たな種類の潤滑油の必要性が顕著となった）と、機械の発達と新しい潤滑油の発明の関係に触れています。つまり、(E) の「新しい潤滑油ができたので機械の構造が複雑になり、性能が増した」とは、前後関係が逆です。

このパッセージの構造は時系列なので、正解も古い順に並べるのは簡単ですが、要約問題ではそうしなくても満点はもらえます。

正解は次のようになります。

Lubricants are substances used to reduce friction and heat between moving parts in a machine.
(C) Early peoples understood the general principle of lubrication and used animal fat to lubricate their simple machines.
(D) In the middle of the 19th century, petroleum lubricants were discovered and came to be widely used.
(F) Contemporary lubricants are mainly derived from oil and in addition to reducing friction serve a variety of purposes such as cleaning, cooling, and protecting.

いかがでしたか。パッセージを最初から最後まで、一語一語読む癖は取れましたか。ここでは、第6パラグラフと第7パラグラフを丁寧に読まなくても正解を導き出すことができました。もし、時間が余れば、最初に戻って自分の解答をひとつひとつ確認するようにしましょう。また、内容不一致問題、類推問題、センテンス挿入問題などの難しめの問題を飛ばしていたなら、その時間を使って解答するようにします。時間が許す限り、全問の解答に自信が持てるまで見直す作業をし、必要ならば、より慎重に英文を読んで自分の答え

をチェックしてください。

ふたつの目のセットにはパッセージが1本入っていますが、これまでより速いペースで解き、解答時間を正確に計ってもらうため、解説は少なめにしてあります。難しい問題は後回しにすることで、時間を有効に使うようにしましょう。皆さんが今まで身につけた技術で解答してください。

Passage 3

Early Human Ancestors

① The first clearly identifiable human ancestors are the ape-like *australopithecine*. Bone and teeth fragments of more than 80 individual *australopithecine* have been found in southern and eastern Africa. Anthropologists still dispute exactly into how many different species the *australopithecine* can be divided; however, a division into at least two species is widely accepted: *Australopithecus africanus* and *Australopithecus robustus*.

② The first is a pygmy-sized species about 1.2 to 1.4 meters in height whose remains were initially discovered in South Africa. *Australopithecus africanus*'s first and most important feature is bipedalism. It may have been the first species of primate to walk erect. This would have allowed the hands of these early hominids to be free for grasping objects, such as for carrying food and young children, and their eyes to gaze over tall grasses for possible food sources or predators. They most certainly existed on a diet of fruits, nuts, and edible grasses as suggested by their teeth. The earliest evidence for *Australopithecus africanus* is found at the site of Laetoli in Tanzania where three sets of footprints have been preserved in ash left by a nearby volcanic eruption that occurred 3.7 million years ago. They are remarkable for their close resemblance to human footprints. The brains of *Australopithecus africanus* were about 30 percent the size of human brains, and the fact that they walked upright but had limited brain capacity is evidence to support the theory that bipedalism greatly predated the emergence of a large brain.

③ *Australopithecus robustus* were larger, stronger, and more "robust" than their predecessors. (A) ■ Males appeared to be much greater in size than females, in fact, up to 50 percent larger. (B) ■ Unlike *Australopithecus africanus*, members of this species probably used some crude tools, such as stones to break nuts and sticks to dig roots. (C) ■ They may also have eaten animal protein from the kills of other predators. *Australopithecus robustus's* skulls were shaped like gorillas' with a massively built jaw and thick teeth. (D) ■

④ Scientists speculate that the pygmy-sized *Australopithecus africanus* apparently preceded the larger and stronger *Australopithecus robustus*. Some even conjecture that *Australopithecus robustus* "replaced" or drove into extinction its africanus cousin. Yet in eastern Africa, the two species seem to have co-existed from nearly two million years ago to about 500,000 years ago, so the argument that one caused the other's extinction seems to contradict the evidence.

⑤ In general, the *australopithecine* form a unique link between "true humans," or *Homo sapiens*, and apes, especially when their anatomy is closely examined. The pelvic bones of the erect *australopithecine* were much more like those of apes than those of humans. The lower and back-most portion of the *australopithecine* pelvis protruded much farther downward and rearward than that of *Homo sapiens*, and thus, scientists reason, the muscles in their thighs worked and were formed differently than those of modern humans. When an *australopithecine* walked, for instance, it probably jogged in short spurts rather than using the smooth upright strides that we do.

⑥ The teeth of *australopithecine*, especially those of *Australopithecus robustus*, were also somewhat similar to their ape ancestors and highly adapted to their diet. Their 12 molars were quite large, and their eight premolars were broad enough to serve as extra molars. The *australopithecine* were required to chew their course food so much that by the time the third set of molars emerged their first molars had worn down considerably. Consequently, they probably did not live very long past their sexual maturity because by that time their teeth would have been completely worn through, making them unable to eat. Like elephants, they would not have died of old age so much as from malnutrition and starvation.

⑦ Because of their early deaths anthropologists conclude that the ape-like creatures had little time to pass on their learning to their young. Hence, it is unlikely that they ever developed a culture. In addition to their short life span, the small size of their brain-cases suggests that *australopithecine* did not have a high capacity for intelligence. In fact, judging from brain size, they appear to have had little more ability than chimpanzees.

訳例は p.340 にあります。

第1パラグラフの最後に、このパッセージの内容と構造がわかるキーセンテンスがあり、そこから、ここでは2種類のアウストラロピテクスについて述べられていることがわかります。主な構造原理はこの2種の対比だと考えられますが、同時に時系列で説明されている部分もあると考えられます。各パラグラフの最初と最後のセンテンスが、2種類のアウストラロピテクスに関する記述なので、最後の設問では特徴に関する分類問題が出題されると考えるべきでしょう。

Q1. The word dispute in the passage is closest in meaning to

(A) discuss
(B) debate
(C) describe
(D) determine

Q1 では、文脈から答えを探します。Anthropologists still dispute exactly into how many different species the *australopithecine* can be divided; however, a division into at least two species is widely accepted から意見が異なっていることがわかります。従って、**正解は (B)** の debate です。(A) の discuss や (C) の describe では中立的過ぎ、(D) の determine では意味が合いません。

281

Q2. According to paragraphs 1 and 2, where were the remains of *Australopithecus africanus* first found?

(A) In eastern Africa
(B) In central Africa
(C) In western Africa
(D) In southern Africa

内容一致問題です。キーワードを探してスキャニングしていくと、第2パラグラフの第1センテンスに The first is a pygmy-sized species about 1.2 to 1.4 meters in height whose remains were initially discovered in South Africa. という記述が見つかります。第1パラグラフの最後で *Australopithecus africanus* and *Australopithecus robustus* と並記しているので、上記センテンスの The first は前者の *Australopithecus africanus* を指していることがわかります。従って、その骨が最初に発見されたのは (D) の「南アフリカ」です。本文の initially と discovered が、設問ではそれぞれ、first と found に言い換えられています。**正解は (D)** です。

Q3. According to paragraph 2, what was the most unusual feature of *Australopithecus africanus*?

(A) Its posture
(B) Its diet
(C) Its brain size
(D) Its hands

これも内容一致問題です。第2パラグラフをスキャニングして、設問のキーワードである unusual feature と *Australopithecus africanus* を探すと、*Australopithecus africanus*'s first and most important feature is bipedalism. It may have been the first species of primate to walk erect. という記述が見つかります。その特徴を表している bipedalism は難しい単語ですが、次のセンテンスで walk erect と言い換えられています。これは歩く方法に関する表現なので、(B)、(C)、(D) は間違いであるとわかります。従って、**正解は (A)** の「姿勢」です。

Q4. What principle does the author mainly use in paragraph 3 to organize the discussion?

(A) Chronology
(B) Illustration
(C) Comparison
(D) Cause and effect

構造原理については、あらかじめ、対比か時系列であると予想していました。第3パラグラフは、Australopithecus robustus were larger, stronger, and more "robust" than their predecessors. と比較級を使ったセンテンスで始まっています。また、それ以外のセンテンスも、Males appeared to be much greater in size than females、Unlike Australopithecus africanus、skulls were shaped like gorillas' と2者を比べる内容ですので、(C) の「比較」が正解だとわかります。

Q5. In paragraph 4, what is the author's attitude toward the theory that *Australopithecus robustus* caused the extinction of *Australopithecus africanus*?

(A) Skeptical
(B) Indifferent
(C) Sympathetic
(D) Antagonistic

トーンや見解を問う問題です。第4パラグラフでは、最後で Yet in eastern Africa, the two species seem to have co-existed from nearly two million years ago to about 500,000 years ago, so the argument that one caused the other's extinction seems to contradict the evidence. と、筆者の意見が述べられています。この seems to contradict the evidence から、選択肢のうち、筆者の見方を最もよく表しているのは skeptical「懐疑的」であると判断できます。正解は (A) です。

Q6. The word their in the passage refers to

(A) *australopithecine*
(B) true humans
(C) *Homo sapiens*
(D) apes

指示語問題です。*australopithecine* は単数にも複数にもなるため、語形だけで (A) を間違いであると決めてはいけません。ここでは、their を含むセンテンスの主語をきちんと把握し、さらに、その次のセンテンスを読んで判断する必要があります。主語は *australopithecine* なので、their anatomy とはアウストラロピテクスの骨格を意味していると考えられます。また、それを詳しく検査した結果、次のセンテンスで The pelvic bones of the erect *australopithecine* were much more like those of apes... と述べています。ここから、アウストラロピテクスの骨格を調べたことがわかるので、やはり their は *australopithecine* を指していると確信することができます。従って、**正解は (A)** です。

Q7. The word protruded in the passage is closest in meaning to

(A) ascended
(B) receded
(C) propelled
(D) extended

難易度の高い語彙問題なので、文脈から判断すると同時に、消去法を使って解きます。The lower and back-most portion of the *australopithecine* pelvis protruded much farther downward and rearward than that of *Homo sapiens* と downward や rearward があるため、「上がる」を意味する (A) の ascend とはつながりません。これで、monkey score が上がりました。(B) の recede は「退行する」、(C) の propel は「推進する」の意味です。どちらも骨格の一部（ここでは骨盤）を主語にする動詞ではありません。従って、**(D) の「伸びる」が正解**です。

TOEFL iBT

Q8. What does paragraph 5 mainly discuss?

(A) Intelligence capacity
(B) Migration patterns
(C) Bodily structure
(D) Social organization

主題問題です。第5パラグラフは前問で読んでいるので、解答しやすいでしょう。トピックセンテンスで骨格というテーマを取り上げ、それを支持するセンテンスでは骨盤骨と脚（もも）の筋肉について説明しています。つまり、(A) の「知的能力」、(B) の「移住様式」、(D) の「社会構造」とは無関係だとわかります。正解は (C) の「身体構造」です。

Q9. Paragraph 6 states that the most common cause of death in the *australopithecine* was

(A) wild animals
(B) disease
(C) lack of nourishment
(D) old age

第6パラグラフをスキャニングして死因に関する表現を探すと、最後の2センテンスに did not live very long、making them unable to eat、would not have died of old age、malnutrition and starvation と出てきます。この部分の記述から、Lack of nourishment「栄養不足」がアウストラロピテクスの死因であったことがわかります。正解は (C) です。

Q10. In paragraph 7 what conclusion does the author draw from the short life span of the *australopithecine*?

(A) They were less fit to survive than early *Homo sapiens*.
(B) They were unable to pass on knowledge to their children.
(C) They were closely related to chimpanzees.
(D) They experienced difficulty reproducing.

類推問題のようにも見えますが、実際には内容一致問題です。第7パラグラフの最初のセンテンス Because of their early deaths anthropologists conclude that the ape-like creatures had little time to pass on their learning to their young. に答えがあります。次のセンテンスでも、同じ内容が Hence, it is unlikely that they ever developed a culture. と表現を変えて述べられています。つまり、**(B)** の「知識を後生に伝えることができなかった」が正解です。

Q11.
Which of the following best expresses the essential information in the highlighted sentence? Incorrect answer choices change the meaning in important ways or leave out essential information.

> 問題文
>
> Because of their early deaths anthropologists conclude that the ape-like creatures had little time to pass on their learning to their young. Hence, it is unlikely that they ever developed a culture. In addition to their short life span, the small size of their brain-cases suggests that *australopithecine* did not have a high capacity for intelligence. ==In fact, judging from brain size, they appear to have had little more ability than chimpanzees.==

286

(A) Due to their larger brains, *australopithecine* had significantly greater intelligence than chimpanzees.
(B) It is a fact that judging from brain size it appears that *australopithecine* had more ability than chimpanzees.
(C) The relatively small size of the *australopithecines'* brains suggests they had about the same mental capability as chimpanzees.
(D) As a matter of fact, the brain size of the *australopithecine* limited their ability to less than that of chimpanzees.

　ターゲットセンテンスの had little more ability は、「多少能力が優れていた」ではなく、「ほぼ同程度の能力だった」という意味です。この little more は誤解する人が多い表現です。例えば、I had little more luck fishing this week than last week. といえば、「先週同様、今週もあまり釣れなかった」となります。しかし、この意味を知らなくても、消去法を使って、内容が矛盾した選択肢やターゲットセンテンスと言い回しが似ている選択肢を削除することができます。
　(A) は前文の the small size of their brain-cases と矛盾します。また、ターゲットセンテンスにはアウストラロピテクスのほうがはるかに知的だった（had significantly greater intelligence）とは書かれていません。(B) はターゲットセンテンスと言い回しがあまりにも似ているため、間違いではないかと勘ぐることができます。実際に内容を読んでみると、little more ability を more ability と書いているため、やはり不適切な選択肢であることがわかります。(D) では反対に、limited their ability to less than that of chimpanzees と述べているため、これも間違いです。
　正解 (C) では、had little more ability を had about the same mental capability と言い換えています。

Q12.

Look at the four squares [■] that indicate where the following sentence can be added to the passage.

By contrast, modern humans exhibit only a 15 percent size difference between genders.

Where would the sentence best fit?

> 問題文
>
> *Australopithecus robustus* were larger, stronger, and more "robust" than their predecessors. (A) ■ Males appeared to be much greater in size than females, in fact, up to 50 percent larger. (B) ■ Unlike *Australopithecus africanus*, members of this species probably used some crude tools, such as stones to break nuts and sticks to dig roots. (C) ■ They may also have eaten animal protein from the kills of other predators. *Australopithecus robustus's* skulls were shaped like gorillas' with a massively built jaw and thick teeth. (D) ■

挿入するセンテンスの最初に、話の変わり目を表す by contrast（それに対して）という表現があり、これが大きなヒントになります。2種類の特徴を比較していて、性別に関する記述を探せばいいのです。第1センテンスでは性別は取り上げられていませんが、第2センテンスでアウストラロピテクス・ロブストスの男性と女性の身体の大きさが比較されています。男性のほうが 50 パーセント大きかったとあります。つまり、この後に、人間の男女の体格差を述べたセンテンスを入れれば、話がつながります。**(B) が正解**です。

Q13.

Directions: Complete the table below by indicating which of the answer choices describe characteristics of *Australopithecus africanus* and which describe characteristics of *Australopithecus robustus*. **This question is worth 3 points.**

Australopithecus africanus
-
-

Australopithecus robustus
-
-
-

選択肢

(A) Consumed some animal protein
(B) Its footprints were found in dry volcanic soil
(C) Had skulls which resembled those of apes
(D) May have used fire for warmth and cooking
(E) Could have been the first primate that was a biped
(F) Walked with long smooth steps
(G) Used some primitive tools

　最後の設問は分類問題なので、解答に時間がかかります。配点は3点です。ここで戦略を復習しておきましょう。

分類問題に対する戦略

> (1) 分類項目（ほとんどはふたつで、3つの場合もある）をきちんと把握してから、5つまたは7つの選択肢を読む。
> (2) パッセージを戦略的に読み、分類項目を探す（ほとんどの場合、パラグラフの最初のセンテンスにある）。
> (3) 分類項目を見つけたら、その特徴を裏付けたり説明したりしている文章をスキミングし、そこに書かれている情報が選択肢にあれば、解答欄にドラッグする。
> (4) 残った選択肢をよく読み、パッセージに書かれているかどうか、書かれていてもテーマが合っているかどうかを判断する。消去法を使って、適切ではない選択肢を消去する。
> (5) それぞれの分類項目について、パラグラフを最後にもう一度スキミングして内容を確認する。

この戦略を使って設問を解きましたか。スキミングとスキャニングを通してキーワードを探す際には、言い換えが行われていることを念頭に置いてください。ここでは、選択肢の Consumed some animal protein が本文では have eaten animal protein と、同様に、footprints found in dry volcanic soil が footprints have been preserved in ash left by a nearby volcanic eruption と、skulls which resembled those of apes が skulls were shaped like gorillas' と言い換えられています。分類問題では、詳細内容や解答が4～5パラグラフにわたって書かれていることもありますが、大抵の場合には、2パラグラフの中から探し出すことができます。ここでは、第2～3パラグラフがそれに当たります。正解は次の通りです。

Australopithecus africanus
(E) Could have been the first primate that was a biped
(B) Its footprints were found in dry volcanic soil

Australopithecus robustus
(G) Used some primitive tools
(A) Consumed some animal protein
(C) Had skulls which resembled those of apes

また、正解の選択肢と同じ内容の記述の部分にその選択肢の番号を入れ、Q12のセンテンスを挿入すると、第2～3パラグラフは次のようになります。

The first is a pygmy-sized species about 1.2 to 1.4 meters in height whose remains were initially discovered in South Africa. **(E)** *Australopithecus africanus*'s first and most important feature is bipedalism. It may have been the first species of primate to walk erect. This would have allowed the hands of these early hominids to be free for grasping objects, such as for carrying food and young children, and their eyes to gaze over tall grasses for possible food sources or predators. They most certainly existed on a diet of fruits, nuts, and edible grasses as suggested by their teeth. **(B)** The earliest evidence for *Australopithecus africanus* is found at the site of Laetoli in Tanzania where three sets of footprints have been preserved in ash left by a nearby volcanic eruption that occurred 3.7 million years. They are remarkable for their close resemblance to human footprints. The brains of *Australopithecus africanus* were about 30 percent the size of human brains, and the fact that they walked upright but had limited brain capacity is evidence to support the theory that bipedalism greatly predated the emergence of a large brain.

Australopithecus robustus were larger, stronger, and more "robust" than their predecessors. Males appeared to be much greater in size than females, in fact, up to 50 percent larger. [By contrast, modern humans exhibit only a 15 percent size difference between genders.] **(G)** Unlike *Australopithecus africanus*, members of this species probably used some crude tools, such as stones to break nuts and sticks to dig roots. **(A)** They may also have eaten animal protein from the kills of other predators. **(C)** *Australopithecus robustus*'s skulls were shaped like gorillas' with a massively built jaw and thick teeth.

この練習問題を終えた皆さんは、自力で模擬テストを受けるまでに力をつけているはずです。戦略もパッセージの構成も把握し、パッセージの内容と設問を予測できるようになった今、必要なのは己を知ることだけです。自分がどのぐらい速く、そして、効率的にパッセージを読むことができるのかをわかった上で、スコアを最大限に伸ばしてください。

最後にこれまでのアドバイスをまとめておきましょう。

(1) TOEFLの設問はすべてパッセージに書かれた内容を基にして解くもので、テーマに関する一般知識も専門知識もいりません。必要な情報はパッセージの中にあります。それを見つけてください。

(2) そうはいっても、どの選択肢を選べばいいのかがわからない場合があります。選択肢の語彙が難しかったり、意味が取りづらかったりすることもあるでしょう。しかし、意味がわからないという理由で選択肢を削除してはいけません。ほかの選択肢がすべて「いまひとつ」だったり「間違い」だったりすれば、意味が把握できないその選択肢を選ぶべきです。読解力は人によって違います。また、同じレベルであっても知っている単語は異なります。そのため、本書では実際に必要とされるほどには消去法を使った解法を提示することができませんでした。

第4章では、選択肢を次のように分類する方法を紹介しました。

マーク	意味
✓	よい
↓	いまひとつ
?	わからない
O	一番よい
X	よくない

また、間違っている選択肢、気をつけなければならない選択肢には次のようなものがあることも学びました。
- 重要な情報が抜けていたり、間違った情報が入っていたり、もとの文章とは内容が矛盾するもの
- 同じ言い回しを使っていても意味が正反対になっているという「わな」を使ったもの
- 極端な表現を含むもの（例：always、never、all、any、every、none、anyone、no one、everywhere、nowhere、best、worst）

(3) 英語のパラグラフ構成を理解していれば、主題問題、修辞目的問題、パラグラフ構成問題、分類問題、内容一致問題を解くのが楽になります。英語のパラグラフでは通常、最初に要点が述べられ、最後ではパラグラフ全体をまとめたり要点を展開したりします。詳細は、その間にあるセンテンスで述べられます。

TOEFL iBT

Chapter 8 練習問題

Chapter 9

Practice Test

模擬テスト

制限時間：合計 60 分。できるだけ実際のテスト形式に近づけるために、最初のパッセージ（Set A）を 20 分で、次の 2 パッセージ（Set B）を 40 分で解いてみましょう。

Set A

READING
SECTION DIRECTIONS

This section measures your ability to understand an academic passage in English.

Most questions are worth 1 point, but the last question is worth more than 1 point. The directions for the last question indicate how many points you may receive.

You will now begin the Reading section. You will read 1 passage. You will have 20 minutes to read the passage and answer the questions.

The American Frontier

① In spite of the widespread religious wars and conflicts in 18th-century Europe, the immigrants to the American colonies—which included English, Dutch, Swedes, Germans, French, Lutherans, Roman Catholics, Quakers, and Presbyterians—all came together on equal terms in a remarkable example of religious tolerance. Huguenot victims of Catholic persecution in France and Puritans who suffered from Anglican intolerance in England were soon making their way to the New World and living harmoniously as nationalities and religions mingled.

② Some of the 13 original colonies, such as Rhode Island, New Jersey, and Maryland, had very definite borders. However, others had extremely vague ones and some even charters that granted them land "from sea to sea." These were of course written before anyone had any idea of how much land lay between the Atlantic and the Pacific oceans.

③ The natural barriers of the Appalachian and Allegheny mountains served to contain these early colonists in their farm communities along the Eastern Seaboard. This limitation had the effect of encouraging close settlement and building great political solidarity and strength of numbers. When the first English settlers burst through these barriers in the late 18th century, they were strong enough to sweep aside their French forerunners in the Ohio Valley and on the Midwest prairies to take advantage of richer soil there. The stage was set for something entirely new; namely, the frontier spirit and the advance westward that it enabled.

④ The point has often been made that the so-called frontier was a process, not a line drawn on a map like a border between two European countries. These boundaries between "civilization" and "frontier" were more like mental images than anything physical; and they dissolved into open space in the enormousness of the West. There was something Bedouin-like in the American insistence on being forever on the move, as if movement in itself would deliver up the meaning sought, the thing looked for. True, there have been transient peoples wandering all over the Earth since time began, but never such an immense migration of such a diversity of peoples: hordes of explorers whose prime aim was not to hunt or conquer or trade but primarily to satisfy their cravings for adventure by creating communities in the wilderness, establishing a place for themselves and their children beneath unknown skies.

Yet there were also specific reasons that led families, individuals, and groups to leave the settled East for the wild lands to the west. Population was growing in the Eastern states. Families were large and sometimes could not produce enough on their land to support themselves. (A)■Typically only one child—usually the eldest son—could inherit the estate. (B)■During hard seasons when crops failed or when farm prices fell, many farmers simply gave up and headed west for a new beginning. (C)■Most Americans had no rooted family tradition, no ancestral home, nothing to keep them in one place. (D)■Land, they believed, was a property to possess and use, not something to be possessed by.

⑥   Many pioneers set out almost empty-handed to the frontier. Some traveled solo on foot or by horse and arrived with little more than an ax and a rifle at the site where they decided to settle. Others went in groups with covered wagons carrying family heirlooms, dry food, and household implements. Some took seed corn and orchard shoots, cattle, pigs, and poultry. Many died from sickness, from accidents, and from other misfortunes along the way. To be a pioneer required great self-reliance, courage, and independence.

⑦   By contrast, the settlers who stayed behind in the East, though frontier people themselves a generation or so before, turned conservative in habit, a vivid contrast to the characteristics possessed by those prepared to push on into the unknown. And this instinct to consolidate on the part of those who remained led to new forms of human interchange: democratic equality, comradeship, and reverence for authority. Resourcefulness and bravery, while still important attributes, came to be valued as less important than intellectual and political skills in the towns and cities that were rapidly growing.

1. Which statement about 18th-century Europe does the discussion in paragraph 1 support?

   (A) It encouraged citizens to follow their personal beliefs.
   (B) It was the source of early ideals of democracy.
   (C) It had an excessive population which needed new land.
   (D) It lacked political stability and religious tolerance.

2. What can be inferred about the Ohio Valley from the discussion in paragraph 3?

   (A) It served as a barrier to westward expansion.
   (B) The French had settled there in great numbers.
   (C) The conditions for agriculture were excellent.
   (D) It was located east of the Appalachian mountains.

3. The word forerunners in the passage is closest in meaning to

   (A) enemies
   (B) predecessors
   (C) supporters
   (D) competitors

4. Which of the following best expresses the essential information in the highlighted sentence? Incorrect answer choices change the meaning in important ways or leave out essential information.

Some of the 13 original colonies, such as Rhode Island, New Jersey, and Maryland, had very definite borders. However, others had extremely vague ones and some even charters that granted them land "from sea to sea." These were of course written before anyone had any idea of how much land lay between the Atlantic and the Pacific oceans.

(A) However, other colonies had very definite ones and some even charters that fixed them "from sea to sea."
(B) The later colonies had borders that were more flexible and these colonies were able to obtain land next to the sea.
(C) Yet other original colonies had indistinct boundaries or even extended from one ocean to another.
(D) Other colonies had borders that could be changed by the people themselves if they chose to do so.

5. In paragraph 4, what does the author suggest was the primary motivation of the early frontiersmen?

(A) They wanted to conquer native peoples.
(B) They desired an opportunity to profit from trade.
(C) They sought to experience new adventures.
(D) They found an abundance of animals to be hunted.

6. Why does the author mention the phrase mental images in paragraph 4?

(A) To clarify a concept
(B) To give a specific example
(C) To analyze a cause and effect
(D) To establish a narrative

7. The word immense in the passage is closest in meaning to

(A) fast
(B) unusual
(C) huge
(D) unexpected

8. The word themselves in the passage refers to

(A) transient peoples
(B) hordes of explorers
(C) cravings
(D) communities in the wilderness

9. Paragraph 6 supports which of the following generalizations about pioneers?

(A) They had a high mortality rate.
(B) They had few household possessions.
(C) They traveled in groups for safety.
(D) They made use of the newly built railways.

10. Paragraph 7 is mainly concerned with

(A) showing the conservative nature of many frontiersmen
(B) describing the character of established settlements
(C) giving a geographic description of the frontier
(D) demonstrating the importance of ingenuity and bravery

11. Which of the following is NOT mentioned in paragraph 7 as a consequence of the tendency to consolidate?

(A) A belief in equality
(B) A sense of community
(C) A respect for authority
(D) A feeling of isolation

12. Look at the four squares [■] that indicate where the following sentence can be added to the passage.

The other siblings moved to the cities or headed to the frontier.

Where would the sentence best fit?

13. Directions: An introductory sentence for a brief summary of the passage is provided below. Complete the summary by selecting the THREE answer choices that express the most important ideas in the passage. Some answer choices do not belong in the summary because they express ideas that are not presented in the passage or are minor ideas in the passage. *This question is worth 2 points.*

Drag your answer choices to the spaces where they belong.
To remove an answer choice, click on it.

Settlers who fled religious conflict in Europe were remarkably tolerant of each other in the new American colonies.

-
-
-

Answer Choices

(A) The leaders of new communities that were founded in the West asked people to share the same religious ideals and political values.

(B) Individually and in groups, pioneers set off for practical reasons such as the desire for new land and more success at farming.

(C) Some settlers brought agricultural seeds and farm animals with them as they traveled on foot or on horseback to the West.

(D) A strong adventurous spirit to create homes and communities was one of the principal motivations for the great movement westward.

(E) While pioneers set out for the West, the old cities of the East Coast increased in size and political importance.

(F) At first, the American colonists were confined by a series of mountain ranges, but they later broke through these barriers and migrated westward.

Set B

READING
SECTION DIRECTIONS

This section measures your ability to understand an academic passage in English.

Most questions are worth 1 point, but the last question of each passage is worth more than 1 point. The directions for the last question indicate how many points you may receive.

You will now begin the Reading section. You will read 2 passages. You will have 40 minutes to read the 2 passages and answer the questions.

Questions 1-14

Anthropoid Apes

① Both in behavior and in appearance apes and monkeys resemble human beings, which perhaps explains people's fascination with them. However, among the order of primates, apes (or "anthropoids" as they are technically called) are distinguished from monkeys and lower primates in several important ways. First, unlike monkeys they have large, complex brains and no tails. Second, their appearance resembles humans, and they can stand erect on occasion; gibbons, for instance, frequently walk upright, using their long arms for balance, and chimpanzees and gorillas can walk in a semi-upright posture using their knuckles for support. Third, in contrast to the lower primates such as lemurs, apes have opposable thumbs, which permit them to grasp and hold objects in their hands.

② Although the life cycles of most kinds of apes have not been extensively studied, enough information is available to indicate close similarities to humans. Females undergo the same monthly reproductive cycles as human's experience, and normally a single baby is born, although twins have been reported in most species. The baby is nursed by the mother for several months and may not learn to walk until it is three to six months old. Reproductive maturity is reached after eight to twelve years. Although the longevity of any of the species under natural conditions is uncertain, ages of up to 40 years have been widely reported for well-nourished and well-protected zoo animals. Among anthropoids there are four main groups: gibbons, orangutans, chimpanzees, and gorillas.

③ Gibbons are the smallest and most agile of the apes. Of slight build and usually less than three feet (one meter) tall, they have exceptionally long arms which they use to swing on limbs and vines, and which are a great advantage for traveling in the dense upland forests most species inhabit. Living in the tops of trees, gibbons rarely come to the ground, yet they range over a wider area than other members of the ape family. Typically gibbons live in family groups consisting of a male, a female, and one or two of their young. Each family claims a territory and uses loud calls to warn other families to stay off it.

④ Orangutans, by contrast, are large apes, standing up to five feet (1.5

meters) tall and weighing as much as 200 pounds (90 kilograms), with reddish-brown hair and facial features resembling those of an old man. They are the largest arboreal, or tree-dwelling, animals in the world. Although individuals often descend to the ground to feed, they usually spend the night in crude nests in the upper branches of trees. Due to their arboreal life and their heavy bodies, orangutans have developed huge hands, powerful arms, and extremely flexible joints, especially in the wrists, shoulders, hips, and ankles. Orangutans live more solitary lives than do most other primates. Males forage alone for fruit, their main food, and the only social bonds occur between females and their offspring. Adult males and females interact only to mate.

⑤   Chimpanzees are the most familiar of the great apes because of their prevalence in zoos, their use in movies, and their extraordinary personalities. They are remarkable for their trainability. Some chimpanzees are capable of understanding and responding to human language. In fact, a few have learned to recognize and produce fifty or more words using American Sign Language. (A)■Chimpanzees are the most widely distributed of all the great apes. (B)■They spend most of their time on the ground except for part of the day when they climb into the trees for their principal diet of fruit. (C)■ In chimpanzee societies, males and females form separate groups at times and live together at other times. (D)■Chimpanzee behavior also includes activities that scientists once thought only human beings performed, including tool use and warfare with others of their own kind.

⑥   Gorillas are the largest of all primates. Some male gorillas in the wild weigh as much as 390 pounds (177 kilograms), with females weighing about half as much as males. There are three subspecies of gorilla, all of which live in central Africa: the mountain gorilla, the eastern lowland gorilla, and the western lowland gorilla. Gorillas are in one respect comparable to humans in that they spend more of their time on the ground than any other primate, though they typically live in a small group, led by one adult male, of several adult females and their children. Mainly they subsist on leaves, buds, barks, and fruits.

1. The author uses lower primates in paragraph 1 in order to

(A) show how higher primates evolved from them
(B) contrast their bodily structure with that of apes
(C) offer an example of one kind of monkey
(D) note their similarities with lemurs

2. The word they in the passage refers to

(A) order of primates
(B) apes
(C) lower primates
(D) monkeys

3. In paragraph 2, what concept does the author most fully discuss?

(A) The biological development of apes
(B) Differences between humans and apes
(C) The age at which an ape reproduces
(D) The four types of anthropoid apes

4. According to paragraph 2, in what way are female apes similar to their human counterparts?

(A) The periodic nature of their reproductive cycle
(B) The age at which they become reproductively mature
(C) The length of their gestation period
(D) Their ability to bear children after age 40

5. It can be inferred from paragraph 2 that apes in the wild

(A) are always vulnerable to predators
(B) are better nourished than those in captivity
(C) lead more healthy lives than those in captivity
(D) do not live as long as those in zoos

6. Paragraph 3 suggests that the usual habitat of gibbons is

(A) dry and mountainous
(B) situated in lower elevations
(C) heavily forested
(D) located near the coast

7. The word agile in the passage is closest in meaning to

(A) humanlike
(B) aggressive
(C) nimble
(D) rare

8. According to paragraph 4, where do orangutans sleep?

(A) In dens in the ground
(B) In shallow caves
(C) In nests made of bushes
(D) In high branches

9. The word offspring in the passage is closest in meaning to

(A) friends
(B) young
(C) mates
(D) parents

10. Paragraph 5 implies that chimpanzees are more closely associated with humans for all of the following reasons EXCEPT

(A) they physically resemble humans
(B) they can communicate with humans
(C) they are frequently seen in zoos
(D) they perform human-like actions

11. What organizing principle does the author use for paragraph 6?

(A) Extended comparison
(B) Detailed description
(C) Cause and effect
(D) Classification into types

12. Which of the following best expresses the essential information in the highlighted sentence? Incorrect answer choices change the meaning in important ways or leave out essential information.

There are three subspecies of gorilla, all of which live in central Africa: the mountain gorilla, the eastern lowland gorilla, and the western lowland gorilla. Gorillas are in one respect comparable to humans in that they spend more of their time on the ground than any other primate, though they typically live in a small group, led by one adult male, of several adult females and their children. Mainly they subsist on leaves, buds, barks, and fruits.

(A) Gorillas are like humans in that they live in small groups led by an adult male and they spend most of their time on the ground.
(B) Like humans gorillas live mainly on the ground although their family units by contrast consist of one male and a small number of females with their children.
(C) Gorillas respect human beings and they share the same habitat with people and form similar social groups.
(D) Gorillas can be compared to humans because they spend more time on the ground than other apes and they live in a group that includes one father and one mother.

13. Look at the four squares [■] that indicate where the following sentence can be added to the passage.

They also consume leaves and insects and even occasionally prey on small monkeys and other mammals.

Where would the sentence best fit?

14. Directions: Complete the table below by indicating which of the answer choices describe characteristics of gibbons and which describe characteristics of orangutans. *This question is worth 3 points.*

Gibbons
-
-
-

Orangutans
-
-

Answer Choices

(A) May soon be threatened with extinction
(B) Establish a family territory
(C) Live almost entirely in the tree tops
(D) Males and females seldom live together
(E) Are the largest of the ape family
(F) Short in stature
(G) Have very powerful limbs

Questions 15-28

Jazz Musician Louis Armstrong

① Louis Armstrong, the spectacular trumpet player who became a world ambassador for jazz, was probably the single greatest jazz musician. His amazingly quick, inventive musical genius for improvisation literally changed the course of jazz and continues to influence it to this day, though it was his deep voice combined with his performing skills and personal exuberance that most brought him to the public eye.

② Louis Daniel Armstrong—popularly known as "Satchmo" and "Pops"—was born on August 4, 1901 in New Orleans, the birthplace of jazz. His grandparents had been slaves. His father, Willie, was a day laborer in a chemical plant, and his mother, Mayann, when she could get work, served as a "domestic helper," otherwise known as "a maid." As a boy, young Louis picked up small change by singing and dancing with other street kids in some of the most infamous neighborhoods of the old city.

③ It was New Year's Eve in 1913 that changed his life. He fired a .38 pistol that belonged to one of his stepfathers, and he was sent to a "reform school" for children believed to be at risk of becoming criminals. There, at the age of 13, he tried several instruments until he found the cornet, and, although completely self-taught, became the leader of the school band. When Armstrong was released at 14, he made a living selling newspapers, unloading boats, and even selling coal from a cart he pushed through the streets. At night, he snuck into clubs to listen to jazz. It was his idol, King Oliver of Kid Ory's Brownskin Band, who gave him his own cornet, taught him to play, and took him under his wing as a foster father. When Oliver left for Chicago in 1919, he replaced his mentor in Kid Ory's Brownskin Band at the age of 18.

④ Soon after, he played his instrument with a Dixieland band that entertained travelers and tourists on a riverboat that sailed up and down the lower Mississippi River and over the next several years honed his performance skills. In 1922 he received a telegram from King Oliver to come to Chicago to play cornet with Oliver's Creole Jazz Band. His charisma and improvisational skill made him a sensation among other musicians, started a boom for Dixieland Jazz in the north, and created a demand for other New

Orleans bands to head to Chicago. However, one of the most important career events in his life in Chicago was deeply personal: he met and married Lillian Hardin, a pianist in the Creole Jazz Band. His new wife was not only very intelligent but she was also ambitious; she felt that Louis was wasting his talent playing in Oliver's band, and at the end of 1924 she persuaded Armstrong to leave for bigger and better opportunities in New York where jazz was entering a new phase, the Swing Era.

In New York, he played with Fletcher Henderson's big band, where he expanded his music beyond the traditional New Orleans style. (A)■ Armstrong then began to focus on recording, a technology still in its infancy, in order to work with other prominent musicians. (B)■It was at this time that he also switched from cornet to the trumpet at theater performances because of its brighter sound and flashier look. (C)■ And finally, once again at his wife's urging, Armstrong moved back to Chicago in 1925 and took the step of founding his own band. (D)■

⑥　This was perhaps the first American jazz band molded in the image of one personality, and with his personal vigor, phenomenal tone, instrumental sound, and stunning gift for achieving melody when performing a piece, he was able to turn jazz from an ensemble music to a solo art. He also began to use his sand-paper voice as an instrument, and his contagious humor and flamboyant style made him an ideal goodwill ambassador for American music. In 1933, for instance, during his first European tour, he dedicated a hot trumpet piece to King George VI with "This one's for you, Rex!" turning even a reserved British monarch into a jazz fan.

Until the end of his life, Armstrong toured tirelessly with a variety of bands, ranging from the Louis Armstrong Orchestra to the later and much smaller Louis Armstrong Allstars. As Armstrong's fame grew, he appeared frequently on television and made more than 35 film clips and movies, including "High Society" and "Hello Dolly!" When he died in his sleep on July 6, 1971 in New York City, he was, to an adoring public, the face of jazz.

15. According to paragraph 1, what was Louis Armstrong best known for?

(A) His vocal performance
(B) His trumpet playing
(C) His improvisational skills
(D) His new vision for jazz

16. The word exuberance in the passage is closest in meaning to

(A) excellence
(B) appearance
(C) enthusiasm
(D) impulsiveness

17. What can be inferred about Louis Armstrong's family from paragraph 2?

(A) His grandparents often took care of him.
(B) His father was a part-time jazz musician.
(C) His mother encouraged him to pursue music.
(D) His parents did not have a lot of money.

18. The word infamous in the passage is closest in meaning to

(A) famous
(B) familiar
(C) notorious
(D) expensive

19. According to paragraph 3, where did Louis Armstrong learn to play a musical instrument?

(A) At a music school
(B) At a reformatory
(C) In a New Orleans nightclub
(D) In his stepfather's house

20. The word he in the passage refers to

(A) Armstrong
(B) foster father
(C) Oliver
(D) his mentor

21. What does paragraph 3 mainly discuss?

(A) Armstrong's reckless behavior
(B) Armstrong's many jobs
(C) Armstrong's teen years
(D) Armstrong's love for music

22. Paragraph 4 implies that Armstrong's wife Lillian Hardin influenced him by

(A) making Armstrong financially independent
(B) encouraging Armstrong to compose his own songs
(C) getting Armstrong to seek greater professional challenges
(D) inspiring Armstrong to improve his trumpet-playing skills

23. Which of the following best expresses the essential information in the highlighted sentence? Incorrect answer choices change the meaning in important ways or leave out essential information.

Armstrong then began to focus on recording, a technology still in its infancy, in order to work with other prominent musicians. It was at this time that he also switched from cornet to the trumpet at theater performances because of its brighter sound and flashier look. <mark>And finally, once again at his wife's urging, Armstrong moved back to Chicago in 1925 and took the step of founding his own band.</mark>

(A) In the end, Armstrong followed his wife's directions and returned to Chicago.
(B) Lastly, following his wife's strong suggestion, Armstrong returned to Chicago and started his own band.
(C) And finally, in order to rejoin his wife, Armstrong returned to Chicago with his band.
(D) Ultimately, Armstrong decided to found his own band with his wife, and so he returned to Chicago.

24. According to paragraph 6, what was unusual about Louis Armstrong's Chicago jazz band?

(A) It was larger than other jazz bands of the time.
(B) It rediscovered ensemble jazz.
(C) It largely reflected Armstrong himself.
(D) It used voice as an instrument.

25. Which of the following is NOT referred to in paragraph 6 as one of Armstrong's important musical gifts?

(A) His distinct voice
(B) His original composing
(C) His instrumental tone
(D) His personal vitality

26. Which of the following best describes the author's tone in paragraph 6?

(A) Balanced
(B) Admiring
(C) Ironic
(D) Disillusioned

27. Look at the four squares [■] that indicate where the following sentence can be added to the passage.

He performed in dozens of studio sessions, providing musical back-up for the albums of famous singers such as Bessie Smith.

Where would the sentence best fit?

28. **Directions:** An introductory sentence for a brief summary of the passage is provided below. Complete the summary by selecting the THREE answer choices that express the most important ideas in the passage. Some answer choices do not belong in the summary because they express ideas that are not presented in the passage or are minor ideas in the passage. *This question is worth 2 points.*

Drag your answer choices to the spaces where they belong.
To remove an answer choice, click on it.

Louis Armstrong's beautiful voice, musical talent, and personal charisma made him one of the greatest jazz musicians of all time.

-
-
-

Answer Choices

(A) When playing with Fletcher Henderson's big band in New York, Armstrong expanded his musical style and his status.

(B) Armstrong was the first jazz musician in history to both star in movies and to sell millions of records.

(C) Later in his life, Armstrong appeared on TV, made movies, and toured widely, and due to his personality and performing skills became a preeminent jazz figure.

(D) Armstrong came from a poor family in New Orleans and although he had difficult teenage years developed a love and talent for music.

(E) When he was 14, Armstrong would secretly enter a jazz club to listen to his idol, King Oliver of Kid Ory's Brownskin Band.

(F) Armstrong played in a variety of musical groups in New Orleans, Chicago, and New York, but at his wife's suggestion eventually started a band that expressed his own personality.

TOEFL iBT

Answers
解答と解説

長文の訳例は p.341 ～にあります。

Set A

Questions 1-13

1.
解答：(D)
これは主題問題兼類推問題です。このパラグラフでは、「宗教対立の広がり」「カトリック迫害」「国教会による不寛容」について述べられています。また、国籍や宗教が入り交じる中、植民地に移民した人々が平和に暮らしていた様子が、ヨーロッパの状況と対比されています。つまり、ヨーロッパでは政治的・宗教的に、他者に対する寛容性がなかったことが推測され、ここから、(D) が正解だとわかります。

2.
解答：(C)
障壁 (barrier) だったのは、オハイオ渓谷ではなくアパラチア山脈とアレゲーニー山脈なので、(A)は間違いです。フランス人については、French forerunners とあるだけで、人数が多かったかどうかはわからないため、(B) も不正解。また、When the first English settlers burst through these barriers（この barriers はアパラチア山脈とアレゲーニー山脈のこと）、they were strong enough to sweep aside their French forerunners in the Ohio Valley、The stage was set for something entirely new ... the advance westward から、(D) の記述とは逆にオハイオ渓谷はアパラチア山脈より西に位置することがわかります。sweep aside their French forerunners in the Ohio Valley ... to take advantage of richer soil there の richer soil there を言い換えた (C) が正解です。

317

3.
解答：(B)

この設問にはふたつの解法があります。単語を分解してみることと、文脈をきちんととらえることです。forerunner は fore と runner がつながってできた語で、someone who runs before を意味します。つまり、precede（先に行く）する人である (B) の predecessor と同義です。また、they were strong enough to sweep aside their French forerunners in the Ohio Valley and on the Midwest prairies で sweep aside（押しのける）とあることから、フランス人はこのセンテンスの主語 they よりも先にそこにいたとわかります。ここからも predecessor を選ぶことができます。

4.
解答：(C)

(A) はターゲットセンテンスと言い回しが非常に似ているので、間違いである可能性が高いと考えられます。実際、ターゲットセンテンスの extremely vague ones に対し、(A) では very definite ones と意味が正反対になっています。ターゲットセンテンスでは前のセンテンスにある Some of the 13 original colonies を受けて、others「それ以外のいくつか」と述べています。従って、それ以降に作られた later colonies について述べている (B) も不正解です。(D) はターゲットセンテンスには書かれてない borders that could be changed by the people themselves という記述がある点と、逆に重要な情報である land "from sea to sea" が抜けている点から間違いだとわかります。However を Yet と、extremely vague ones を indistinct boundaries と、"from sea to sea" を from one ocean to another と言い換えた (C) が正解です。

5.
解答：(C)

筆者はアメリカ開拓者について、「それ自体が目的であるかのようにひたすら移動を続けた（forever on the move, as if movement in itself would deliver up the meaning sought, the thing looked for)」と述べた後、その目的を prime aim was not to hunt or conquer or trade but primarily to satisfy their cravings for adventure と説明しています。これを、「新たな冒険を経験しようとしていた」と表した (C) が正解です。

6.
解答：(A)

前のセンテンスで the so-called frontier was a process, not a line drawn on a map like a border between two European countries と述べられています。この前半（カンマまで）は mental image を、後半は anything physical を表しています。つまり、mental images は境界があいまいだったという考えをよりわかりやすく説明しているといえます。従って、(A) が正解です。

7.
解答：(C)
immense は big、large、mammoth などと同様、大きい状態を表す形容詞です。従って、正解は (C) の huge です。

8.
解答：(B)
establishing a place for themselves and their children...（自身と子どもたちのための場所を確立する）の意味上の主語を探すと、hordes of explorers（多くの探検家）とあります。よって、(B) が正解であると判断できます。この人たちの主な目的は、satisfy their cravings for adventure by creating communities in the wilderness（荒野に社会をつくり上げることで、冒険に対する熱を満足させる）ということ。この cravings や communities in the wilderness を themselves と入れ替えても、話はつながりません。また、ここでは世界中の移民（transient peoples wandering all over the Earth）の中でも、アメリカ大陸への移民に対象を絞っているので、(A) も間違いです。

9.
解答：(A)
第6パラグラフには、Many died from sickness, from accidents, and from other misfortunes along the way. とあります。これを They had a high mortality rate.（死亡率が高かった）と言い換えた (A) が正解です。一部の人たちについて、carrying family heirlooms, dry food, and household implements や took seed corn and orchard shoots, cattle, pigs, and poultry という描写があるので、(B) は一般論（generalization）として不適切です。また、第2センテンスの Some traveled solo は (C) と矛盾します。(D) の railways に関する記述はありません。

10.
解答：(B)
冒頭の By contrast, the settlers who stayed behind in the East... から、このパラグラフでは東部に定住した人たちに焦点を当てていることがわかります。その後の記述は、そうした人々の考え方や生き方に関するものなので、(B) が正解です。(A) の conservative nature（保守的な性質）は many frontiersmen のものではなく、(C) の geographic description（開拓者がどこにいたかという説明）もなく、(D) の ingenuity and bravery（創意工夫や勇気）は intellectual and political skills（知的技能や政治手腕）との比較対象として取り上げられているだけです。

319

11.
解答：(D)
これは、ひとつのセンテンスから答えがわかる簡単な内容不一致問題です。第2センテンスの And this instinct to consolidate on the part of those who remained led to new forms of human interchange: democratic equality, comradeship, and reverence for authority. にある、democratic equality が (A) に、comradeship が (B) に、reverence for authority が (C) に当たります。従って、正解は (D) です。new forms of human interchange は A feeling of isolation（疎外感）と相反するものです。

12.
解答：(B)
The other siblings という指示語があるため、ターゲットセンテンスは兄弟や姉妹に関する記述の後に入ることがわかります。また、ほかの場所（cities や the frontier など）に移るという文脈でなければなりません。(A) の前では could not produce enough on their land to support themselves と移住について触れられていますが、兄弟・姉妹を示す語句はありません。(B) の前には、only one child と the eldest son とあり、ターゲットセンテンスの the other siblings（その他の兄弟・姉妹）とつながります。また、only one child . . . could inherit the estate から、ほかの兄弟・姉妹は移住しなくてはならないということもわかります。(C) と (D) の前のセンテンスにある crops failed or when farm prices fell や had no rooted family tradition も移住に関係がありそうですが、siblings について述べられたものではありません。

13.
解答：(F) → (D) → (B)
(A) についてはパッセージでは述べられていません。(B) は第4パラグラフに述べられている開拓者が西部へと向かった具体的な理由をまとめたものです。また、Individually and in groups の部分で、第5パラグラフの要点にも触れています。(C) は第6パラグラフで挙げられている具体例で、パッセージの要点にはなり得ません。(D) は、第4パラグラフで mental images や they dissolved into open space と表現された「開拓の精神」を主語とし、creating communities in the wilderness と establishing a place for themselves and their children を to create homes and communities と言い換えている適切な要約文です。(E) は、パッセージの最後のセンテンスとほぼ内容が一致しますが、「東部に残った人たちは保守的になった」というのがこのパラグラフの主題です。この選択肢は詳細に関することなので、要約文とは言えません。(F) は、第3パラグラフのトピックセンテンスを基軸にした要約文です。移住当初の入植地の状況と西部開拓が開始された様子が書かれています。
従って、要約文全体は次のようになります。

Settlers who fled religious conflict in Europe were remarkably tolerant of each other in the new American colonies.
(F) At first, the American colonists were confined by a series of mountain ranges, but they later broke through these barriers and migrated westward.
(D) A strong adventurous spirit to create homes and communities was one of the principal motivations for the great movement westward.
(B) Individually and in groups, pioneers set off for practical reasons such as the desire for new land and more success at farming.

Set B

Questions 1-14

1.
解答：(B)
　難易度の高い修辞目的問題です。このパラグラフでは、among the order of primates, apes . . . are distinguished from monkeys and lower primates in several important ways と述べ、類人猿と「サルと下等霊長類」の身体的な違いを3点挙げています。その3点目が、Third, in contrast to the lower primates such as lemurs, apes have opposable thumbs, which permit them to grasp and hold objects in their hands. と体の構造（bodily structure）に関するもの。ここから、(B) が正解だとわかります。

2.
解答：(B)
　(A) は単数なので they で受けることはできません。unlike monkeys they have. . . から、they が (D) の monkeys でもないことがわかります。また、その前のセンテンスで . . .are distinguished from monkeys and lower primates と、monkeys と lower primates を同等に扱っているため、they が (C) の「下等霊長類」を指しているとも考えられません。第2センテンスの主語である (B) の apes が正解です。

3.
解答：(A)

第1センテンスからこのパラグラフの主題は類人猿のlife cycleであることがわかります。その後、出産、育児、寿命に関する記述が続いています。これをまとめたのが、(A) の「類人猿の生物学的発達」です。ヒトとの類似点は挙げられていますが、(B) にある相違点（differences）についてはほとんど触れられていません。(C) は主題ではなく、詳細内容です。(D) は最後に列挙され、次のパラグラフにつなげる役割を果たしているだけで、第2パラグラフ全体を通して取り上げられている事柄ではありません。

4.
解答：(A)

この内容一致問題を解くには、まず、スキャニングをして、similar またはその関連語を探します。第1センテンスの終わりに indicate close similarities to humans と、similar の名詞形 similarities があります。それを具体的に説明している次のセンテンス Females undergo the same monthly reproductive cycles as human's experience の Females は female apes、human's はヒトの女性（their human counterparts）のことです。従って、正解は (A) です。

5.
解答：(D)

これは内容一致問題と類推問題を組み合わせたものです。このパラグラフの最後からふたつめの文に、Although the longevity of any of the species under natural conditions is uncertain, ages of up to 40 years have been widely reported for well-nourished and well-protected zoo animals. とあります。動物園にいる動物を well-nourished and well-protected と形容していることから、野生の（in the wild）動物はそれよりも短命であると推測できます。従って、正解は (D) です。

6.
解答：(C)

これは「にせの類推問題」です。they have exceptionally long arms which they use to swing on limbs and vines, and which are a great advantage for traveling in the dense upland forests most species inhabit. Living in the tops of trees, gibbons rarely come to the ground... の the dense upland forests most species inhabit からほとんどの種がうっそうとした高地森林に生息していることが、Living in the tops of trees, gibbons... からテナガザルはそうした森の木のてっぺんにすんでいることがわかります。従って、正解は (C) の「深い森林に覆われている」です。

7.
解答：(C)

この語彙問題は難易度が高いので、消去法を使う必要があるかもしれません。agile はパラグラフの冒頭で、Gibbons are the smallest and most agile of the apes. と使われています。「類人猿の中で最も agile である」という性質は、この後で説明されているはずです。(B) の aggressive で表されるようなほかの動物に攻撃を仕掛ける記述はありません。smallest であるものの、希少動物だとは書かれていないため、(D) の rare も削除できます。身長が 1 メートルもないことと、次のパラグラフの features resembling those of an old man のようにヒトとの類似点も述べられていないので、(A) も間違いだと判断できます。agile は「敏しょうな」の意味で、(C) の nimble の同義語です。

8.
解答：(D)

これは内容一致問題です。sleep に関係ある記述を求めて、パラグラフをスキミングします。第 3 センテンス Although individuals often descend to the ground to feed, they usually spend the night in crude nests in the upper branches of trees. の spend the night がそれに当たります。この in the upper branches of trees を言い換えた (D) が正解です。ちなみに (C) は、本文に bush に関する記述がないため、正解にはなりません。

9.
解答：(B)

offspring は off「〜から」と spring「生じる」から成る単語で、「子孫」の意味です。Males forage alone for fruit, their main food, and the only social bonds occur between females and their offspring. で「オス」「メス」と並記され、そのオスとメスの関係は Adult males and females interact only to mate. と述べられていることからも見当がつきます。正解 (B) の young は形容詞だけではなく、「動物の子ども」という意味の名詞としても使われます。

10.
解答：(A)

この内容不一致問題を解くためにはパラグラフ全体をきちんと読まなくてはなりません。Some chimpanzees are capable of understanding and responding to human language. が (B) に、their prevalence in zoos が (C) に、Chimpanzee behavior also includes activities that scientists once thought only human beings performed が (D) に該当します。従って、正解は (A) です。

11.
解答：(B)

第6パラグラフでは、ゴリラの体格、種類、生息地、家族集団、食料源について述べられています。Gorillas are in one respect comparable to humans... では比較が使われていますが、全体を通した構造原理は (B) の「詳細説明」です。

12.
解答：(B)

強調表示されたセンテンスでは、まず、Gorillas are in one respect comparable to humans in that they spend more of their time on the ground と、地上で過ごす時間が長いという点がヒトと似ているとあります。(C) にはこの情報が入っていません。また、though they typically live in a small group, led by one adult male というヒトとの相違点を (A) では類似点として述べ、(D) は live in a group that includes one father and one mother がこの記述と矛盾します。ゴリラとヒトの類似点と相違点を説明している (B) が正解です。

13.
解答：(C)

ターゲットセンテンスには代名詞 they と情報を追加することを表す also があります。また、consume や prey on から摂食行動について述べたセンテンスだとわかります。パラグラフを通して複数名詞が多く使われているため、they からは挿入個所を特定することはできませんが、食料について述べているのは、第6センテンスの when they climb into the trees for their principal diet of fruit の部分だけです。この後に、ターゲットセンテンスを入れれば、「主にフルーツを主食とし、また、木の葉や昆虫、時には小さいサルなどのほ乳類も食べることがある」とつながります。

14.
解答：

[Gibbons] (F)、(C)、(B)
[Orangutans] (G)、(D)

このパッセージには区分や分類を表す記述が多いため、分類問題が出されることは初めから予想できます。Gibbons（テナガザル）と Orangutans（オランウータン）に関する説明は、第3〜4パラグラフにあります。

テナガザルに関しては、第3パラグラフの Gibbons are the smallest and most agile of the apes. Of slight build and usually less than three feet (one meter) tall が (F) Short in stature に、Living in the tops of trees, gibbons rarely come to the ground が (C) Live almost entirely in the tree tops に、Typically gibbons live in family groups consisting of a male, a female, and one or two of their young. Each family claims a territory and uses loud calls to warn other families to stay off it. が (B) Establish a family territory に、それぞれ該当します。

オランウータンに関しては、第4パラグラフの orangutans have developed huge hands, powerful arms, and extremely flexible joints, especially in the wrists, shoulders, hips, and ankles が (G) Have very powerful limbs に、Orangutans live more solitary lives than do most other primates. Males forage alone for fruit, their main food, and the only social bonds occur between females and their offspring. Adult males and females interact only to mate. が (D) Males and females seldom live together に当たります。

オランウータンは the largest arboreal, or tree-dwelling, animals in the world（樹上性動物では世界で最も大きい）とありますが、類人猿としては最も大きいとは書かれていないので、(E) Are the largest of the ape family を選ばないように注意しましょう。第6パラグラフに、霊長類で最大の動物はゴリラである（Gorillas are the largest of all primates.）と述べられています。(A) May soon be threatened with extinction に関する記述はありません。

Questions 15-28

15.
解答：(A)
これは内容一致問題です。パラグラフの最後のセンテンスから正解がわかります。it was his deep voice combined with his performing skills and personal exuberance that most brought him to the public eye の most brought him to the public eye が、設問では best known for と表現されています。his deep voice combined with his performing skills を vocal performance と言い換えた (A) が正解です。

16.
解答：(C)

exuberance は「活力」の意味で、(C) の enthusiasm に最も近いのですが、難しい単語なので消去法を使う必要があるかもしれません。(A) は exuberance と同じ ex- で始まるので正解である可能性は低いと考えられます。(D) の impulsiveness は impulse(衝動) の派生語なので、人気の最大の原因になった (that most brought him to the public eye) こととはつながりません。残ったふたつの選択肢のうち、(B) の appearance (外見) は文脈としてはつながりますが、どちらかといえばジャズミュージシャンの performing skills により近いのは (C) の enthusiasm(熱意)だと判断できます。もちろん、exuberance に appearance の意味はありません。

17.
解答：(D)

祖父母はかつて奴隷だったことがあり (His grandparents had been slaves.)、父親は日雇い労働者 (His father . . . was a day laborer)、母親は「仕事があれば」家政婦として働いていた (his mother, . . . when she could get work, served as a "domestic helper,") と述べられているので、「両親にはあまりお金がなかった」と推測できます。従って、正解は (D) です。

18.
解答：(C)

infamous は famous に接頭辞 in- がついた単語ですが、「有名ではない」ではなく、「悪いことで有名な」という意味です。(A) の famous が間違いであることは明らかです。(B) の familiar は neighborhood とつながりません。「見慣れている近所」があるなら、「見慣れていない近所」も存在することになってしまうからです。the most expensive neighborhoods では、そのセンテンス前半の picked up small change(小銭をもらった) や street kids と合いません。(C) の notorious が infamous と同様、「悪名高い」の意味です。

19.
解答：(B)

第3センテンスの There . . . he tried several instruments until he found the cornet が、設問の learn to play a musical instrument に当たる部分です。この there は前のセンテンスにある a "reform school" を指しています。これを言い換えた (B) が正解。reformatory の -tory は名詞につく接尾辞です。

20.
解答：(A)

ここにはheで指す人物がふたり出てきますので、きちんと文脈をとらえるようにしましょう。When Oliver left for Chicago in 1919 の Oliver とは、その前のセンテンスで述べられている King Oliver of Kid Ory's Brownskin Band, who gave him his own cornet, taught him to play, and took him under his wing as a foster father から、アームストロングにコルネットを教えてくれた指導者 (mentor)、そして育ての親 (foster father) であることがわかります。設問の he がオリバーだとすると、replaced his mentor in Kid Ory's Brownskin Band が「自分が自分の後任になる」となり、意味が通じません。この he も続く his も (A) のアームストロングのことです。

21.
解答：(C)

この主題問題はパラグラフの構造を意識しながら解く必要があります。選択肢はどれもこのパラグラフ内で触れられていることですが、設問で問われているのは主題です。ここでは、パラグラフ全体を通し、at the age of 13、at 14、at the age of 18 と年齢を追ってアームストロングの生い立ちが紹介されています。従って、(C) が正解だと判断できます。前のパラグラフではそれ以前の出生と幼少時代について語られています。

22.
解答：(C)

これは類推問題と内容一致問題を組み合わせたものです。アームストロングの妻リリアン・ハーディンについては最後の部分に、His new wife was not only very intelligent but she was also ambitious; she felt that Louis was wasting his talent playing in Oliver's band, and at the end of 1924 she persuaded Armstrong to leave for bigger and better opportunities in New York where jazz was entering a new phase, the Swing Era. とあります。この she was . . . ambitious と persuaded Armstrong to leave for bigger and better opportunities（より大きな機会をつかむよう説得した）から、(C) の「アームストロングをもっと大きな仕事に挑戦させること」が正解だとわかります。

23.
解答：(B)

ターゲットセンテンスには、「アームストロングがシカゴに戻った」「その時に自分のバンドを結成した」「それは妻の提案と後押しによるものだった」という重要なポイントが3つあります。このすべてを含んでいるのが (B) です。(A) はバンド結成について触れていません。(C) の in order to rejoin his wife（妻の元に戻るために）は本文にはなく、returned to Chicago with his band は事実とは異なる情報です。妻がバンドに参加したとは書かれていないので、(D) の found his own band with his wife は誤りです。

24.
解答：(C)

この内容一致問題の答えは、トピックセンテンスである第1センテンス This was perhaps the first American jazz band molded in the image of one personality にあります。この first が設問では unusual と表現されていると気づくことが大切です。one personality とはもちろんアームストロングの個性を指しているので、molded in the image of one personality を reflected Armstrong himself と言い換えた (C) が正解です。

25.
解答：(B)

アームストロングの音楽の才能については、第1～2センテンスに述べられています。use his sand-paper voice as an instrument が (A) に、phenomenal tone が (C) に、personal vigor が (D) に当たります。(B) については触れられていません。

26.
解答：(B)

the first American jazz band、phenomenal tone...、stunning gift、solo art、contagious humor といった記述、および、「謹厳なイギリスの君主さえもジャズファンにした（turning even a reserved British monarch into a jazz fan）」という逸話から、筆者がアームストロングの才能と業績を極めて肯定的に見ていることがわかります。ここから、このパラグラフのトーンは、否定的な (C)「風刺的な」や (D)「幻滅している」、中立的な (A)「バランスの取れた」ではなく、(B)「称賛している」であると判断できます。

27.
解答：(B)

ターゲットセンテンスに代名詞 he がありますが、このパラグラフでは he が多用されているので解答のヒントにはなりません。また、話の変わり目を示す語も使われていません。ここでは、「数多くのスタジオ録音を行ったこと」と「ベシー・スミスなど有名歌手の伴奏をしたこと」がポイントです。この前段の記述を探してパラグラフを読んでいくと、第2センテンスの began to focus on recording（録音に重点的に取り組み始めた）が performed in dozens of studio sessions に、work with other prominent musicians（ほかの著名なミュージシャンと仕事をする）が providing musical back-up for the albums of famous singers such as Bessie Smith につながることがわかります。従って、ターゲットセンテンスは (B) の個所に挿入するのが適切です。

28.
解答：(D)、(F)、(C)

(A) は、第5パラグラフの冒頭で触れられてはいても、その後の展開にはつながっていないため、要約文としては不適切です。(B) は、パッセージには書かれていない情報です。(C) は、第6～7パラグラフにあるアームストロングが有名になったいきさつと理由をまとめた記述になっています。(D) には、アームストロングの幼少時代に関する第2パラグラフとティーンの時代に関する第3パラグラフの要点が記されています。(E) は、第3パラグラフに書かれている詳細内容で、要点ではありません。(F) は、第4～5パラグラフの要点と情報を要約したものです。
要約文をまとめると次のようになります。

Louis Armstrong's beautiful voice, musical talent, and personal charisma made him one of the greatest jazz musicians of all time.
(D) Armstrong came from a poor family in New Orleans and although he had difficult teenage years developed a love and talent for music.
(F) Armstrong played in a variety of musical groups in New Orleans, Chicago, and New York, but at his wife's suggestion eventually started a band that expressed his own personality.
(C) Later in his life, Armstrong appeared on TV, made movies, and toured widely, and due to his personality and performing skills became a preeminent jazz figure

Translations
訳例

The Planet Earth 地球（p.23）

　ほとんどの天文学者は、宇宙の始まりは宇宙の物質すべてを作り出した「ビッグバン」という大規模な爆発であると信じている。初期のころ、この物質の成分はほぼ 100 パーセントが水素とヘリウムの原子で、それが太陽などの星を形成していった。しかし、次第に、宇宙全体の銀河において、星を取り囲んでいた水素やヘリウムのガス雲が冷却され、凝縮して惑星、月、小惑星などその他の天体となって、私たちの住むような太陽系が形成され、その結果、私たちの場合で言えば、地球が誕生した。

　地質学者は、地球が誕生したのは約 46 億年前だと推定した。誕生直後の地球は、海も大気もない巨大で不毛な天体だった。しかし、地球内部の深い所では、重力と放射能放出により、岩石の温度が上がり、溶融し始めた。この溶融した岩石は何億年も冷えることはなかった。ところが、地球の温度が下がるにつれ、金属ニッケルや金属鉄などの質量の重い物質がゆっくりと中核を形成していった。この中核は周りを、マントルと呼ばれる高熱の岩石層である液状の外核に、そして最終的には外層として凝固した低温の黒い岩石層に覆われていた。溶けた岩が亀裂や穴を通って地球の地表に達し、円すい火山を形成し、溶岩をたい積させ、その過程でガスを発生させた。

　こうしたガス雲から、地球の大気が生成され始めた。重力により、二酸化炭素、窒素、硫化水素、若干のメタン、水蒸気がすべて地球に引き寄せられていた。地球上の初期の「空気」には遊離酸素が含まれていなかった。水蒸気が雨となって地球に降り注ぎ、蒸気となって蒸発し、そして何度も繰り返し降り注いだ。その結果、地球の表面は冷やされ、地球全体が浅い海に覆われた。

　しかし、こうした過程は、地球が太陽から適切な距離に位置していなければ起こり得なかった。ちなみに、地球より太陽側にある隣の惑星、金星は、日中の気温が非常に高く、生命を維持するために必要な炭素化合物や水分が、気体や蒸気の状態のままである。太陽から離れた所にある火星には、おそらく一時期水があったであろうが、現在は、生物を有する能力をほとんど持たない凍土の惑星である。

　地球が太陽から「ちょうどいい」位置にあることが、地球が冷却された後、最終的に初期の生命体出現のおぜん立てをした。しかし、その生命体はどこから来たのだろうかという疑問は、依然として残ったままだ。地球が生命体を維持できたのだから、それ以前に生命出現の元となる有機体のサブユニットが存在したはずである。

Identifying Minerals 鉱物の同定（p.29）

　鉱物とは、地殻に天然に存在する化学物質もしくは化学化合物のことである。生物に特有の炭素、水素、酸素を主成分とする有機化学物質に対し、鉱物は無機である。単独の化学組成を有するものもあれば、ひとつの金属元素が全部もしくは部分的にほかの金属元素と入れ替わってできた一連の同族化合物から成るものもある。単一の物理的もしくは化学的特性によって、鉱物を同定することは極めてまれである。その組成が複雑であるため、鉱物を見分ける際にはより多くの特性から判断しなければならない。多くの希少鉱物の同定にはたいてい、高価な実験装置と、専門家でなくては行えない詳しい化学光学検査を必要とする。しかし、岩石に興味のある人なら誰にでもより簡単にできる、より簡便な物理的検査や化学的検査もある。

　おそらく、最も簡単なものは「硬度」検査であろう。産業研究所では鉱物の硬度を測定するに当たって、より正確な方法が用いられるが、10 段階のモース硬度を利用するのが実に単純で簡便である。この尺度では、最も軟らかい滑石から最も硬いダイヤモンドまで、10 種類の鉱物に順位をつけている。基本的なやり方は、鉱物の表面を引っかいていき、硬度測定の対象となる鉱物がそれよりも軟らかい鉱物に傷をつけたところで、その硬度が推定できるというものである。もちろん、高価な水晶の表面で硬度を測定するべきではない。

　また、別の検査に鉱物の比重を調べるというものもある。この比重とは、鉱物とその同体積の水との質量

の比のことである。体積が同じ値の水は、鉱物の重さを水中で測った時に軽くなる分に相当するので、比重はすぐに求められる。例えば、コランダム結晶は乾いた状態では55グラムだが、つるして水中に入れると42グラムになる。鉱物の比重を分析し、その結果を比重換算表と照合することで、その鉱物固有の比重を測定し、同定の手掛かりとするのである。

さらに、「劈(へき)開検査」というものもある。多くの鉱物は結晶構造であるため、その分子構造によってできる面に沿って、特定の結晶面と同方向に割れる。検査の結果現れた劈開の完全性は、「なし(斑銅鉱など)」「不明瞭」「明瞭」「完全」「極めて完全(雲母など)」の5段階で示される。「断口」とは鉱物サンプルが何らかの形で劈開面ではないところで割れることを言う。鉱物すべてが明確な劈開面を持つわけではなく、実際には、多くの鉱物が断口を示す。

鉱物の光学特性検査は主に専門家によって行われるものだが、これは正確な鉱物同定の基礎なので、愛好家なら知っておくべきだ。薄片や粉末にX線を通すと分子構造によって異なる視覚パターンができ、それが同定の手掛かりとなる。この分析を行うには、まず鉱物や岩石の破片をスライドに載せ、紙の薄さになるまですりつぶす。光線が鉱物を通過する時の曲がりが、多くの場合、鉱物を特定できるパターンを示す。鉱物の一部をさまざまな密度の透明な液体に浸して、屈折率を測ることもできる。この屈折率は鉱物ごとに異なり、その結晶系と関連性がある。こうして、専門家は石自体に損傷を与えることなく、ダイヤモンドやエメラルドが本物か偽物かを見分けることができるのである。

People of the Mississippi Headwaters ミシシッピ川上流地区の人々 (p.34)

人々が初めてミシシッピ川上流地区に移ったのは、約1万2,000年前のことだ。考古学者が古アメリカインディアンと呼んでいるこの移民たちは、氷河後退後にその地域へと移動したマンモス、マストドン、ジャイアントバイソンの後を追って来た。「大物狙い」としても知られるこうした人々は、狩りの対象としていた動物の硬くて厚い皮を突き刺すのに理想的な、長細い「フルート型」のやり先を使っていた。狩猟技術を持ってはいたが、環境的圧力、そして、のちに文化的圧力から、生き残るためには進化することを余儀なくされた。

古アメリカインディアンは流浪のハンターで、食物を求めて常に移動を続けていた。部族が小さかったことは明らかで、おそらく数家族のみの構成だったと思われる。従って、古アメリカインディアンの遺跡を発見できる場所はたいてい小さく、地域全体に点在しているため、考古学者はその位置を特定し、詳細に研究するのに苦労している。今日彼らについては、大ざっぱなことしかわかっていないと言わざるを得ない。獲物を追いかけるために、身軽に移動していたということだ。

古アメリカインディアン時代の後期になると、巨大動物相の絶滅により、こうした人々はマストドンやマンモスの狩猟をあきらめ、代わりに、バイソン、アメリカアカシカ、ヘラジカなどそれまでよりも小さめの動物を狩らざるを得なかった。きちんと解明されているわけではないが、過剰な狩猟が、巨大動物の生態に危機をもたらし、その結果、絶滅につながった可能性がある。これは人間が初めて自然環境に与えた負の影響の一例といえるかもしれない。

約8,000年前、気温が上昇し、湿度が下がっていったため、広葉樹林が出現してその地域を覆い、そこに住む人々は変化する地勢に適応する必要があった。依然として大型動物の狩猟は行っていたが、次第に、魚、野生の漿(しょう)果、堅果、種子など、ほかの食料を食べることが多くなっていった。こうした食べ物を手に入れるために、初期のアメリカ先住民は年間を通して移動し、それぞれの食料が採れる時期にその食料源を開拓する必要があった。ある季節にはある場所にいて、その後、次の場所へと移動していったのである。

この時期には、ミシシッピ川上流地区の住民の中で、文化的に重要な変化も起きた。おそらく季節によって変わる狩猟および収穫活動の結果、「部族領域」という概念が生まれ、それとともに、狩猟道具の設計に多様性が出てくるなど、地域ごとの違いが現れた。こうした違いが商取引の発端となった。上流地区の部族間で商業ネットワークの確立が始まり、遠隔地で産出された珍しい石や銅が鎌形ナイフ、やりの先端部、釣り針、おのなどの道具を作るのに重宝され、貝の首飾りや羽毛の飾りといった普段目にしない装飾がその

美しさのために価値のあるものとなった。
　それまでよりは定住を目的とした村ができたのは、およそ5,000年前のこのころだった。部族が自らの領地を発展させ、外部の攻撃から守っていたので、ひとつの場所により長く滞在できることが必要だった。また、より安定した経済交流ネットワークも求められた。

Theories of Conflict 対立の理論（p.40）

　対立は、人間の関心を何よりも――愛と宗教を除いて――占めてきたテーマであろう。しかし、対立が組織行動論という学問分野における主要な関心および研究領域となったのは1930年代以降のことである。この関心が正確に位置づけられてきたとする証拠がある。その位置づけとは、対立とはさまざまな社会集団の多くで見られる顕著な特徴であり、対立が集団行動に対して重要な影響を与えているのは疑う余地はないとするものだ。これまで歴史の中で、学者らは集団における対立の本質と機能を説明しようと、数々のモデルを提言してきた。
　対立に対する初期の取り組みでは、対立は悪であるという前提に立っていた。対立は、暴力、破壊、不合理と関連づけられ、否定的にとらえられていた。そのため、対立はどんなことをしても避けるべきものだった。こうした旧来の概念は、1930年代および1940年代に集団行動に関して広まった見方と一致している。その時代の研究によると、対立は、コミュニケーション不足、人々の間における寛大さと信頼の欠如、管理職が従業員の要望や願望に応えないことを原因とする機能不全の結果だった。対立はすべて避けなくてはならないと考えられていたので、理論派は、集団業績や組織業績を改善するには、対立の原因だけに焦点を絞り、こうした機能不全を修正することが必要であると仮定した。最近の研究では、対立回避が集団での業績を向上させるとする考えに異論を唱える有力な証拠が示されているが、一般の人はいまだにこの時代遅れの考え方に基づいて対立の状況を判断している。
　社会心理学者らが集団行動をより詳細に研究し始めた段階で、組織行動学の分野において対立に関するこうした考え方はほぼ覆された。人間行動の専門家らは、入念な観察、インタビュー、事例研究を行った結果、対立は集団や組織の中で自然に発生するものであると主張した。こうした対立は避けられないものなので、「人間関係学派」の学者らは対立を受け入れることを提唱した。この見解を支持した人たちは、対立の存在を合理的に解釈した。つまり、対立は排除できるものではなく、対立が集団の業績を向上させる場合すらあるとしたのである。この人間関係に対する考え方は、1940年代後半から1970年代半ばにかけて対立理論を支配した。
　次第に、対立に対するこの考え方は、より積極的で相互作用論者的な見方へと発展していった。人間関係の観点からは、対立を自然で常に存在するものと見ていたが、相互作用論者の取り組みは、対立を積極的に管理していこうとするもので、時としてそれが破壊的なものであれば対立を緩和させようとするが、それよりも多くの場合に、調和が取れ、平和的でおとなしく、協調性のある集団は、変化や改革の必要性に対しては、無行動、無関心、無反応となる可能性が高いという理由から、適度な対立を奨励しているのである。相互作用論者の考え方によると、リーダーの役割とは、進行中の対立を最低レベルで持続させることだとしている。そのレベルとは集団に活力を与え、自己批判や創造ができる状態に保つために十分な程度を指す。対立が有益か有害かは、その集団における対立がどの程度であるか、および、集団のメンバーが、対立があったとしても、あるいは、対立があったからこそうまく機能できるかどうかによって決まる。

Fordism フォード主義（p.60）

　大量生産方式が出現する以前は、労働者本人だけが各自の製品を作ったり製造したりするのに不可欠な技能を持っていたため、ほぼ自分で仕事のペースを調整していた。「フォード主義」と言われるシステムの下で、こうした状況は変わった。ヘンリー・フォードと彼の仲間で「鋳鉄」と言われたエンジニアであるフォード社のチャーリー・ソレンソンとピート・マーティンは、一つひとつの作業を単純化し、可能であれば、熟練作業員の作業を機械化することを目指した。当然、これには従順で服従的な労働者が必要となった。こうした目

標はそれまでも長い間、工業エンジニアの持論の一部としてあったが、大規模に実践したのはフォードが初めてだった。

それは、個々の作業員に割り当てられる仕事を単純化し、それによって数日間研修すれば実質誰にでも作業ができるようにする方式だった。そうすることによって、フォードの経営陣は、大抵工場労働者の中でも最も負けん気が強くて頑固な金型職人や機械工を、大量に雇用する必要性を排除した。代わりに、熟達していない職人や機械の操作係を雇い、その労働者は全員が基本的に、あらかじめ用意された機械に部品を差し込んで、スイッチを入れ、その部品を抜き取るといった同じ作業を行った。このような作業は、組立ラインにおいて理論上究極の状態に達したもので、極めて反復的かつ型通りであり、従業員に個人的判断をさせる機会をまったく与えなかった。フォード主義は新たなレベルの画一性を求めた。労働者らは自分のペースで仕事をするのではなく、機械のペースで仕事をさせられることになっていた。

フォード方式に対する反応は予想通りのものだった。労働者はその組立ラインでの絶え間ない重圧とうんざりするほどの退屈さに不満を持った。彼らは会社の新工場であるハイランドパーク工場を精神病院に例えた。実際に、チャーリー・チャップリンが自身の映画『モダン・タイムス』で、登場人物リトル・トランプが組立ラインでの作業スピードと重圧を体験した後で気が狂ってしまうというコミカルなシーンを描いているが、それはチャップリンが1923年にフォード社のハイランドパーク自動車工場に足を運んだことからヒントを得たものである。労働者をこのように扱った結果、ハイランドパーク工場では深刻な労働問題が起きた。フォード社がこの組立ラインを導入した年には、日々の平均欠勤率が全従業員の約10パーセントに上り、離職率は実に370パーセントに達した。つまり、毎日1,300～1,400人が仕事に行くことを拒否し、フォード社の管理職は約1万3,600人の労働力を維持するために、5万2,000人を超える人数を雇用しなくてはならなかったのである。当然のことながら、こうした問題はフォード社の経営効率を著しく低下させた。

当時としては破格の賃金と見なされていた「日給5ドル」を支払うフォード社の有名な解決方法は、慈善や倫理から生まれたものではなく、こうした問題が起きた結果であった。短期的には、この高賃金は功を奏した。1年の間に、離職率は370パーセントという驚異的に高い水準から54パーセントに下がり、欠勤率は10パーセントからおよそ2.5パーセントに減少した。しかし、長い目で見ると、金で労働者をつなぎ留めても、それがより人間らしく、人に優しい職場の代わりにはならず、フォード社は1世紀にわたって、労働不安に悩まされることになるのだった。

Early Jazz 初期のジャズ（p.72）

ジャズの起源は、ラグタイムとブルースというふたつの同系統の伝統音楽と密接な関係がある。1895年から1915年ごろにかけてアメリカで最も人気の高かった音楽スタイルであるラグタイムは、ピアノ演奏向けに作曲された音楽で、それぞれの「ラグタイムの曲」にはいくつかの主題がある。ラグタイム音楽作曲の第一人者はスコット・ジョプリンであった。これに対して、ブルースは悲しみの歌で、ピアノやギターの伴奏でゆっくりとしたテンポで歌われた。ブルースは12小節から成り、概してひとつ目のメロディーが繰り返される。ブルースの伝統はジャズとは別に発展したが、ブルースの持つハーモニーとその12小節という形式は、ジャズの伝統に常に深みを与えてきた。

初期のニューオーリンズのミュージシャンには、ジャズ演奏家として最も活躍していた人たちがいた。この卓越したアフリカ系アメリカ人ミュージシャンの中には、クラリネット奏者のジョニー・ドッズ、クラリネットおよびソプラノサックス奏者のシドニー・ベチェット、ピアノ奏者のジェリー・ロール・モートン、コルネット奏者のキング・オリバーらがいた。初めて制作されたジャズのレコードは、1917年にオリジナル・デキシーランド・ジャズ・バンドというニューオーリンズのバンドによるものだったが、皮肉なことに、それは黒人スタイルをまねした白人ミュージシャンのバンドだった。その後ほどなくして、ニューオーリンズのミュージシャンたちは、アメリカ北部や中西部の都会に住む人たちが自分たちの音楽を聞きたがっていることを知る。1920年代には、シカゴが第二のジャズの中心地となり、そこがとりわけモートン、オリバーらの新たな本拠地となった。テナーサックス奏者のバッド・フリーマンやクラリネット奏者のベニー・グッドマンといった若いシカゴの白人たちは、キング・オリバーのバンドで酔いしれるような演奏していたあのルイ・アームストロ

ングをはじめとする、ニューオーリンズからの達人に熱狂し、自分たちでデキシーランドジャズのバンドを結成した。

　ジャズの第三の中心地はニューヨーク市で、ジャズはたちまち最も刺激的な音楽となった。ニューヨークでは、ジャズピアニストらがラグタイム音楽と南部の黒人民族舞踊を、活気があって人々を鼓舞する曲に変ぼうさせ、「ストライド」ピアノという奏法を生み出した。このような大所帯のジャズアンサンブルでは、デキシーランドでのコルネット、クラリネット、トロンボーンが、トランペットセクション、サクソホンセクション、トロンボーンセクションとなった。ビッグバンド・ジャズは、それまでよりも耳当たりが良く、リズムが軽快なものだったが、デキシーランドに負けず劣らず刺激的であった。

　ルイ・アームストロングは初の偉大なジャズのソロ演奏家だった。1925年から1928年にかけ、彼は目が覚めるほどドラマチックなコルネットおよびトランペットのソロ演奏を行い、その後、一連のビッグバンドのゲスト演奏家として活躍した。彼の律動的な感性は、緊張と弛緩との稀有な組み合わせで、「スイング」という言葉を呼び起こさせるものだった。デューク・エリントンは、おそらく初期のジャズ作曲家の中で最も影響力のあった人物であろう。アフリカ系アメリカ人の生活をバラエティー豊かな楽曲で描いた彼の音楽は、色とりどりのサウンドと空想的なメロディーに満ちていた。アームストロングとエリントンは、互いに大きな違いはあれども、ジャズの伝統が生み出した最も偉大なミュージシャンのうちのふたりであった。

Business Cycles 景気循環（p.105）

　エコノミストは、好況と不況を予測するよう、頻繁に求められる。これは非常に重要性の高い質問である。工場の性能を向上させるために投資をすべきかどうか考えている小規模製造業の経営者から、国のマネーサプライを緩和するか引き締めるかを議論している政府高官に至るまであらゆる人たちにとって、経済予測は民間と国家双方の決断を左右する要なのである。

　研究と経験によって、エコノミストの予測は研ぎ澄まされてきており、何世紀も前に用いられた星の動きを基に予測を行う占星術よりは幾分信頼性が高くなったが、景気動向を正確に予想することは、いまだにほぼ科学であると同時に芸術でもある。金利、売上高、所得水準、失業統計などの事実に基づいた要素だけではなく、それに対する心理学や社会学から見た推測に基づく人間的な要素をも考え合わせて予測を立てることが求められる。しかし、エコノミストはますます、数十年間の市場動向から現在得られる膨大なデータを分類したり分析したりする統計的分析に頼ることで、科学的な根拠を引き出している。

　現在、十分に立証されたひとつの事実が目を引いている。大まかに言えば、景気循環パターンには繰り返すという性質があり、それはおよそ200年以上にわたり示され、立証されてきたというものである。これによると、経済が成長した時期の後には必ず不況や景気後退がある。これが次にはやがてまた成長期へと移り変わっていくのである。こうした拡大、山、後退、谷の4局面の循環は、ほとんどの経済圏にも存在し、1回の周期が平均8〜10年である全般的なアメリカ経済と見事に一致する。

　このようなほぼ不変の要素はあるものの、そうした予測は、それぞれの拡大期もしくは後退期がどのぐらいの期間続くのか、つまり、景気循環の規則的変動の範囲がどれだけなのかについては答えていない。そのほかの数ある要因が作用して、全体の曲線に変化をもたらすのである。具体的には、4局面から成る従来の景気循環が、およそ倍の期間続く建設循環という第2の循環と組み合わさる。この建設循環が上り坂の期間に発生する経済成長は、建築循環が下り坂であった場合に比べて、同時進行する建築循環の下り坂に足を引っ張られることがないため、より活気があって、長期にわたる。逆に、建築循環が谷の状態である時期に景気後退が起きると、それは概して長く底の深いものとなる。景気展望におけるこうした概要は単純なものに見えるが、数学的に正確な予測を生み出すひとつの公式に、すべての要素を整合性をもって当てはめるのは、依然として実行困難なことである。

Monkeys サル（p.116）

　科学的に言えば、「サル」という用語は長い尾を持つ多種多様な霊長類に適用される。サルの亜目、科、

亜科の分類については、霊長類学者によって意見が異なるが、現行の分類体系は、旧世界の種と新世界の種に重要な差異を認め、それらすべてがサルを下等霊長類および類人猿から完全に切り離している。

　旧世界と新世界のサルは互いに似ているが、長期にわたりそれぞれ別々に進化してきたため、実際には異なるグループに属している。さらに、ほとんどのサルの専門家は、旧世界のサルのほうが、新世界のサルより人間に近いと考えている。それに加えて、旧世界のサルは概して新世界のサルより大きく、中にはほとんど地上で生活しているサルもいる。旧世界のサルの尾はものをつかむのには適しておらず、鼻は穴の間隔が狭く、下方を向いている。

　サルは中南米、アフリカ、アジアの熱帯地域全域に見られる。しかし、北米、ヨーロッパ、オーストラリアを原産の地とするサルはいない。中国北部のアカゲザルや日本のマカクザルなど、温帯に生息するサルも数種類いるだけに、これは特異なことである。サルは森に生息し、木の上で生活しているが、旧世界のサルの中には、生まれつき広々とした土地で地上に暮らす種もいる。類人猿のように、ほとんどのサルには親指と対置するそれ以外の足の大きな指があって、それでものをつかむことができる。さらに、5本目の手のようにものをつかめる尾を持つ種もおり、その尾で木の枝にしがみつく。色覚があり、聴力に優れ、何らかの形で声を出すことができるのは、すべてサルの特徴である。

　自然環境にすむサルの運命は心もとなく、人間の活動によって生息地が破壊されているために、世界中で霊長類の生息数は減少している。野生のオランウータンはたったの数千頭で、ゴリラの全頭数は5,000という低い数字になっている可能性があると推定されている。かつては広範囲にいたチンパンジーは、生息地が（人間に）侵害されているため、毎年その分布範囲が狭くなっている。もし土地開発の実践、密猟、人間の無関心がこのままの勢いで続けば、マウンテンゴリラはおそらく今後10年以内には絶滅するだろう。そうした問題に対する人間の姿勢が変わらなければ、悲劇的なことに、今後数十年以内にほとんどのサルの種に同じ運命が降りかかるもしれない。

Comets すい星（p.121）

　同一平面上をほぼ正円を描くように太陽の周りを左回りに公転する惑星とは異なり、すい星はあらゆる角度から細長いだ円軌道に乗って太陽に接近する。また、すい星の質量は非常に小さい。一つひとつのすい星には、ちりや細かい固体が混在した大きな氷の玉だと思われるような核がある。ほとんどのすい星は小さいが、大きいものだとその氷の核は直径500マイル（800キロメートル）にも及ぶことがある。

　すい星は太陽に近づくにつれ、核の表面にある物質が暖められて蒸発し、コマと尾を形成する。小粒子や薄片状の炭酸塩やケイ酸塩など、蒸発しない物質もあるが、それもすい星の本体とともに移動し続ける。地球が、こうした小さなすい星粒子の存在する地点を通過する時に、流星群が観測される。数時間に10万個を超える数の「流れ星」が空に輝いて見える可能性がある。

　すい星がこうして粒子を失い、それとともに尾を形成することによって気体も失うことで、すい星の質量は次第に減少していく。太陽の周りを何度も周回した後、すい星はおそらく一筋の小粒子の集まりとなる。新しいすい星が毎年見つかり、おそらく太陽系のできた初期のころからずっと出現を続けているということは、すい星の物質の大きな供給源がどこかにあるはずであることを示している。ほとんどのすい星の軌道は、海王星の領域よりも先まで延びているので、この供給源は太陽系の外縁、つまり、最も遠い惑星の軌道よりも向こう側に存在すると考えられている。

Circadian Rhythms 概日リズム（p.147）

　多くの物理的現象には独自のリズム、パターン、タイミングがある。昼と夜の周期、月の周期、季節の周期などさまざまだ。生命体も同様に周期的な活動を見せることが多い。動物には、定期的な周期で発生する多くの生理的および行動的な過程がある。設定されたであろう時刻に起こす行動として最も顕著なもののひとつは、ほ乳類、は虫類、鳥類の睡眠覚醒サイクルである。狩りをする動物が狩りに成功した24時間後にその場所に戻るというものもある。また、独特の周期的変化を持つ、より微妙な生理的過程もある。例えば、

脈拍、血圧、体温は、人間だけでなくほかの多くの動物の中で起きる昼と夜の変化を表している。こうしたことはすべて概日（circadian）リズムの例で、ラテン語で「およそ」を表す circa と「日」を表す dies を起源とした言葉である。つまり、概日リズムとはおよそ 24 時間周期で変化するものである。

行動にそれほど多くの律動的活動があることは、何らかの体内時計によって制御されていることを示唆している。体内で時間を管理するそうした構造の存在は、実験で証明されている。この 24 時間で反復する変化が、単に通常の昼夜周期で発生する光と温度の定期的な変化による作用であることが真実なら、常に明るかったり、常に暗かったりする環境では、時間の経過を示す光の量に変化の合図がないため、睡眠覚醒サイクルなどの基本的な行動サイクルが狂うはずである。しかし、多くの研究において、対象となった動物、人間の両方とも、常に明るい、または、常に暗いといった人工的な環境に対して、比較的早く適応することがわかった。つまり、すぐにおよそ 25 時間の昼夜周期での生活を始めるのである。

しかし、もし体内時計がおよそ 25 時間に設定されているのなら、なぜ私たちの体内および行動リズムは 24 時間周期を保ち続けるのであろうか。なぜ毎日の活動周期が現地時間からはみ出ないのであろうか。それは、体内にあるタイマーを現地時間と同期する構造があるからだ。行動という観点から見ると、現地時間の最も顕著な特徴は明暗のサイクルが交互に現れることである。現地時間を正確に反映するため、体内時計は体外および現地の昼夜周期と同期されなくてはならず、予期せぬ環境の変動に比較的左右されないような安定した周期を備えていなくてはならない。この同期過程を「同調」と言う。これはもちろん、人が飛行機でいくつかの時間帯を移動した時に起こる。最初、体内時計はその人が出発した場所の時間に設定されているままである。しかし、ほとんどの人たちにとってこの時差ぼけは、体内時計が現地の昼夜の周期に同調することによって、1 日に 30 分から 1 時間の割合で徐々に消えていく。しかし、中にはその倍の速さで適応できる人もいる。

Celestial Objects 天体（Comets の続き）（p.170）

すい星が残していく粒子ではなく、本当の流星もまた、その起源が幾分不可解な天体である。流星のスピードと方向から、そのほとんどは太陽の周りを公転しているが、それがすい星よりもかなり急なカーブの軌道上であることがわかる。また、すい星と異なり、ほとんどの流星には固い核がある。流星は地球の大気圏内に入ると燃え尽きる傾向にあるが、大きいものや非常に密度が高いものは地上に落下することがある。実際に地表に達する流星の破片には 2 種類ある。密度の高い石質のいん石と、さらに密度が高くてより数が多い、主に鉄からなるいん石である。おそらくこの鉄いん石は、かつては、少なくとも太陽系に存在する最大の小惑星ケレスと同じぐらいの大きさがあった小惑星の一部だと思われる。

さらにもうひとつわれわれの太陽系において重要な天体が、小惑星である。流星より大きく、すい星のような動きはしない。小惑星は大きさが実にさまざまで、直径が数百キロメートルのものから、幅が 10 メートルや 20 メートルの岩の塊のようなものまである。最も大きいもののいくつかは、球形で小型の惑星のようである。しかし、大多数はそれよりもかなり小さく、いびつな形をしている。ほとんどの小惑星は、火星と木星の間の「小惑星帯」と呼ばれる領域にあって、太陽の周りを公転している。非常に多くの小惑星がその付近に見られることから、天文学者は小惑星を分解した惑星の残骸だと考えている。小惑星の物理的構造はさまざまだ。岩でできた固い核を持ち、量の差はあるが鉄の成分を含んだものがある一方、単に重力によって一体化している石の破片の集まりのようなものもある。

Volcano Materials 火山物質（p.176）

火山とは地殻にできる火道や開口部のことで、溶融している地球の核から出る高温の気体、液体、固体が、そこを通って地表に流れ出す。火山は、大陸の地表にできることも、海底にできることもあり、活動の状態によって、3 種類に分類される。実際に噴火活動を行っていたり、最近噴火したことがあったりすれば活火山と、長期間噴火していなければ休火山と、そして、もはや噴火する可能性がないと見られていれば死火

山と呼ばれる。ある火山が現在どの分類に区分されていようと、その状態は突然変わることがある。

　火山が実際に噴火すると、数種類の物質を放出する。ひとつ目の種類である溶岩が、通常最も量が多い。しかし、多様な含有成分によって、粘度が低くて流れやすいものになる場合と、粘度が高くて流れの遅いものになる場合がある。低粘度の溶岩は、高粘度の溶岩より早く固まるが、より遠くまで流れて、火山のふもと付近の村や集落を壊滅させる可能性があるため、もたらす被害ははるかに大きい。火山の種類に関係なく、冷え始める前の溶岩の温度は、大抵の場合、摂氏 1,000 ～ 1,200 度という驚くべき高温に達する。これは地球の表面に存在する最も温度の高い物質である。

　火山噴火時に発生するふたつ目の物質は気体で、その中でも蒸気が圧倒的に多く吐き出される。蒸気の形成される方法は2種類ある。それは、地下水が高温のマグマに接した場合と、マグマ自体に溶け込んだ水蒸気から出る場合である。発せられる気体の種類はほかにも多数あるが、蒸気に比べて、その量は非常に少ない。火山の周辺やその付近には、蒸気などの気体が流出している亀裂や穴がある。これを、「噴気孔」という。一酸化炭素、二酸化硫黄、硫化水素など、火山から出る気体には有毒なものもあり、噴火前や噴火時にこうした気体が噴気孔から吹き出ると、付近の動物や人間に多大な危険をもたらす。大規模な噴火が起こる数日前から、噴気孔を通して大量の気体をはき出す火山もある。

　火山から放出される3つ目の物質は、さまざまな大きさの岩の破片から成るものである。これは実際には、流出している気体の力ではじき出された溶岩の破片の塊である。最も小さい岩石粒子が火山灰である。大規模な噴火では、これが大きな雲状となって放出され、周辺の土地に降り注いだり、また、十分な量の焼け焦げたちりが大気中十分な高さにまで噴出されれば、地球の天候パターンを変えたりすることすらある。例えば、1980年のワシントン州のセント・ヘレンズ山や1883年のインドネシアのクラカトアの大噴火は、吹き出した灰がジェット気流に乗り、世界中の気象パターンにかなりの影響を及ぼした。噴石とは火山から吹き出された岩のやや大きめで重めの粒子のことで、火口周辺に落ちる傾向にある。丸い形をしたさまざまな大きさの岩石の破片を火山弾といい、数トンもの巨石が噴火した火山から何マイルも離れた所まで飛ばされることさえある。

　噴火時に出現した溶岩や固体物質が、火山の周りに巨大な岩の山、いわゆる、火山円すい丘を造る。これには主に3つの種類がある。盾状丘は火口の周りにゆっくりと流れ出した溶岩が幾重にも重なってできたものである。溶岩が吹き出し、そして、冷えると、周りを取り囲むすいが地面にふせた盾のように見えてくる。盾状火山は通常あまり高くはなく、時間をかけてゆっくりと溶岩を噴出させる。それに対して、爆発噴火によって形成されるものを噴石丘という。これは本質的に噴火時に飛び出した固体の破片が積み上がったものなので、土台部分はかなり狭く、斜面は急であり、また、その構成要素は大ざっぱに配列されているため、噴石丘はめったにあまり高くならない。複合丘は岩の破片と異なった時期に冷えて固体化した溶岩が交互に層を成したもので、最も高くなる。日本の富士山やアメリカのレーニア山など、世界で最も有名な火山のいくつかが、こうした火山の一例である。

The Study of Light 光の研究（p.186）

　現代物理では、理論上もしくは実験上の観点によって、光を波動または粒子のどちらとも考えることができるが、広い意味で言うと、単にエネルギーの一形態ととらえるのが最もよいだろう。光は、宇宙が重力によって曲折している場合を除いて、宇宙の中を直線に進み、光の通り道が遮られている場所では影ができる。この影の暗さは、白いカーテンや大きな建物など、光をさえぎる物質の密度と構造によって変わる。光の通り道を遮る材質が硬く、不透明であるほど、影は暗くなる。

　光が何であるかを説明するより、光と物質の相互作用を説明するほうがはるかに簡単である。このひとつの理由は、光は物に当たるなど、物体と作用し合わない限り、目には見えないからだ。一筋の光は、光線の一部を目に反射させる物理的な粒子が存在しなければ人間には見えない。さらに、光は非常に速い速度で移動する。もちろん、われわれはすでに光が1秒に30万キロメートル、およそ18万6000マイルで進むことを知っている。

光のスピードを測る初期の実験のひとつは、ガリレオによって計画され、1667年に彼の同僚によって実施された。その計画によると、2人の男性が対面する丘の上に配置される。おのおのが傘つきのカンテラを持つ。まず、ひとりの男性が自分のカンテラのカバーを外し、もうひとりの男性がその光を見たらすぐに、自分のカンテラのカバーを外す。ひとつ目のカンテラのカバーが外された時から相手から帰って来た光を検知するまでにかかった時間を計ることで、その科学者らは時間がかかったのかどうかがわかると期待していた。しかし、光の速度はあまりにも速いので、このような短い距離と単純な方法で測ることはできず、その科学者らは光は即座に移動するという間違った結論を下した。

　17世紀の後半に、デンマークの天文学者であるオロース・レーマーが、光の速さを測定する初めての実行可能な方法を偶然に見つけた。彼は木星の月の月食を研究していた時に、月食と月食の間隔が数分違うことに気がついた。例えば、地球が木星に近づくと、月食間の時間が短くなる。そして、地球が木星から離れると、月食間の時間は長くなる。望遠鏡以外の装置を使わなかった彼の観測の結果、レーマーはこの差異を光が地球の軌道の直径を移動するのに要する時間を測定するのに利用できると提言した。しかし、その時は地球の軌道の正確な長さはまだわかっていなかったこと、木星の軌道が細長いこと、そして、木星の表面が不整形であるために月食間の時間を計っても差異が出ることが理由で、彼は光の速度を正確に測定するには至らなかった。とはいうものの、光の移動には時間がかかり、また、光が速過ぎて彼の時代の科学者が利用できる装置では地球上でその速さを測定することはできないという、極めて重要な原理を証明した。

　1849年になってようやく、光の速度を測定するための比較的正確な方法が見つかった。この方法は天文観測ではなく、地球上での注意深く管理された状態に依存するものだった。フランスの物理学者アルマン・フィゾーは、光線が高速で回転する円盤に開けた切り込みを通り、鏡に反射し、また円盤に戻って来る仕組みの実験装置を設計した。その円盤には720個の切り込みが入っていた。戻って来た光が切り込みを通過すると、観測者がそれを検知できる。光が切り込みと切り込みの間に当たれば、光は見えない。光が切り込みの開いている部分を通って鏡まで到達し、反射したその光を円盤の歯の部分が遮ることができた所までの距離と時間が測定された。このデータから、フィゾーは空気中の光の速度は秒速31万3000キロメートルだと算出した。後に、研究員らがこの方法を改善した。例えば、1862年、ジャン・フーコーは円盤を回転する鏡と交換し、秒速29万8000キロメートルという数値に到達した。真空での光の速度は秒速29万9792キロメートルなので、フィゾーの発見もフーコーの発見もともに、当時彼らが使うことができた技術レベルを考えれば、並外れたものだったとしか言いようがない。

Pop Artist Andy Warhol ポップアーティスト　アンディ・ウォーホル（p.242）…

　1956年の春、アンディ・ウォーホルは商業アーティストとしての経歴において絶頂期を迎えていた。27歳の時、ニューヨークで最も有名で報酬の高いファッションイラストレーターだった彼は、10万ドル以上という当時としては破格の年収を手にしていた。ある主要雑誌からは、「マディソンアベニューのレオナルド・ダ・ビンチ」とさえ呼ばれていたのだった。しかし、名声と富を得ていたにもかかわらず、「本当の」アンディ・ウォーホルの姿はとらえどころがないだけでなく、厚いベールに包まれたままで、ウォーホル自身、この謎の部分によって大いに非難されていた。

　だましの達人であったアンディ・ウォーホルは、世間の注目を集め始める前でさえも自分の幼少時代についてうそと作り話で隠していた。大学に入るとすぐに、彼は自分の人生に起きた苦難に関する物語を作ったり、相手によって自分の出身地を変えたりし始めた。過去についての話にはいつも部分的に真実が含まれてはいたが、最も親しい仲間さえも、彼の本当の素性はあまりよくわかっていなかった。

　第一の謎は、彼がいつどこで生まれたかであった。ピッツバーグ南部の労働者が住む小さなエスニック社会の出身だと言う時もあれば、フィラデルフィアで生まれたとか、ハワイで生まれたとか言う時もあり、また、出生年もその時々で1928年だったり、1925年だったり、1931年だったりした。その作り話に演出を加えようと、自分が作った映画の1本で、母親役の女優に、自分は大火のさなか、真夜中にひとりで彼を産んだと言わせた。

ウォーホルの作り話の中に、アンディは世界大恐慌時代に生まれた子で、家族はトマトケチャップで作ったスープを夕食にしなければならない羽目に陥ることもしばしばだったとある。父親は炭坑作業員で、めったに会うことはなく、アンディが若いころに鉱山事故で亡くなったとしている。彼は兄弟にいじめられ、友達もなく、母親はいつも病気をしていたと言う。12歳になるまでに髪の毛はすべて抜け落ち、皮膚が変色したと言い張っていた。

　実際には、アンディ・ウォーホルは、外国からの移民の子どもとして、1928年8月6日にピッツバーグ市で生まれている。彼の幼少時代、父親は道路工事や家屋の移動といった堅実な仕事に就いていた。この家屋の移動とは、木造の家が主流だった時代にはよく行われていたことで、新築工事のために古い家屋を家ごと持ち上げ、ほかの場所に移して土地を空けるというものだった。ウォーホルが10代のころ、父親の稼ぎで数千ドルを郵便貯蓄債券として貯蓄することができたが、当時、多くの労働者は職がなく、ほとんどはまったく貯金ができない時代だった。明らかに、ウォーホルの家庭は不安のない中流階級だったのである。従って、後にウォーホルが語った話からは、幼年時代に経済的に困窮していた事実ではなく、彼自身の根深い不安感が見えてくるのである。

　しかし、彼の不適応は実際、ある程度は幼年時代に端を発している。小学校3年生の時、彼は、筋肉が突然けいれんを起こし、皮膚に青いあざができるという神経系統の病気にかかっていた。小学生の時に何週間も病床にあったため、病院をひどく恐れるようになった。その奇妙な病気のおかげで、友達からのけ者にされ、それを埋め合わせようと、彼は母親との結びつきを強くした。長期間の療養生活で、彼はベッドに横たわり、ラジオを聞き、広告や映画スターの写真を周りの壁に張っていた。

　このように大衆文化というありきたりなものに対して注意を払っていたことが、美術界での彼の大躍進につながった。1950年代の広告イラストレーターとして、ウォーホルは商業芸術向けに想像力豊かな視覚画像を創作した。その後、1960年代には、キャンベルスープの缶やコカコーラのボトルなどといった有名なアメリカの商品のデザインを始めたが、顧客会社から商品の宣伝費は受け取らなかった。当初彼は、自分の芸術をえり抜かれ、ほかには類のないものである（これもまた「だまし」であったが）として提示していたが、すぐにその作戦をあきらめ、芸術を製造業としてとらえるようになった。彼は自分のスタジオを「ファクトリー」と呼んで、自分の作品を作成するために数多くのアシスタントを雇い、絵画をやめて、シルクスクリーンプリントのような大量生産品の制作に転じた。彼は主に、芸術的価値ではなく、製品が売れることを目的としているとして、自分の仕事を正当化していた。ウォーホルはファインアートの芸術家としての名声と評判を得ていたが、実体はほぼ「ビジネス芸術家」であり、結局のところ、彼の作品は表面的であり、商業的であった。

The History of Lubricants 潤滑剤の歴史（p.261）

　潤滑剤には、液体、半固体、時には気体のものもあり、運動しているふたつの面が摩擦・損傷するのを軽減させるために使われる。接触しているそのふたつの面を離すことで、圧力を減少させるのである。それにはさまざまな効用があるが、熱を抑え、火災の危険性を回避し、混入物質や破片を取り除き、場合によっては動力を伝送するなどといった働きをする。潤滑剤の技術は、おそらく車輪や車軸が発明された時代に生まれたと考えられるが、飛躍的に技術が進歩し、現在使われている潤滑剤が誕生したのは、産業革命の時期だった。

　初期の荷馬車は、大ざっぱに造られた木製の車軸と軸受部でできていた。やがて、殺された動物から採れる脂の固まりを乾燥してきしみ音を発生させる部分に塗りつけると、車輪の動きが滑らかで静かになることが発見されたと思われる。例えば、ローマ人は動物の脂肪に浸した布を使って、荷馬車や戦車の動きを円滑にしていた。現在の摩擦という概念を理解していなくても、古代の人々は表面が乾いているより、油を塗ったほうが互いに滑りやすくなることを知っていて、同様の手法を数千年にわたって使っていたのである。

　中世時代には、車輪、門、武器など、初期の可動機械類の構成素材として、木に代わって鉄や真ちゅうが好んで使われるようになった。こうした製品はそれまでより用途上の要求が厳しく、特殊化したものだったため、粗脂肪よりも適した潤滑剤が必要だと考えられ始めた。当時利用されていた脂肪状もしくは油状の物質

は、すべて植物や動物から採れたもので、それを単体または混ぜ合わせた形で使っていた。その物質とは、オリーブ油、菜種油、ひまし油、そして、クジラなど多くの海洋動物から採れた油などであった。この中には、特殊な目的のために現在でも使われているものもある。

機械用潤滑剤として石油が一般に使われ始めたのは、19世紀半ばになってからのことだった。最も早く使われた例として知られているのは、1845年にペンシルベニア州ピッツバーグの綿紡績工場の所有者が、アレゲーニー川の上流付近で掘削された塩井で採れた石油のサンプルを見て、これを使ってみようと考えた時のことだった。彼は、その石油をそれまで潤滑剤として工場の支軸に使用していたクジラの脂肪と混ぜ合わせるという方法で、慎重にその利用を試みた。彼は、クジラの脂肪だけより混合物のほうがはるかに効果のあることを見つけ、その後10年間はその発見を競合企業に対してうまく隠し通した。実際にエドウィン・L・ドレーク大佐によって初めて油田が掘削されたのは、1859年になってからのことだった。それから1年のうちに、より抜きの潤滑剤として石油が非鉱物系物質に広く取って代わり出した。

石油利用の考案以外には、19世紀後半における潤滑剤技術の系統的進歩はほとんどなかった。というのも、初期のエンジンが潤滑剤に求めることは単純で簡単に満たせたからである。機械は金属製で比較的構造が単純であり、潤滑剤を頻繁に使用していれば、摩擦の問題は最小限にとどめることができた。どこの工場にも片隅に石油のドラム缶があり、その石油は自由に使えた。

しかし、20世紀初頭になると、発明される機械の構造が次第に複雑化し、そうした機械が普及したため、技術進歩が不可欠となった。当時、新型の工作機械が開発されていた。精度基準が厳しくなり、その結果、運転速度は速まり、出力は向上した。すると、作業の段階でエンジニアや機械工は潤滑剤の問題に直面するようになった。機械の構造が単純だったころには役立っていた汎用オイルは、速度が増し、圧力が強くなり、温度が高くなったという新しい条件には合わなかったのである。摩耗による機械の機能停止がより頻繁に起こり、摩擦の問題が最も重要となったため、新しいタイプの潤滑油が明らかに求められるようになった。

現在、潤滑剤が最もよく使われている例としてモーターオイルがあり、車、チェーンソーから落ち葉収集機に至るガソリンを動力としたすべての機器、そして、もちろん重機といった数億台もの内燃燃焼エンジンに利用されている。モーターオイルは通常、90パーセントの石油と10パーセントの添加剤からできている。モーターオイルの主な目的は、運動する部品を円滑に動かすことだが、エンジンを清掃したり、腐食を抑えたり、密封性を上げたり、動いている部品から放熱することで冷却したりといった働きもする。

Early Human Ancestors 人類の初期の祖先 (p.279)

ヒトの最初の祖先として明確に特定できるのは、類人猿に似たアウストラロピテクスである。アフリカ南部および東部で、これまでに80体を超えるアウストラロピテクスの骨や歯の一部が発見されている。人類学者の間では、いまだアウストラロピテクスをいくつの種に分けるかについて正確な意見の一致を見てないが、少なくともアウストラロピテクス・アフリカヌスとアウストラロピテクス・ロブストスの2種類に分類するのが一般的である。

前者は、身長が1.2～1.4メートルのピグミーと同程度の大きさの種で、南アフリカで初めて発見された。アウストラロピテクス・アフリカヌスのまず最も重要な特徴は二足歩行していたことだ。霊長類としては初めて直立して歩いた種だったと考えられる。これにより、このヒト科の動物は手が（歩行の役割から）解放され、食べ物や子どもを運ぶなど、つかむという動作が可能になり、また、その目で背の高い草の向こうが見渡せたため、食料源や捕食動物となりそうなものを見つけることができるようになった。その歯から、アウストラロピテクス・アフリカヌスは果物、木の実、食用草花を食べて生きていたことが明らかである。アウストラロピテクス・アフリカヌスが存在した最古の証拠は、タンザニアのレトリイにある史跡から出土したが、そこには370万年前にその付近で起きた火山噴火で噴出した火山灰に3対の足跡が保存されていた。ヒトの足跡と非常に似ている点で注目に値する。アウストラロピテクス・アフリカヌスの脳の大きさはヒトの脳の約30パーセントで、直立歩行していたが脳の容量が限られていたという事実は、脳が大きくなるよりもはるか以前から二足歩行が始まっていたという説を裏づける証拠である。

アウストラロピテクス・ロブストスはその祖先に比べて、体が大きく、力も強く、「頑丈」であった。男性は女性よりかなり大きく、実際、最大1.5倍あったと考えられている。アウストラロピテクス・アフリカヌスとは異なり、アウストラロピテクス・ロブストスは、石で木の実を割ったり、棒で木の根を掘ったりと、おそらく加工されていない道具を使っていたようである。捕食動物が捕った獲物から動物性タンパク質を取っていたとも見られている。アウストラロピテクス・ロブストスの頭蓋骨には、大きく発達したあごと太い歯があり、ゴリラの頭がい骨のようである。

科学者は、ピグミーの大きさだったアウストラロピテクス・アフリカヌスのほうが、より大きく強いアウストラロピテクス・ロブストスよりも前の時代に存在していたのではないかと推測している。中には、アウストラロピテクス・ロブストスが同族であるアウストラロピテクス・アフリカヌスに「取って代わった」か、もしくは、アウストラロピテクス・アフリカヌスを絶滅に追い込んだと憶測する科学者もいる。しかし、アフリカ東部では、およそ200万年前から50万年前の時期に両者が共存していたと見られるため、一方が他方を絶滅させたとする主張はこの証拠と矛盾するようだ。

概して、アウストラロピテクスは「本当のヒト」、つまりホモサピエンスと類人猿とを唯一結びつける存在で、このことは、アウストラロピテクスの骨格を詳しく調べてみると特にはっきりする。直立歩行していたアウストラロピテクスの骨盤骨は、ヒトよりも類人猿のものにはるかに似ている。アウストラロピテクスの骨盤の下部および後部のほとんどの部分は、ホモサピエンスのものに比べ、かなり下方と後方に張り出していて、そこから科学者はももの筋肉を使っていたために現在の人間とは異なった形状になったと結論づけている。例えば、アウストラロピテクスは歩く時、われわれがするように足をスムーズに上げるのではなく、ジョギングするように小刻みに猛烈に上げていたようだ。

アウストラロピテクス、特にアウストラロピテクス・ロブストスの歯も、類人猿の祖先と似た部分があり、その食習慣に極めて適応したものだった。12本ある臼歯は非常に大きく、8本の小臼歯は臼歯を補完するに十分な幅があった。アウストラロピテクスは食事の時、何度もそしゃくする必要があったため、第3の臼歯が出てくるころには第1の臼歯はかなりすり減っていた。従って、歯がすべてすり減ってしまうと食べることができなくなるため、成熟期を超えて長く生きることはできなかったのであろう。ゾウのように、老衰ではなく、栄養失調や飢餓で死ぬことが多かったと考えられる。

人類学者は、類人猿系の生物は短命であったために、学習したことを子孫に伝える時間がほとんどなかったと推論している。よって、彼らが文化を発達させたとは考えにくい。寿命が短かったことに加えて、頭がい容量が小さかったために、アウストラロピテクスは高い知能を持っていなかったことがわかる。実際に、脳の大きさから判断すると、チンパンジーと同程度の能力しかなかったと思われる。

The American Frontier アメリカ開拓最前線 (p.295)

18世紀のヨーロッパの多くの地域では宗教戦争や宗教紛争が行われていたが、イギリス人、オランダ人、スウェーデン人、ドイツ人、フランス人、ルター派、ローマカトリック教徒、クエーカー教徒、長老派教徒を含む移民は、アメリカにある植民地へまったくの対等の立場で渡っており、宗教的寛容として注目すべき事例となっている。カトリックを弾圧したフランスのユグノー戦争の犠牲者やイングランドで国教徒の宗教的非寛容に苦しんだ清教徒はほどなくして新世界へと向かい、国籍や宗教が入り交じる中、平和に暮らしていた。

ロードアイランド、ニュージャージー、メリーランドなど初期の13の植民地の中には、極めてはっきりとした境界線を有しているものもあった。しかし、まったく境界があいまいな植民地もあり、「海から海まで」の土地所有を許可するところさえあった。もちろん、こうした取り決めは、大西洋から太平洋の間にどれだけの土地があるかを誰も知らなかった時代に作られたものである。

アパラチア山脈とアレゲーニー山脈という自然の障壁があったために、初期の入植者は東部沿岸地域の農村から出ることはなかった。こうした制限が、緊密な入植地の建設を促し、数による強力な政治的結束と兵力を生み出した。18世紀後半に初期のイギリス人入植者がこの障壁を突破したが、その強力な武力で、オハイオ渓谷や中西部の草原地帯にいたフランス人先住民を追い払い、より肥よくなその地域の土地を利用する

ようになった。ここに、まったく新しいことに対する舞台が整った。それはつまり、開拓精神とそのために可能となった西方移動である。

いわゆるフロンティアとはひとつの過程であり、ヨーロッパの隣国同士の境界線のように地図に書かれた線ではないと言われてきた。こうした「文明」と「フロンティア」の境界は、物理的なものというより、心に思い浮かべられたもので、途方もなく広大な西部という空間に消えていった。アメリカ人がひたすら移動を続けたいと思う気持ちには（アラブ系遊牧民である）ベドウィンと似ているものがあり、移動すること自体が探求する意味、求めているものを与えてくれているかのようであった。実際、有史以来、世界の各地で放浪している移民の存在はあったが、これほどさまざまな民族がこれほど大量に移住した例はない。実に多くの探検家が、狩猟、征服、商取引ではなく、自らの冒険心を満たすことを主な目的として荒野に集落をつくり、見知らぬ空の下、自分と子どものために住む場所を築いたのだった。

しかし、家族、個人、集団で定住していた東部を離れ、西部の荒れた土地に向かったのには具体的な理由もあった。東部の州の人口が増えていたのだ。家族は人数が多く、自分たちの土地では家族を養うのに十分な食料を生産することができない場合もあった。通常は、子どものうちひとり、大抵は長男だけしかその家族の土地を相続することができなかった。不作や農作物価格の下落に見舞われた厳しい時期に、多くの農家はあっさりと土地を捨て、新天地を求めて西へと向かった。ほとんどのアメリカ人には深く根差した家風も、先祖伝来の故郷もなく、ひとつの場所にとどまる理由はなかった。彼らは、土地は所有して利用する財産で、自分がそれに所有される代物ではないと考えていた。

多くの開拓民は、ほとんど何も持たずに開拓前線へと旅立った。歩いて、もしくは、馬に乗って単独で旅をし、定住しようと決めた場所に着いた時には、おの1本とライフル1丁以外には何も持っていない者もいた。また、家宝、乾燥食品、家庭調理品を積んだほろ馬車に乗って集団で出かける者たちもいた。種トウモロコシ、果樹の芽、家畜、豚、鶏を連れて行った者もいた。多くの人たちが道半ばで、病気、事故、災難のため命を落とした。開拓者になるためには、大いなる自立心、勇気、主体性が必要だった。

それに対して、東部に残った入植者たちは、一世代ほど前には自分たちも開拓前線にいたわけだが、保守的な習性を備えるようになり、未開の地へとまい進する気持ちを持った人たちとは性格の面ではっきりと違っていた。そして、この居残り組としてまとまろうとする本能が、他人との交流において新しい形をつくり上げた。それはつまり、民主主義的平等、仲間関係、権威に対する尊敬の念である。計略に富んでいることや勇気があることも依然として重要な特質ではあったものの、急速に発展していた町や都市においては、知的技能や政治手腕ほどは評価されなくなった。

Anthropoid Apes 類人猿（p.303）

類人猿とサルは、行動、外見ともにヒトと似ていて、それが人間が彼らに魅力を感じる原因であると思われる。しかし、霊長類の中でも、類人猿（専門用語では"anthropoid"）は、いくつかの重要な点においてサルや下等霊長類とは一線を画している。まず、類人猿はサルと違い、大きく複雑な脳を持ち、しっぽはない。次に、外見はヒトに似ていて、時々直立で歩行することができる。例えば、テナガザルはその長い手でバランスを取りながら、直立の姿勢で歩くことが多く、チンパンジーやゴリラは指の関節で体を支えながら、半立の姿勢で歩くことができる。さらに、キツネザルなどの下等霊長類とは異なり、類人猿の親指はほかの指と対置しており、そのために、手でものを握ったりつかんだりすることができる。

類人猿のほぼ全種類についてその生涯過程が広く研究されたわけではないが、ヒトとよく似ていることを示すだけのデータはある。メスにはヒトが経験するのと同様、月一度の生殖周期があり、ほとんどの種において双子の出産が報告されているものの、通常は1回に1匹の子を産む。生まれた赤ん坊は数カ月間母親から授乳を受け、生後3〜6カ月は歩くことを覚えない。生殖成熟期に達するのは8〜12歳になってからである。こうした種の自然環境下における寿命は明らかではないが、動物園にいる栄養状態と保護状態がよい動物は40歳まで生きることが広く報告されている。類人猿は主に、テナガザル、オランウータン、チンパンジー、ゴリラの4つのグループに分けられている。

テナガザルは類人猿の中で最も小さく、最も敏しょう性が高い。きゃしゃな体つきで、大抵は身長3フィート（1メートル）未満だが、腕がことのほか長く、木の枝やつるにつかまってぶら下がり、ほとんどの種が生息しているうっそうとした高地の森林の中を移動するのにとても役立っている。テナガザルは木の上にすんでいて、地上に降りてくることはほとんどないが、類人猿（科）の中で最も行動半径が広い。一般的に、テナガザルはオス1匹、メス1匹、子ども1～2匹といった家族で生活している。それぞれの家族には縄張りがあり、自分たち以外の家族が立ち入ろうとすると大きな鳴き声で追い払う。

それに対して、オランウータンは身長が5フィート（1.5メートル）、体重が200ポンド（90キロ）もある大型の類人猿で、体毛は赤褐色、人間の老人のような顔立ちをしている。樹上性のある、つまり木の上にすむ動物としては世界最大である。餌を求めて地上に降りることもあるが、夜は通常、木の上部の枝に大まかに作った巣で過ごす。樹上生活を送っていて体重が重いために、オランウータンの手は大きく、腕力は強く、関節、特に手首、肩、腰、足首は非常に柔軟になった。オランウータンはほかの霊長類に比べて、単独で生活することが多い。オスは1匹で主食である果物を探し回り、社会的つながりはメスとその子どもとの間にしか見られない。成熟したオスがメスと接触するのは交尾の時だけである。

チンパンジーは動物園でよく見られ、映画に登場し、また、たぐいまれな性格の持ち主であることから、類人猿の中で人間にとって最も近しい存在である。チンパンジーは訓練可能であるという点でずば抜けている。人間の言語を理解し、それに反応することができるものもいる。実際、これまで数匹がアメリカの手話を使って、50語以上の単語を理解し使えるようになった。チンパンジーは類人猿の中で最も広く分布している。日課として主食である果物を採りに木に登る以外は、ほとんど地上で生活している。チンパンジーの社会では、オスとメスが別々の集団をつくる時もあれば、一緒に暮らす時もある。チンパンジーの行動には、道具を使ったり、チンパンジー同士で戦ったりと、科学者がかつては人間しか行わない行為と考えてきたことも含まれている。

ゴリラは全霊長類の中で最も大きい動物である。野生のゴリラの中には、オスで体重が390ポンド（177キロ）、メスでその半分ぐらいあるものもいる。ゴリラには、マウンテンゴリラ、ヒガシローランドゴリラ、ニシローランドゴリラの3つの亜種があり、そのすべては中央アフリカに生息している。ゴリラは、ほかのどの霊長類より地上で過ごす時間が長いという点においてヒトと似ているが、1匹のオスをリーダーとする数匹のメスとその子どもという小さな集団で生活しているのが一般的である。ゴリラは主に、植物の葉、つぼみ、樹皮、果実を常食としている。

Jazz Musician Louis Armstrong ジャズミュージシャン　ルイ・アームストロング (p.310)

ジャズ界の代表となった素晴らしきトランペット奏者ルイ・アームストロングは、おそらく最高のジャズミュージシャンと呼べる唯一の人物であろう。彼の驚くほど素早く、独創的な即興演奏をする天才的な音楽の才能は、文字通りジャズの流れを変え、今日においてもその影響は続いているが、彼が最も世間の脚光を浴びたのは、表現技術と個性の豊かさに加え、彼の深みのある声によるものだった。

「サッチモ」や「ポップス」の名でよく知られているルイ・ダニエル・アームストロングは、1901年8月4日、ジャズの生誕地であるニューオーリンズで生まれた。彼の祖父母はかつて奴隷だった。父親ウィリーは化学工場の日雇い労働者で、母親メイアンは、仕事があれば、家政婦、いわゆるお手伝いとして働いていた。少年のころ、幼いルイは旧市街地の最も悪名高い自宅周辺地域で、ほかのストリートキッズとともに歌ったり踊ったりして小銭を稼いでいた。

彼の人生が変わったのは1913年の大みそかのことだった。彼は義父のひとりが所有していた38口径の銃を発砲し、罪を犯す危険性があると考えられる子どもたちを収容する「少年院」に送られた。そこで、13歳の時、彼はいくつかの楽器を演奏してみてコルネットに巡り合い、まったくの独学だったにもかかわらず、少年院のバンドのリーダーになった。14歳で釈放されると、アームストロングは新聞を売ったり、船の荷降ろしをしたり、通りで荷車を押しながら石炭を売るという仕事までしたりして生計を立てていた。夜は、クラブに忍び込んでジャズを聞いていた。彼に自分のコルネットを与え、演奏方法を教え、養父として面倒を見てくれ

たのは、キッド・オーリー率いるブラウンスキンバンドのメンバーで、彼が崇拝していたキング・オリバーだった。1919年にオリバーがシカゴにたつ時、18歳だったアームストロングはブラウンスキンバンドで自分の師匠の後を継ぐことになった。

そのすぐ後、彼はミシシッピ川下流を行き来していた川船で旅行者や観光客を楽しませていたデキシーランドのバンドで演奏し、数年の間に演奏技術に磨きをかけた。1922年に彼はキング・オリバーから、シカゴに来てオリバーのクレオールジャズバンドでコルネットを演奏しないかという電報を受け取る。アームストロングのカリスマ性と即興技術によって、彼は数いるミュージシャンの中でも大評判の人物となり、アメリカ北部でデキシーランドジャズのブームを巻き起こし、ニューオーリンズのほかのバンドがシカゴに呼ばれるきっかけをつくった。しかし、シカゴでの生活で彼にとって生涯最も重要な出来事のひとつは、まったくの個人的なものだった。クレオールジャズバンドのピアニスト、リリアン・ハーディンとの出会い、そして結婚である。新婦はとても知的だっただけではなく、野心家でもあった。彼女はオリバーのバンドで演奏していてはルイの才能がもったいないと感じ、1924年の終わりに、より大きく、そして、よりよい機会を求めて、当時ジャズがスイング時代という新しい局面を迎えようとしていたニューヨークに行くよう、アームストロングを説得した。

ニューヨークで彼は、フレッチャー・ヘンダーソンのビッグバンドで演奏していたが、そこでアームストロングは自分の音楽の枠を広げ、それまでのニューオーリンズのスタイルを超えた。その後、アームストロングは、ほかの著名なミュージシャンと共演するために、当時まだ生まれたばかりの技術だった録音に集中し始めた。また、音が明るく、見掛けが派手だという理由で、舞台での演奏をコルネットからトランペットに切り替えたのもこのころだった。そして、最終的に、また妻の強い勧めにより、1925年にアームストロングはシカゴに戻って、自身のバンド結成に踏み出した。

そのバンドは、1人の個性に形作られたアメリカのジャズバンドとしてはおそらく初めてのもので、彼は、熱意、驚くような音色、楽器の音、曲を演奏する時のメロディーを紡ぎ上げる素晴らしき才能をもって、ジャズをアンサンブルの音楽からソロの音楽へと転換させることができた。また、自分のしゃがれ声を楽器として利用し始め、人から人へと伝わるユーモアと派手なスタイルにより、彼はアメリカ音楽にとっての理想的な親善大使となった。ひとつ例を挙げると、初のヨーロッパ公演に行っていた1933年、彼は国王ジョージ6世に、「レックス、これはあなたのために作りました」と言って、できたばかりのトランペット曲を捧げ、この謹厳なイギリス君主でさえ、ジャズのファンにしてしまった。

アームストロングは生涯を閉じるまで、ルイ・アームストロング・オーケストラから、後のかなり少人数のバンドであるルイ・アームストロング・オールスターズに至るさまざまなバンドで、精力的にツアーを行った。アームストロングの知名度が上がると、彼はよくテレビに登場し、『上流社会』や『ハロー、ドーリー！』など35本を超えるミュージックフィルムや映画に出演した。1971年7月6日、ニューヨークで就寝中に亡くなった時、崇拝するファンにとって、彼はジャズ界を代表する人物となった。

TOEFL iBT 訳例

MEMO

著者紹介

Paul Wadden, Ph.D. ポール・ワーデン
国際基督教大学英語教育課程上級准教授。ヴァーモント大学大学院修了(修辞学博士)。イリノイ州立大学大学院修了(英米文学修士)。著述家・文学者。ニューヨーク・タイムズ、ウォールストリート・ジャーナル、ワシントン・ポストなど、多数の新聞および雑誌に執筆。著書に *A Handbook for Teaching English at Japanese Colleges and Universities* (Oxford University Press)、*TESOL Quarterly*、*College Composition*、*College Literature* に掲載の言語教育に関する論文、50冊を超える TOEIC TEST、TOEFL TEST 対策教材など多数。

Robert A. Hilke ロバート・ヒルキ
企業研修トレーナー。元国際基督教大学専任講師。カリフォルニア大学大学院博士課程修了(言語学)。異文化研修および TOEIC、TOEFL、GRE など、テスト対策のエキスパートで、年間約250日国際的な大企業向けに講座を行っている。共著に『TOEFL テスト完全攻略英熟語 iBT 対応』『TOEFL ITP 文法基礎講座』(アルク)、『TOEFL テストライティング問題100』(旺文社) など。

霜村 和久
文京学院大学講師、明海大学講師、企業語学研修講師。月刊 *English Journal* (弊社刊) で「The Voice of EJ 復習クイズ」(2008年〜)、『週刊ST』(ジャパンタイムズ刊) で「ヤワらかアタマの英作文教室」(2006年〜2013年) で連載を担当。大手英語学校講師、企業内語学研修会社教材開発責任者、サイマル・インターナショナルプログラム開発室長、ジャパンタイムズ書籍編集担当を経て、現職。著書に『TOEIC® TEST 600点突破「つながる」単語ドリル』(講談社、共著)、『はじめからやり直す TOEIC® TEST やさしい文法レッスン』(アスク出版)、『TOEIC テストで500点を確実にとる』『TOEIC テストで700点を確実にとる』『TOEIC® テストリスニング徹底攻略』『TOEIC® テストリーディング徹底攻略』(以上、共著、ジャパンタイムズ)、『ヤワらか英語アタマをつくる英作文教室』(ジャパンタイムズ)、『英語で論語』(祥伝社) などがある。

iBT 対応 TOEFL® テスト完全攻略 リーディング

2009年 2月27日	初版発行	
2014年 2月20日	第4刷発行	

著者	ポール・ワーデン、ロバート・ヒルキ、霜村和久
編集	有川百合香、アルク文教編集部
英文校正	Joel Weinberg
装丁	株式会社ディービー・ワークス
DTP	株式会社秀文社
印刷・製本	図書印刷株式会社

発行者	平本照麿
発行所	株式会社アルク
	〒168-8611 東京都杉並区永福2-54-12
	TEL：03-3327-1101
	FAX：03-3327-1300
	Email：csss@alc.co.jp
	Website：http://www.alc.co.jp/

©2009 Hilke Communications, LLC / EEJ Corporation / Kazuhisa Shimomura / ALC PRESS INC. Printed in Japan

落丁・乱丁の場合は弊社にてお取り替えいたしております。アルクお客様センター(電話：03-3327-1101 受付時間：平日9〜17時)までご相談ください。本書の全部または一部の無断転載を禁じます。著作権法上で認められた場合を除いて、本書からのコピーを禁じます。
定価はカバーに表示してあります。
PC：7006145
ISBN：978-4-7574-1551-5

地球人ネットワークを創る

アルクのシンボル
「地球人マーク」です。